누구나 손쉽게 접근할 수 있는

창의성 테크닉

(Creativity Techniques)

전경원 • 박인영

창지사

머리말

본 서는 약 30년 전부터 "전경원의 행복한 창의성 연구소"가 개소할 때부터 시작되었다. 그 이후 창의적 사고기법과 관련하여 논문을 쓰고, 현장에서 창의적 사고기법을 적용하며 『창의성 테크닉』 저서를 구상해 왔고, 드디어 2022년에 그 결과물이 탄생하게 되었다. 무엇보다도 현장에서 창의적 사고기법을 올바로 이해하지 못하고, 적용방법을 잘 몰라서 창의적 사고기법이 제대로 빛을 발하지 못하는 경우가 있다. 안타까운 마음에 현장에서 널리 적용할 수 있는 『창의성 테크닉』 저서를 준비하여 세상에 선보이게 되었다.

전경원 교수는 1991년 "행복한 창의성 연구소"를 설립하면서 창의적 사고기법 중심으로 교사 연수를 진행해 왔다. 그 이후 브레인스토밍과 관련해 집중 연구하고, 대학생을 중심으로 교양과목과 유아교육과 전공 과정에서 창의적 사고기법을 널리 보급하고 적용해 왔다. 대표적인 창의적 사고기법인 '브레인스토밍'은 물론 스캠퍼, 색다른 용도법, 강제결합법 등 다양한 기법을 현장에 적용하면서 어떻게 하면 좀 더 쉽게 기법을 익히고 적용할 수 있는가에 대한 연구를 지속해 왔다.

전경원의 "행복한 창의성 연구소"의 첫 수석 연구원으로 활동해 온 박인영 소장은 석사과정에서 행복한 창의성 연구소에서 진행하는 교사연수 과정 경험을 토대로 하여 「창의성 기법의 적용 실태와 문제점에 대한 효과적인 방안: 창의성 연수를 경험한 유아교사집단을 중심으로」, 박사과정에서는 「창의성 기법을 활용한 유아의 사회적 창의 증진 프로그램 개발 및 효과」로 학위논문을 완성한 창의적 사고기법 전문가이다. 박인영 소장은 창의성 전문기관인 아이붐을 운영하면서 창의적 사고기법과 창의성 활동을 현장에 적용해 이론과 실제에 전문성을 발휘해 왔다.

본 서는 아동에게 쉽고 용이하게 접근할 수 있도록 기법을 변형하여 적용한 예시들을 상당수 담고 있으며, 발산적 사고에 초점을 둔 기법들을 소개하였다. 전체 구성을 살펴보면, 현장에서 교사는 물론 가정에서 부모가 직접 활용할 수 있도록 4개의 파트로 구성되어 있고, 각 파트별로 2~3개의 장이 포함되어 있다.

첫 번째 파트는 1장 창의성의 기초와 2장 창의성 교육과 창의적 사고기법으로 구성되어 있다. 1장에서는 창의성과 문제해결력 교육의 필요성을 소개했고, 2장에서는 창의성 교육과 창의적 사고기법을 제시하고 다양한 창의적 사고기법 분류를 설명하고 있다.

두 번째 파트에서는 기초적 발상을 돕는 창의적 사고기법을 소개하고 있다. 3장에서는 브레인스토밍과 브레인라이팅을, 4장에서는 이를 토대로 하는 변형법을 소개하였고, 5장에서는 스캠퍼에 대하여 흥미롭게 안내하고 있다.

세 번째 파트에서는 놀이로 접근하기에 용이한 창의적 사고기법들을 소개하고 있다. 6장에서는 자유롭게 연상하며 접근할 수 있는 색다른 용도법과 이미지 연상법을, 7장에서는 생각의 전환이 필요할 때 도움이 되는 강제결합법과 역발상법을 소개하였고, 8장에서는 짝이 되어 이해하고 있으면 더욱 접근하기에 유익한 기법들을 다양하게 제시하고 있다.

네 번째 파트에서는 창의적 사고기법을 활용한 프로그램을 소개하고 있다. 앞에서 살펴본 기법을 활용한 프로그램의 사례와 성인의 역할에 대하여 안내하였다.

끝으로 부록에는 학술연구정보서비스 RISS에서 '창의성 기법', '창의 기법' 등의 용어로 검색한 국내 학술자료들을 연령별, 가나다순으로 제시하였다. 부록을 참고하면 앞으로 창의적 사고기법과 관련된 연구를 할 때 도움이 될 것이다.

창의적 사고기법은 평생 동안 곁에 두고 사용할 중요한 생존 도구라고 해도 과언이 아니다. 2020년 전 세계를 강타한 코로나-19(covid-19)시대에는 생존을 위해 사적 · 공적인 수준에서 창의적인 문제해결력을 발휘해야 한다. 자신과 타인의 크고 작은 문제를 해결한 경험이 있다면, 창의적 사고기법의 중요성을 잘 알 것이다. 아무쪼록 본 책에서 소개하는 창의적 사고기법을 올바르게 익혀서 그 어느 때보다도 실존적 위협에 적극적으로 대응하기를 기원한다. 자신의 생존 창의성은 물론 나아가서 우리나라를 창의적으로 이끌어 나갈 미래 세대의 혁신적인 발전을 위해 창의적 사고기법을 잘 활용하기 바란다.

이 책이 탄생하기까지 세심한 배려를 해 준 창지사의 나기영 부대표와 편집과정에서 꼼꼼하게 검토해 준 편집장과 책임편집자에게 깊은 감사를 드린다. 촉박한 시간에도 불구하고 최선을 다하여 이 책을 제작하느라 고생한 저자들 자신에게도 고맙다는 말을 남기고 싶다.

창의적 사고기법으로
크고 작은 문제를 창의적으로 해결하기 바라면서

2022년 5월
전경원 · 박인영

차례

PART 01

창의성과 창의적 사고기법

창의성과 창의적 사고기법에서는 창의성 교육에서 이해하고 있어야 하는 창의성의 기초와 창의적 사고기법에 관한 개요를 살펴보고자 한다.

CHAPTER 01

창의성의 기초

1. 창의성과 문제해결력 교육의 필요성

1) 창의성의 필요성

미국은 '국가혁신 2005'라는 법안을 만들어 창의성 교육 강화를 위한 전략을 수립했고, 유럽은 2009년을 '유럽과 창의성 혁신의 해'로 선포하고 창의성 교육과 훈련을 하여 창의성 증진에 박차를 가했다(전경원, 2020a; 전경원, 2020b). 2020년 전세계는 코로나19로 인해 심각한 격변기를 맞이하고 있고, 이러한 시기에 개인과 국가가 생존하기 위한 방법으로 창의성에서 그 해법을 찾고 있다.

창의성과 창의성 측정 연구의 역사를 보면 창의성은 제 1차 세계대전과 제2차 세계대전과 같은 전쟁 시에 더욱 필요했다. 12쪽에 제시한 것처럼 1910년경부터 창의성 측정 연구가 시작됐고, 1917년 미국이 제 1차 세계대전에 참여하고, 지능 검사로 널리 알려진 터먼(Terman)은 미국 국방부에서 군인을 선발하기 위해 알파 · 베타 검사를 개발했다. 2차 세계대전 시 창의성 연구자들이 원자폭탄을 제조할 창의력이 뛰어난 사람들을 선발하고자 했다는 사실은 그곳에서 연구에 참여했던 매키넌(MacKinnon)이나 배런(Barron) 등에 의해서 알려져 왔다(전경원, 2020a, 전경원, 2020b). 2차 세계대전 이후 1950년대에서 1960년대에 매키넌(MacKinnon), 배런(Barron)과 같은 창의성 연구자들은 버클리(Berkeley) 대학의 성격측정연구소 중심으로 창의적인 사람의 성격 검사 도구 개발에 대한 경험적인 연구를 진행했다.

이처럼 인류는 전쟁과 같이 위급한 상황은 물론 끊임없는 사회, 문화, 경제, 환경 문제를 비롯하여 이제는 바이러스의 습격으로 인해 코로나19와 같은 팬데믹이나 자연재해와 사회재난으로 생존의 문제에 위협을 받고 있다. 이러한 격변기에 멸종되거나 도태되지 않으려면 창의성이 필요하다. 그렇기 때문에 최근 들어 창의성 교육은 국가 경쟁력을 강화하기 위한 중요한 정책으로 받아들여지고 있고, 갑자기 재해나 재난의 위기에 처해있을 때 생존할 수 있도록 실제적인 교육에 박차를 가하고 있다.

그동안 심리학과 교육심리학 분야의 연구자들은 창의성 연구를 하는 중요한 이유가 재계에서 경쟁력을 강화하기 위해서라고 강조했다. 상업계와 산업계에서 급속한 성장 경쟁을 위해서 기술적인 발전을 추구하면서 창의성 연구가 발전되었다고 볼 수 있다. 그 이후 교육계에서도 창의성의 중요성이 부각되면서 학교의 중요한 교육내용으로 다루어졌다(전경원·오한나, 2020). 인류가 창의성에 관심을 갖고 연구하는 이유는 다양하지만, 개인, 사회, 학습 차원에서 그 이유가 다르다(전경원, 2004; 전경원, 2020a; 전경원, 2020b). 개인적인 측면에서 창의성을 연구하는 이유는 인간의 잠재 능력 계발, 효과적인 지도자적 능력 계발, 정신 건강을 유지하는 데 있다. 사회적인 측면에서 창의성을 연구하는 이유는 효율적으로 인적 자원을 활용하고, 다양한 문제를 해결하는 데 있다. 개인과 사회 측면에서뿐만 아니라 학습 측면에서 모든 학과목의 발전과 학습 과정 향상을 위해 창의성이 연구되고 있다(전경원, 2020a; 전경원, 2020b).

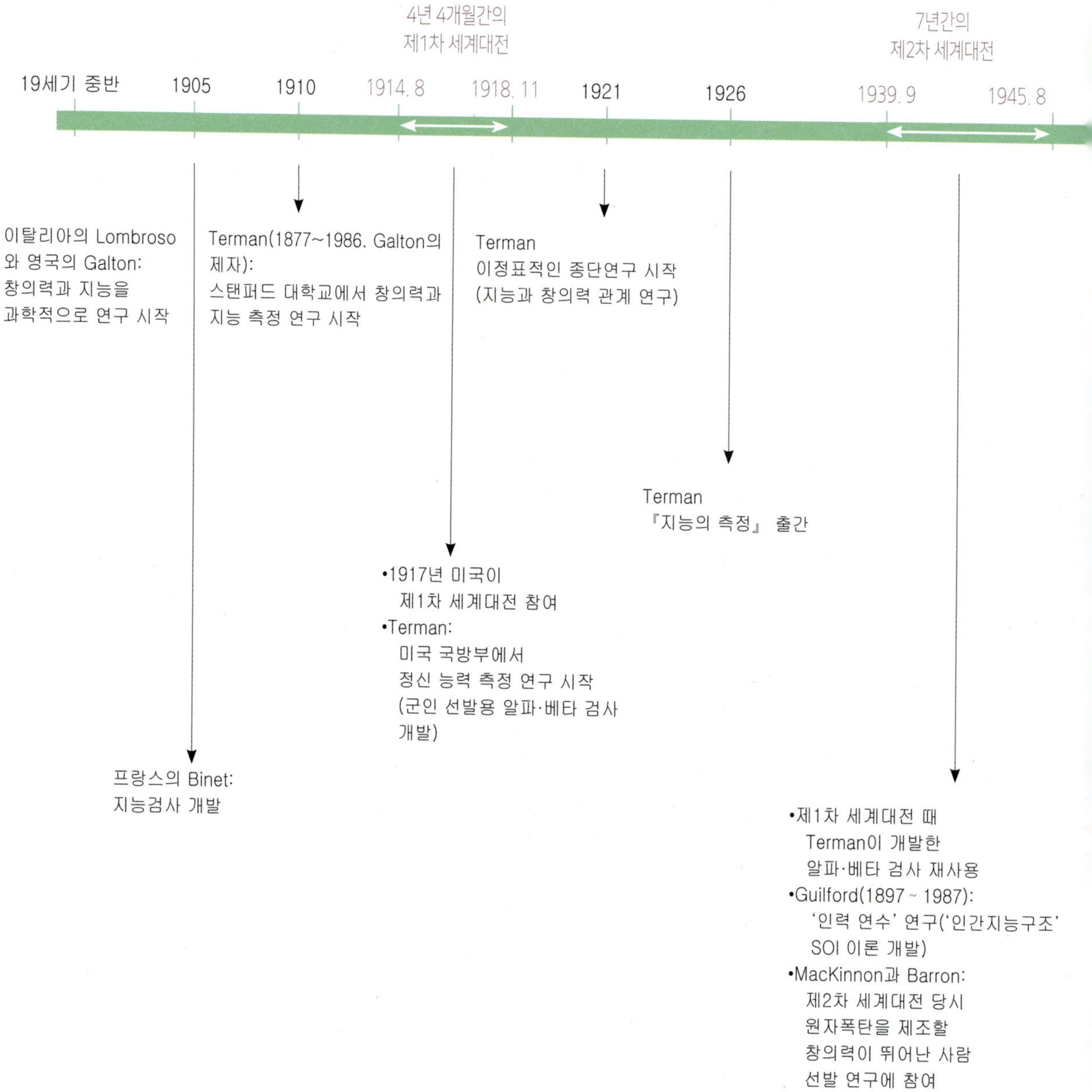

전쟁과 창의력 측정 연구의 역사

출처: 전경원(2010). 창의력 측정: 행복한 생존을 위한 창의력. 서울: 창지사.

1950 | 1960 | 1970 | 1980 | 현재

1950년대 ~ 1960년대

1960년대 ~ 1970년대

1970년대 이후 ~ 현재 창의력 연구자

한국전쟁(6·25)
Torrance(1915 ~ 2003):
한국전쟁 초기에 '생존심리학'
연구 ('미국 인적자원연구소'
에서 미 공군 생존 훈련
프로그램 연구 시작, 이후
50년간 창의력 연구)
Guilford:
미국 심리학회 회장 취임 연설
(창의력 연구 촉구)

- Guilford:
  캘리포니아 대학교에서
  '공군 적성 프로젝트' 진행
  (요인 분석 연구를 통해
  '확산적 사고 요인 밝혀 냄)
- MacKinnon과 Barron:
  버클리 대학교의
  '성격측정연구소'에서
  창의적인 사람의
  성격 검사 도구 개발
- Guilford:
  보통 사람들을 대상으로 한
  창의력 지필검사 개발 연구 촉구
  (많은 창의력 연구자들이
  창의력 측정 검사 개발 시작)

- Torrance:
  미네소타 대학교와
  조지아 대학교에서
  다양한 확산적 사고 검사 개발
  (1974년: 언어와 도형
  창의력 검사 개발)
- 창의력 성격 검사와
  확산적 사고 검사가 개발되면
  서 다 양한 창의력 교육 프로
  그램 개발 시작
- '창의력'이란 용어 유행
- Osborn:
  브레인스토밍을 비롯한
  창의력 기법 소개
- Osborn과 Parnes:
  버팔로 대학에서
  "창의적인 문제해결력
  CPS 모델" 연구
- Getzel과 Jackson(1962):
  지능과 창의력 상관관계 연구
  (지능과 창의력의 상관에 대한
  근본 문제 제기)

- Treffinger
- Sternberg
- Gardner
- Amabile
- Lubart
- Feldhusen
- Runco
- Plucker
- Hocevar

창의성은 예술가나 과학자뿐만 아니라 자녀를 양육하는 부모, 학생을 가르치는 교사, 신제품을 개발하는 연구원, 독특한 요리법을 연구하는 요리사, 새로운 발명을 추구하는 사람 등 지구촌의 거의 모든 사람들은 그 어느 곳에서나 삶의 질을 개선하기 위해 전과 다른 새로운 아이디어가 필요하다. 창의적인 아이디어는 인류에게 즐거움을 선사하고 행복한 삶을 영위하도록 할 것이며, 이런 과정에서 자신과 타인의 행복에 지대한 영향을 미치게 될 것이다(전경원, 2020a; 전경원, 2020b).

근래에 들어 사람들은 창의성 또는 창의적 사고기법에 대한 관심이 많아졌다. 예컨대, 국내 학술연구정보서비스 RISS에서 '창의적 사고기법'이라는 핵심어를 단어로 입력하면 4,163건이 검색된다(2020년 12월 16일 검색). 이 중에서 학위논문이 2,181건, 국내학술논문이 579건, 단행본이 1,282건, 연구보고서가 106건, 공개강의가 15건의 검색결과로 나타난다. 2020년 12월 16일에 구글에서 검색하니 378,000,000건이 검색되고 creativity techniques를 검색했더니 무려 260,000,000개의 결과물이 검색됐다. 이처럼 전 인류는 창의성 또는 창의적 사고기법에 지대한 관심을 갖고 있는 것으로 나타났다.

2) 창의적인 문제해결력의 필요성

창의성(creativity)과 창의적인 문제해결력(creative problem solving)은 서로 밀접한 관련이 있다. 단순하게 창의성을 발휘할 수도 있지만, 창의성을 문제해결력에 적용하여 창의적인 문제해결력을 발휘하면 그 의미가 훨씬 더 크다. 예컨대 동그라미하면 생각하는 것을 모두 떠올려 보는 활동과 '만약에 비가 오는데 우산이 없어서 어떻게 해야 할까요?'와 같은 활동이 있다고 생각해 보자. 단순하게 자유연상을 하여 동그라미와 관련된 아이디어를 많이 떠올리는 것과 우산이 없을 때 어떻게 비를 맞지 않고 집에 갈 것인가를 생각하는 것은 수준이 다르다고 할 수 있다.

펠듀슨(Feldhusen), 트레핑거(Treffinger), 토렌스(Torrance), 마이어(Myers) 등과 같은 창의성 연구자 및 교육자들은 창의적 학습과 문제 해결력의 중요성을 강조해 왔다. 선행 연구를 살펴보면, 창의적인 문제 해결의 중요성은 실생활에서 생기는 여러 가지 문제점들을 해결하는 데 도움을 줄 수 있고, 나아가 불확실한 미래의 문제들을 지혜롭게 대처해 나가는 것에 도움을 줄 수 있다는 데 있다(전경원, 2020a; 전경원, 2020b). 또한 창의적인 학습을 통해 다양한 생각을 하고, 문제 해결력을 길러 줌으로써 효율적인 사고를 하는 데 많은 도움을 줄 수 있다.

창의적인 사고와 문제 해결의 경험은 일찍 시작되어야 하고, 학교와 가정에서 함께 이루어져야 한다고 여긴다. 창의적인 문제 해결의 기술을 가르치고 그러한 경험을 하고자 하는 욕구는 아동에서 성인에 이르기까지 전체 인간 발달에 영향을 끼친다(Starkweather, 1971). 이러한 기술은 한 학기나 한 학년 동안 적절하게 익힐 수 있는 종류의 학습이 아니다. 오히려 아동기 때에 창의성을 계발시키는 프로그램을 시작해서 지속적으로 실시해야 하며, 이러한 능력이 획득·유지·강화될 수 있도록 촉진하는 기초 기술이 필요하다(전경원, 2020a; 전경원, 2020b).

창의성은 물론이고, 창의적인 문제해결력을 발달시키려면 창의성 하위요인을 중심으로 창의성을 강화시키고, 창의적 사고기법을 익혀야 한다. 문제의 상황이나 난이도에 따라 적용할 수 있는 창의적 사고기법의 유형이 다르다. 본 서에서 소개하는 창의적 사고기법의 개념, 기법을 적용하는 절차, 유의사항 등을 익숙하게 훈련하면 창의적인 문제해결자로 자신감을 갖게 될 것이다.

2. 창의성 개념과 4P

1) 창의성의 정의

창의성의 정의는 학자의 관점에 따라 매우 다양하고, 통일된 정의가 없지만 일반적으로는 '새롭고 적절한 것을 산출하는 능력'이라고 정의한다(Baer, 1991; Sternberg & Lubart, 1991). 여기에서 '새롭다'라는 것은 지금까지 존재하지 않았던 독창적인 것을 의미하고, '적절하다'라는 것은 만들어 낸 것이 무엇이든 간에 그 목적이나 의도에 적절해야 한다는 것이다(전경원, 2020a; 전경원, 2020b). 대표적인 창의성의 정의 몇 가지를 소개하면 다음과 같다.

■ 길포드(Guilford, 1970)

창의성이란 '새롭고 신기한 것을 낳는 힘'을 의미한다. 즉 새로운 생각을 생산해 내는 것이 창의성이다. 그는 인간의 사고를 수렴적 사고와 발산적 사고의 두 양식으로 구분하고 창의적 산물은 특정한 문제에 대한 발산적 사고와 동일한 것으로 간주했다. 요인 분석 결과 창의적 사고는 유창성, 융통성, 독창성, 정교성, 민감성, 재정의 및 재구성력으로 보았다(전경원, 2020a; 전경원, 2020b).

■ 토렌스(Torrance, 1957)

토렌스(Torrance)는 창의성이란 새로운 독특한 아이디어, 다른 관점, 문제를 새로운 시각으로 보는 것이라고 했다. 그는 창의적 사고란 '어려움과 문제를 감지하고 정보에서 틈을 찾아 내고 빠진 요소나 잘못된 무엇인가를 찾아 내어, 이러한 결함에 대해 추측하고 가설을 세워 그 추측과 가설을 평가하고 검증하며, 이것들을 재수정하고 재검증하여 마지막으로 그 결과를 알리는 과정'이라고 정의했다(전경원, 2020a; 전경원, 2020b).

그는 창의성의 정의를 3가지로 나누어 연구를 위한 정의, 생존 정의, 예술로 표현한 정의로 설명했다. 연구를 위한 정의에서는 창의적인 과정을 강조하여 정의했고, 생존 정의에서는 "한 사람이 문제를 해결하기 위해 전혀 학습하지 않고, 연습하지도 않을 때, 어느 정도의 창의성이 요구되어진다."라고 설명했는데, 이는 전쟁과 같은 위기 상황에서 생존하기 위해 나타나는 창의성을 의미한다. 예술적 정의에서는 다양한 삽화를 통하여 창의성을 흥미롭게 설명하고 있다. 예컨대, 창의성이란 더 깊게 파는 것, 두 번 쳐다보는 것, 들어가는 것, 나오는 것, 자신의 음색으로 노래하는 것, 고양이의 말을 귀담아 듣는 것, 태양에 플러그를 꽂는 것, 내일과 악수하는 것 등이라고 설명했다.

■ 오스본(Osborn, 1953)

오스본(Osborn)은 인간의 지적 활동은 사고하는 주체인 각 개인에 따라서 일반적으로 두 개의 뚜렷한 형태가 있다고 했다. 첫 번째 형태는 알려진 것 또는 결정된 것을 흡수하고, 기억하고, 보유하고 그것을 자료로 하는 추리 작용에 동원되는 사고이다. 그리고 이미 알려진 것을 새롭게 지각하여 개조 · 개선한다거나 알려지지 않은 것, 전혀 없었던 것, 결정되어 있지 않은 것을 탐구해 보고, 상상해 보고, 만들어 보는 데 동원되는 사고가 두 번째 형태이다.

■ 카우프만과 베게토(Kaufman & Beghetto, 2009)의 4C 모델

그 전에는 창의성의 수준을 개인적 창의성과 뛰어난 창의성 두 가지로 설명했는데, 카우프만과 베게토(Kaufman & Beghetto, 2009)는 이를 확장하여 4가지로 설명했고 이를 4C 모델이라고 명명했다. 카우프만과 베게토(Kaufman & Beghetto, 2009)는 창의성의 수준을 창의성의 수준이 뛰어난 창의성(big-c), 전문적 창의성(pro-c), 개인적 창의성(little-c), 잠재적 창의성(mini-c)과 같이 창의성 발달수준(develpmental levels of creativity)에 따라 4가지로 구분했다(전경원, 2020a; 전경원, 2020b).

■ 잠재적 창의성(mini-c)

무엇인가 새롭고 의미 있는 것을 처음 시도했을 때 잠재적인 창의성을 보이게 되는데, 이때의 창의성 수준이 매우 획기적이라고 할 수는 없지만 새롭고 의미 있는 것이라고 할 수 있다.

■ 개인적 창의성(little-c)

잠재적인 창의성을 보였을 때 적절한 피드백을 받고 작품이나 과제가 좀 더 진보해서 다른 사람들에게 가치가 있는 것으로 받아들여지는 수준을 개인적 창의성이라고 명명했다. 잠재적 수준의 창의성에서 성장하여 개인적 창의성 수준으로 발전해 나갈 수 있다.

■ 전문적 창의성(pro-c)

어떤 아동이 시각 예술에 관심이 있어서 오랫동안 예술분야에서 실제적인 교육과 훈련을 받게 되고 전문적인 예술가로서의 길을 걷게 되는 수준을 의미한다. 누구나 전문적 창의성을 갖게 되는 것은 아니지만 자신이 하고 싶은 일을 계속 추구하게 된다.

■ 뛰어난 창의성(big-c)

뛰어난 수준의 창의성이란 역사책에 기록될 정도의 창의성을 의미한다. 한 사람의 모든 인생과정의 작품들이 평가받게 되고 작품들의 수준이 인류의 역사에 기여할 만한 수준의 창의성이라고 여겨질 때 비로소 뛰어난 수준의 창의성을 보였다고 할 수 있다.

4C 모델은 성인이 아동의 창의성을 이해하고 키워주는 데 도움을 줄 수 있다. 성인은 아동의 창의성을 격려하고 잠재적인 창의성 수준에서 뛰어난 수준의 창의성으로 발전할 수 있도록 도와주어야 한다.

2) 창의성 하위요인

창의성을 개발하기 위해서는 창의적 사고기법과 함께 창의성 하위요인을 이해하면 더욱 도움이 된다. 추상적으로 창의성 개념을 이해하는 것보다 구체적으로 하위요인 6가지를 중심으로 수업을 전개하면 좋다(전경원, 2020a; 전경원, 2020b). 그렇기 때문에 창의성을 향상시키는 프로그램을 개발하기 위해 창의성 하위요인과 창의적 사고기법을 함께 고려하여 프로그램을 구성한다(전경원·박인영·김경숙·오한나, 2020). 다음에서 6가지 창의성 하위요인을 알아보자.

(1) 민감성

민감성이란 지각력과 관계가 있어 주변 환경에서 오감을 통해 들어오는 다양한 정보들에 대해 민감한 관심을 보이고, 이를 통하여 새로운 영역을 탐색해 나가는 것을 의미한다(전경원, 2020a; 전경원, 2020b). 주변 환경에 대해 관심을 가지고, 당연히 여겨지는 것에 대해서도 의문을 갖고 다시 한번 생각해 보는 능력으로, 새로운 아이디어를 생각해 낼 수 있는 기본적인 사고 기능이다. 창의성 하위요인 중에 가장 기본적인 요인으로 감각이 매우 뛰어난 민감성이 포함된다.

창의성의 출발점인 오감이 민감하도록 평소에 생활 속에서 창의성 훈련을 해야 한다. 민감성을 키워 주기 위해 ① 비슷한 것에서 차이점 찾기 ② 친밀한(익숙한) 것을 이상하게 생각하기 ③ 이상한(새로운) 것을 친밀하게 생각하기 ④ 당연한 현상에서 문제 찾기 ⑤ 단서를 활용하여 생각하기와 같은 활동을 해 보면 좋다. 좀 더 구체적으로 오감을 사용하여 민감성을 발달시킬 수 있는 예를 들어 보면 다음과 같다.

민감성을 키워 주는 활동

① 비슷한 것에서 차이점 찾기

- 코를 막고 배와 사과를 먹어본 뒤 맛을 구별한다.

- 점토와 슬라임 두 가지를 관찰하며 만져 보는 활동을 하여 차이를 구별한다.
- 눈을 감고 3가지 과일 중에 다른 향기가 나는 과일 한 개를 찾아본다.

② 친밀한(익숙한) 것을 이상하게 생각하기

- 연필을 처음 본 것처럼 관찰하여 새로운 점을 발견해 볼까?
- 볼펜을 처음 본 것처럼 관찰해 보자. 어떤 새로운 점을 발견했나?
- 거울을 마치 처음 본 것처럼 관찰해 보자. 어떠한 점이 새롭게 느껴졌나?

③ 이상한(새로운) 것을 친밀하게 생각하기

- 병과 빨대의 비슷한 점을 찾아본다.
- 헬리콥터와 새의 비슷한 점을 찾아본다.
- 나무와 유리의 비슷한 점을 찾아본다.

④ 당연한 현상에서 문제 찾기

- 비행기는 어떻게 하늘을 날까?
- 물은 어떻게 얼음이 될까?
- 비행기를 타면 왜 귀가 먹먹해지는 걸까?

⑤ 단서를 활용하여 생각하기

- 그림자를 보고 어떤 동물인지 맞추어 본다
- 조각을 보고 주인공을 찾아본다.
- 발걸음 소리를 듣고 어떤 동물일지 유추해 본다.

(2) 상상력

상상력이란 창의성의 본질적인 요소로서 과거의 경험을 기초로 해서 앞으로 일어날 행동을 계획하도록 하는 새로운 표상을 만드는 능력이다(전경원, 2020a; 전경원, 2020b). 사람의 가장 기본적인 심리학적 경험 중 하나가 상상력인데, 그 상상력은 아동기에 나타나고 형성된다. 상상력이 발달해야만 이야기 듣기, 이야기하기, 그림 그리기, 꾸미기, 성인과의 상호작용, 놀이 등에서 전에 지각한 적이 없는 어떤 대상을 머리로 그려 낼 수 있게 되므로 아동에게 중요한 능력이다(전경원, 2020a; 전경원, 2020b).

성인은 있는 것을 없는 것처럼 또는 없는 것을 있는 것처럼 상상하기 활동을 통해 상상력을 키워 줄 수 있다. 또한 존재하는 것을 축소 또는 확대하여 상상하기, 존재하는 것을 공간 또는 위치를 바꿔 상상하기, 가상적 상황을 현실로 떠올리기, 입장을 바꿔 가상해 보기 등과 같이 다양한 상상 활동을 해 보면 좋다.

상상력을 키워 주는 활동

① 있는 것을 없는 것처럼 또는 없는 것을 있는 것처럼 상상하기

- 만약 자동차가 발명되지 않았다면, 우리는 어떻게 이동했을까?
- 내가 만약 초능력을 가지고 있다면, 어떤 일을 하고 싶나?
- 의자가 걸어 다닌다면, 어떤 일이 일어날지 상상해 보자.

② 존재하는 것을 축소 또는 확대하여 상상하기

- 가방이 내 키보다 커진다면, 어떻게 사용할 수 있을까?
- 만약 기린의 목이 짧다면, 어떤 모습일까?
- 숟가락이 책상처럼 커진다면, 그 숟가락으로 우리가 밥을 어떻게 먹을 수 있을까?
- 곤충들이 사람보다 더 커진다면 무슨 일이 일어날까?

③ 존재하는 것을 공간 또는 위치를 바꿔 상상하기

- 천장형 에어컨이 아닌 바닥형 에어컨이라면?
- 시계방향이 오른쪽이 아닌 왼쪽으로 흘러간다면?
- 우리가 바닥이 아닌 천장을 걸어 다닌다면?

④ 가상적 상황을 현실로 떠올리기

- 우주를 여행할 수 있다면 어떤 느낌이 날까?
- 순간이동을 할 수 있다면 어떤 일이 생길까?
- 세상에 모든 식물이 사라진다면 어떤 일이 나타날까?
- 투명 인간이 있다면 어떤 일이 벌어질까요? 그림으로 표현해 보자.
- 영화 속에만 존재하던 외계인을 실제로 만난다면 어떤 일이 일어날까?

⑤ 입장을 바꿔 가상해 보기

- 내가 만약 바람이라면 어떤 기분일 것 같나?
- 내가 우리나라가 아닌 다른 나라 사람이 되어 버린다면 어떨 것 같나?
- 내가 만약 태양이라면 어떤 기분일 것 같나?
- 내가 만약 강아지가 된다면 어떤 기분일 것 같나?
- 내가 스스로 움직일 수 없는 바위가 된다면 어떤 기분일까?

(3) 유창성

특정한 문제 상황에서 얼마나 많은 양의 아이디어나 해결책을 산출해 내느냐 하는 아이디어의 풍부함과 관련된 양적인 능력이다(전경원, 2020a, 전경원, 2020b). 따라서 반응의 질이 문제가 아니라 양이 중요하므로 심리적으로 편안한 분위기 속에서 많은 양의 아이디어를 떠올릴 수 있도록 해야 한다. 다다익선(The more, The better)과 같은 개념으로, 아이디어가 많을수록 좋기 때문에 가능한 한 아이디어가 많이 나오도록 하는 것이다.

유창성을 키워 주는 활동

① 대상의 속성 및 특성에 따라 생각하기

- '무지개' 하면 떠오르는 것은?
- '엄마' 하면 떠오르는 것은?
- '동그랗다' 하면 떠오르는 것은?
- '말랑말랑하다' 하면 떠오르는 것은?
- '바다' 하면 떠오르는 것은?
- '뜨겁다' 하면 떠오르는 것은?

② 제한된 범위에서 떠올리기

- 노랗고 길쭉한 것은 무엇일까?
- 차가우면서 따뜻한 것은?
- 노랗고 부드러운 것에는 무엇이 있을까?
- 가벼우면서 큰 것에는 무엇이 있을까?
- 딱딱하면서 무거운 것에는 무엇이 있을까?

③ 특정 대상의 부분을 보고 전체를 떠올리기

- 줄무늬가 있는 꼬리를 보면 생각나는 것은?
- 비행기의 날개를 보면 떠오르는 것은?
- 상어 지느러미를 보면 떠오르는 것은?

④ 특정 대상에 대하여 주변의 대상을 함께 연상하기

- 약국에 가면 볼 수 있는 것은?
- 동물원에 가면 볼 수 있는 것은?
- 마트에 가면 볼 수 있는 것은?
- 산에 가면 볼 수 있는 것은?
- 놀이동산에 가면 볼 수 있는 것은?

⑤ 특정한 현상이나 대상으로부터 가능한 아이디어 떠올리기

- '거울' 하면 생각나는 것을 떠올려 보자.
- '선생님' 하면 생각나는 것을 떠올려 보자.
- '강아지'와 비슷한 것을 떠올려 보자.
- '거미' 하면 생각나는 것을 떠올려 보자.
- '무지개' 하면 생각나는 것을 떠올려 보자.

(4) 융통성

기존에 가지고 있던 고정적인 관점이나 시각 및 사고방식의 틀을 깨고 변환시켜 다양하고 광범위한 아이디어나 해결책을 산출해 내는 능력이다(전경원, 2020a, 전경원, 2020b). 즉, 어떤 문제를 해결하거나 아이디어를 낼 때, 한 가지 방법에만 집착하지 않고, 여러 가지 방법으로 접근하여 해결하는 능력이다. 일반적으로 우리는 익숙한 관점에서 문제를 해결하려고 하기 때문에 사고의 진전이 없는 경우가 많아서 문제를 해결하지 못하게 된다. 융통성이 부족하면 기존의 생각을 전환시켜 다양한 관점을 적용해 볼 수 있는 아이디어나 해결방법을 찾아보는 훈련을 하는 것이 좋다.

융통성을 키워 주는 활동

① 기존과는 다른 수단으로 표현하기

- 향수를 다른 용도로 이용한다면?
- 모자를 다른 용도로 이용한다면?
- 청소기를 다른 용도로 이용한다면?
- 책을 다른 용도로 이용한다면?
- 양말을 다른 용도로 활용한다면?

② 결과에 맞춰 생각하기

- 물에 젖은 종이를 사용할 수 있는 방법은?
- '녹다'가 답이 될 수 있도록 수수께끼를 내 보자.
- '빠르다'가 답이 될 수 있도록 수수께끼를 내 보자.
- 다 쓴 캔을 다시 쓰는 방법으로 무엇이 있을까?

③ 문제 상황을 해결하는 아이디어 떠올리기

- 양치하려는데 치약만 있고 칫솔이 없다. 어떤 방법이 있을까?
- 메모해야 하는데 종이가 없어요. 종이 대신 어디에 메모할 수 있을까?
- 라면을 끓일 때, 냄비가 없으면 어떤 걸 사용하여 라면을 끓일 수 있나?
- 상처가 났는데 반창고가 없으면 어떻게 해야 할까?

④ 서로 관련 없는 것들의 연관성을 찾아보기

- 친구와 함께 놀려고 한다. 동화책을 이용해서 놀아 보자.
- 아파트, 토끼, 가방의 공통점을 찾아보자.
- 청바지와 필통의 비슷한 점을 찾아보자.

⑤ 기존의 사물을 변환시켜 발상하기

- 줄이 긴 가방을 편리하게 변형한다면?
- 안경을 좀 더 편리하게 변형한다면?
- 신발 크기가 크다면 어떻게 수정하면 좋을까?
- 마스크를 써도 답답하지 않으려면 마스크를 어떻게 만드는 것이 좋을까?
- 우산을 좀 더 튼튼하고 편리하게 변형한다면?

(5) 정교성

정교성이란 처음 제안된 아이디어를 다듬고 발전시켜 표현하는 능력으로, 주어진 문제를 세부적으로 검토하거나 문제에 포함된 의미를 파악하고, 부족한 부분을 찾아 보완하고 정교하게 다듬는 사고 능력을 뜻한다(전경원, 2020a; 전경원, 2020b). 다듬어지지 않은 거친 상태의 아이디어를 보다 치밀하고 정돈된 상태로 발전시키기 위하여, 머릿속에서 나온 많은 아이디어를 재료로 하여 그중 독창적인 아이디어를 선별한 다음 다시 아이디어의 질을 평가하고 정교하게 다듬는 작업이 필요하다. 무심코 떠오른 생각이나 잘 다듬어지지 않은 아이디어의 가치를 따져 발전시키는 활동을 하면 좋다.

정교성을 키워 주는 활동

① 아이디어를 가치 있게 발전시키기

- 비를 더 안 맞을 수 있도록 우산을 활용한다면? 한 가지의 아이디어를 세밀하게 표현해 보자.
- 공부할 때 편한 책상을 만든다면, 어떻게 책상을 만들면 좋을지 생각해 보자.
- 책장에 먼지가 쌓이는 것을 방지할 방법으로 무엇이 있을까? 자세하게 표현해 보자.
- 핸드폰을 좀 더 깨끗하게 관리하는 방법을 생각해 보고, 그중 한 가지 방법을 세밀하게 표현해 보자.
- 안경을 가장 깨끗하게 닦을 수 있는 안경 닦기를 구현한다면? 5가지 단계로 자신의 아이디어를 구체화해 보자.

② 은연중 떠오른 생각을 구체화하기

- 늦잠 자지 않기 위하여 어떤 방법이 있을까? 세부적인 계획을 세워 보자.
- 많은 프린트물을 어떻게 정리할 수 있을까? 세부적인 계획을 세워 보자.
- 잠을 빨리 잘 수 있는 방법이 있을까? 세부적인 방법을 세워 보자.

③ 거친 수준의 아이디어를 세밀하게 설계하기

- 세상에서 가장 낮은 편안한 책상을 디자인하기 위한 아이디어를 구체적으로 그려보자.
- 자동차 안에 화장실을 설치하기 위한 아이디어를 표현해 보자.
- 물에 젖지 않는 옷을 제작하기 위한 아이디어를 구체적으로 표현해 보자.
- 목과 허리가 아프지 않은 의자를 디자인하기 위한 아이디어를 표현해 보자.

④ 생략된 부분을 구체화하기

- 동화책의 뒷 내용은 어떨지 이야기를 지어 그림으로 표현해 보자.
- 사진에 나오지 않은 부분을 좀 더 구체적으로 그려 보자.
- 그림 속 대상의 뒷모습을 그려 보자.
- 영화의 뒷 내용은 어떨지 상상하여 말로 표현해 보자.

⑤ 다각적인 시각으로 표현해 보기

- 호박의 겉과 속을 관찰해 보자. 위치에 따라 관찰된 모습을 그려보자.
- 친구의 얼굴을 측면, 정면, 뒤에서 각각 사진을 찍고 관찰해 보자. 위치에 따라 다른 모습을 자세하게 나타내 보자.
- 사과를 위에서, 옆에서, 밑에서 관찰한 모습을 세밀하게 나타내 보자.
- 강아지를 위에서, 옆에서, 뒤에서, 앞에서 관찰한 모습을 그림으로 표현해 보자.

(6) 독창성

독창성이란 기존의 사고에서 탈피하여 희귀하고 참신하며 독특한 아이디어나 해결책을 산출하는 능력으로, 창의적 사고를 한 결과 궁극적으로 도달해야 하는 목표라고 할 수 있다(전경원, 2020a; 전경원, 2020b). 창의성의 6가지 하위요인 중에 어느 것이 가장 고차원적인 것이라고 할 수는 없지만, 독창적인 사고능력은 최고 수준의 창의적인 사고 능력이라고 볼 수 있다. 자기만의 독특한 아이디어를 산출하는 능력으로, 의식적으로 부단히 노력해야 독창적인 아이디어가 나올 수 있다.

독창성을 키워 주는 활동

① 새로운 이름 짓기

- 우리 집 애완동물의 이름을 지어 준다면?
- 내 가방에 이름을 붙여 준다면?
- 우리 동네 마스코트의 이름을 지어 본다면?
- 강아지의 이름을 새롭게 바꿔 본다면?
- 내 이름을 새롭게 바꾸어 본다면?

② 기존의 가치를 발전시켜 전환하기

- 비가 내리면 자동으로 펼쳐지는 우산이 있다면 어떨까?
- 안경을 자동으로 닦아 주는 안경 세척기가 있다면 어떨까?
- 마스크가 투명하다면 어떨까?
- 절대 더러워지지 않는 신발이 있다면 어떨까?

③ 기존의 생각을 부정하고 참신한 아이디어 내기

- 부족한 영양소를 바로 알려 주는 기계가 있다면 어떨까?
- 일정 시간 이상 텔레비전을 보면 자동으로 꺼지는 텔레비전이 있다면 어떨까?
- 약 먹을 시간이 될 때마다 소리가 나는 약이 있다면 어떨까?
- 잠이 오지 않게 해 주는 옷이 있다면 어떨까?
- 죽지 않는 식물이 있다면 어떨까?

④ 제시된 상황에 새로운 아이디어 산출하기

- 독특한 모양의 신발을 생각해 보세요.
- 물건을 잃어버렸을 때, 쉽게 찾는 방법을 떠올려 보자.
- 딸기 맛, 초콜릿 맛, 바나나 맛 우유 말고 다른 맛의 우유를 생각해 보자.
- 늦잠을 자지 않을 수 있는 새로운 컬러링을 생각해 보자.

⑤ 현상들을 참신하게 상징화하여 보기

- ‘맛있다’를 나타낼 수 있는 아이디어를 표현해 보자.
- 표지판을 이용해서 새롭게 나타낼 수 있는 신호를 생각해 보자.
- 환경 인증 마크라는 것을 쉽게 알아볼 수 있도록 새로운 마크를 디자인해 보자.
- 환경을 오염시키는 물건 구매를 줄이기 위해 새로운 마크를 만들어 보자.
- ‘마스크를 써야 한다’와 관련된 마크를 디자인해 보자.

3) 창의성과 4P

다양한 창의성의 정의와 개념을 4P(Process, Product, Press, Person) 중심으로 창의성을 범주화하여 창의성의 개념에 접근해 보자. 창의성의 정의를 분류하기 위해 가장 널리 사용되고 있는 방법은 로즈(Rhodes)가 구분한 방법이다. 로즈(Rhodes, 1961)는 창의성 연구를 위해 56개 정도의 정의들을 수집했다. 그중 40개는 창의성의 정의를 다룬 것이었고, 16개는 상상력의 정의에 관한 것이었는데, 이들은 서로 중복되거나 뒤얽혀 있었다(전경원, 2020a; 전경원, 2020b). 로즈(Rhodes)는 이러한 정의들을 잘 비교 · 분석하여 4가지로 구분했다. 다음은 널리 알려진 창의성의 고전적 ‘4P-Process, Product, Press, Person’ 분류 방법이다. 첫째, 창조물들이 나올 수 있는 창의적인 환경이나 장소(The creative place or environment). 둘째, 창의적인 산출물(The creative product). 셋째, 창의적인 과정(The creative process). 그리고 넷째가 창의적인 사람(The creative person)이다.

(1) 창의적 산출물

창의성은 어떤 유 · 무형의 산출물 또는 결과물로 나타난다. 창의적 산출물의 분석은 오랫동안 창의성 연구에서 주요한 역할을 했고, 창의성 평가에서 중요한 관심사였다(Treffinger, 1980). 산출물에 대해 연구하는 사람들은 창의성이란 궁극적으로 창의적인 산출물이 만들어지는 데 그 의의가 있다고 여기며, 산출물의 창의적인 정도를 어떤 기준으로 평가할 것인가에 대해 연구한다(전경원, 2020a; 전경원, 2020b).

로즈(Rhodes, 1961)는 산출물이란 다른 사람과 대화하기 위해 사용하는 언어, 그림, 점토, 옷감 등과 같은 물질들을 독창적인 형태와 유형의 그 어떤 것으로 만들어 내는 것을 산출물이라고 했다. 유형의 산출물뿐만 아니라 무형의 산출물도 매우 중요하다. 창의적인 산출물이란 아인슈타인(Einstein)의 상대성 이론과 같은 획기적인 과학 이론이나 공학 분야의 혁신적인 이론들은 물론이고 한 장의 그림, 한 편의 시나 교향곡, 발명품과 같은 것도 산물출의 한 형태라고 볼 수 있다(전경원, 2020a; 전경원, 2020b). 매키넌(MacKinnon, 1995)은 창의적인 사람을 창의적인 산출물에 넣기도 한다.

(2) 창의적 과정

'과정(process)'이란 동기 유발, 인식, 학습, 사고, 대화 등과 관련이 있다(Rhodes, 1961). 창의적인 사고를 하는 과정을 거쳐서 문제를 해결하거나, 새로운 아이디어를 생각하고 물건을 만들어 내는 것이다. 창의적인 과정이 진행되는 것을 설명하기 위해 창의적인 문제 해결력의 단계를 제시하거나 아이디어를 통합하는 데 초점을 두고 있다. 월러스(Wallas)의 창의적 과정의 4단계인 준비 단계, 부화 단계, 영감 단계, 검증 단계가 대표적이고, 아울러 오스본 판즈(Osborn-Parnes)의 창의적인 문제 해결 단계가 널리 알려져 있다(전경원, 2020a; 전경원, 2020b).

(3) 창의적 성격

창의성에 관한 연구가 시작될 무렵 심리학자들은 창의적인 사람들의 성격에 대한 연구에 몰두했다. 창의적인 사람의 성격은 연구자에 따라 다양하게 나타나고, 직업에 따라 다른 특징을 보여 왔다. 길포드(Guilford, 1950)의 입장과 여러 학자들의

견해를 종합해 보면 창의적인 사람의 성격에서 의미하는 '성격'은 그 사람의 성격, 지능, 기질, 골격, 습관, 태도, 자아개념, 가치체계, 방어기전, 행동들과 관련이 있다고 할 수 있다(전경원, 2020a; 전경원, 2020b). 토렌스(Torrance, 1972)는 창의적인 인간의 특성을 나타내는 낱말 84개를 알파벳 순서로 열거했다. 대표적인 예로는 무질서를 수용함, 모험심, 무질서에 대한 매력을 느낌, 신비로운 것에 대한 호기심, 어려운 일에 도전, 건설적 비판, 탁월하고자 하는 욕망, 결단력, 남과 다른 가치체계, 기운이 넘침, 결점 찾기 명수, 남과 다른 것에 대해 별로 개의치 않음 등이 있다.

(4) 창의적 환경(place, press, environment)

창의성을 연구하는 학자들은 창의성을 극대화시킬 수 있는 환경 조성에 많은 관심을 기울여 왔다(Hennessey & Amabile, 1998). 창의적인 환경 측정에서의 '환경'이란 창의적인 사고 과정이 처음으로 자극되고, 또한 창의적인 산출물을 완성하기까지의 사고 과정이 유지되도록 도와주는 '총체적이고 복잡한 일체의 상황'을 의미한다(Taylor, 1988). 총체적인 환경이란 한 사람이나 여러 사람들의 창의적인 사고 과정을 유지하고, 좀 더 창의적인 사고가 번뜩이며 흥미를 불러일으킬 수 있도록 고안된 특별한 교수 매체까지도 의미하는 것이다. 다양한 연구를 종합해 보면 "창의적 환경이란 단순히 가정, 학교, 사회 · 문화적인 영향뿐 아니라, 광의로는 '현재의 지식의 상태'나 새로운 아이디어를 자극할 수 있는 기회, 문화, 다양한 교수 매체, 감정적인 분위기, 사회적인 분위기 등을 포함하는 것으로 창의성을 북돋울 수 있는 물리적 환경, 가정, 학교 · 작업장, 문화 등을 포함하는 총체적인 환경"을 의미한다(전경원, 2020a; 전경원, 2020b).

3. 창의적인 문제해결력 모델

1) 창의적인 문제해결력 모델(Creative Problem Solving, CPS)

CPS를 하는 과정에서 주로 어떤 사고를 하게 되는가? 흔히 창의적으로 문제를 해결할 때 발산적 사고를 하게 된다고 생각한다. 창의적인 문제 해결을 위해서 다양한 아이디어를 산출하게 되므로 주로 발산적 사고를 한다고 생각한다. 그러나 효율적인 CPS를 진행하기 위해서는 발산적 사고와 수렴적 사고가 매 단계에서 번갈아 가면서 진행된다. 예컨대, 오스본 판즈(Osborn–Parnes)의 CPS 모델의 첫째 단계인 목적 발견 단계에서 발산적인 사고를 통해 다양한 기회와 도전할 수 있는 것들을 찾아야 하고, 그 다음에 이러한 아이디어 중에서 수렴적 사고를 거쳐서 우선순위를 정하고 다시 한 번 검토하면서 어떤 것이 진정한 목적인지 결정할 수 있어야 한다. 그 다음 단계에서도 목적 발견 단계와 마찬가지로 발산적 사고와 수렴적 사고는 계속 반복되면서 진행된다(전경원, 2020a; 전경원, 2020b).

즉, CPS 과정에서 발산적 사고와 수렴적 사고를 번갈아 하는 이유는 창의적인 문제 해결 과정에서는 우선 다양한 아이디어를 찾기 위해 발산적 사고가 필요하지만, 궁극적으로 이들 중에서 가장 좋은 아이디어를 선택하기 위해서는 수렴적 사고가 필요하기 때문이다. 이런 과정으로 많은 아이디어 중에서 아이디어를 선택하고, 이 아이디어가 실제로 실행되었을 때 문제가 되지 않는지를 고려하여 최종적으로 아이디어를 수용하게 되는 것이다(전경원, 2020a; 전경원, 2020b).

이처럼 CPS 과정에서 수렴적 사고와 발산적 사고가 계속 반복되기 때문에, 어떤 기법은 수렴적 사고를 하기 위해서, 또 어떤 기법은 발산적 사고를 하기에 적절하다. 그런 이유로 다양한 창의적 사고기법을 분류할 때 수렴적 사고기법과 발산적 사고기법의 두 가지로 분류하기도 한다.

창의적인 문제 해결 모델은 많은 사람들에 의해 제안되어 왔다. 이러한 모델은 대부분 4~6단계의 문제 해결 단계를 제시하고 있고, 문제를 발견하여 그것을 해결하는 방안책을 모색하여 그중에서 가장 훌륭한 아이디어를 선택하는 과정으로 구성되어 있다. 월러스(Wallas)가 제시한 준비-부화-조명-검증의 4단계 모델은 문제 해결에 관한 고전적인 모델로 널리 알려져 있다. 그 이후 오늘날 교육 현장에서 널리 적용되고 있는 모델은 오스본 판즈(Osborn-Parnes)의 5단계 또는 6단계 모델(또는 확장된 Osborn-Parnes 모델)이다(전경원, 2020a; 전경원, 2020b). 각각의 모델은 다음과 같다.

(1) 월러스(Wallas)의 4단계 모델

월러스(Wallas)는 창의적인 사고를 4단계로 나누어 준비 단계(Preparation Stage), 부화 단계(Incubation Stage), 조명 단계(Illumination Stage), 검증 단계(Verification Stage)로 설명했다(전경원, 2020a; 전경원, 2020b).

■ 준비 단계

문제를 해결하기 위해 준비를 하는 단계로 문제에 대해 자유롭게 생각하고, 다양한 자료들을 수집하고, 해결할 수 있는 대안책을 탐색하는 등 자연스럽게 여러 가지 제안들에 대해 관심을 갖는 단계이다. 문제를 다양한 각도에서 살펴보고 이해하는 단계라고 할 수 있다.

■ 부화 단계

준비 단계에서 접했던 문제의 해결책들이 즉시 떠오르는 것이 아니라 뜸을 들이면서 마치 어미닭이 알을 품듯 충분한 시간이 필요한 시기이다. 이 단계는 문제를 빨리 해결해야 한다는 조급함이 없는 무의식적인 수동적 상태라고 할 수 있다.

■ 조명 단계

조명 단계는 갑작스럽게 해결 방법이 떠오르는 단계로, 창의적인 활동을 하는 사람이 계속 찾고 있던 문제 해결책을 드디어 찾아내는 단계라고 할 수 있다. 오랫

동안 생각해 왔던 그 어느 순간에 '바로 이것이다'라는 생각이 들면서 새로운 직관이나 통찰의 형태를 보여 주는 단계라고 할 수 있다.

■ 검증 단계

검증 단계는 해결 방안의 타당성을 검증해 보는 단계로, 어떤 아이디어가 아무리 좋아보이더라도 현실 속에서 검증되어야 한다. 갑작스럽게 떠오른 아이디어의 가치를 인정하기에 앞서 각각의 아이디어에 대한 검증을 해야 한다. 검증절차를 거쳐 일단 생성된 아이디어는 문제의 성격에 비추어 다시 한 번 검증을 거쳐 최종적으로 선택하게 된다.

(2) 오스본 판즈(Osborn–Parnes)의 5단계 모델

창의적 문제 해결력의 과정은 매우 다양하지만, 가장 널리 알려진 모델은 오스본 판즈(Osborn–Parnes)의 5단계 모델이다. 판즈(Parnes)에 의해 확장된 5단계 모델은 사실 발견(Fact Finding), 문제 발견(Problems Finding), 아이디어 발견(Idea Finding), 해결책 발견(Solution Finding), 수용(Acceptance Finding) 등의 5단계로 나누어져 있다.

■ 사실 발견 단계

창의적인 문제 해결을 위해 우선 문제를 감지하고 도전하는 활동이 필요하다. 자신을 괴롭히는 것이 있을 때, 불편함을 느낄 때, 무엇인가 일이 잘 안 될 때, 무엇인가를 향상시키고자 할 때, 어떻게 해야 할지 잘 모를 때를 생각해 본다. 문제를 감지하고 도전했으면 '누가 이 일과 관련되는가? 어떤 일이 발생되었는가? 언제 일이 일어났는가? 어디서 일어났는가? 왜 이 일이 나를 괴롭히는가?' 등의 질문을 통해 문제와 관련된 사실적인 것들을 인식하는 것이다. 이 단계에서 사람들은 문제점이 있다는 것과 자신이 그것을 해결해야 한다는 책임을 느끼게 되고, 비로소 문제 해결에 힘쓰게 된다(전경원, 2020a).

■ 문제 발견 단계

문제와 관련된 사실들을 찾았으면 그 다음 단계인 '문제 발견 단계'에서는 사실 단계에서 찾아본 사실을 검토하고, 상황을 다양한 시각으로 보고, 한 가지 이상의 문제가 있을지도 모른다는 인식을 해 본다. 아울러 하위문제를 정의하고 하위문제들 사이의 관계와 우선순위를 생각해 보며, 의미 있고 다룰 수 있는 문제를 찾아본다. 문제를 해결한다는 것은 실질적인 문제가 무엇인가를 이해하는 것이다. 때로는 문제가 무엇인지 정확히 발견하면 실제로 그 문제는 해결된 것과 같으므로 문제를 발견하는 것은 매우 중요한 일이다(전경원, 2020a).

■ 아이디어 발견

앞에서 문제 해결을 하기 위해 문제를 감지하고, 사실을 발견하고, 문제를 발견하는 것에 대해 설명했다. 그 다음은 '아이디어를 발견'하는 단계로 가능한 한 많은 대안들을 세워 보는 단계이다. 앞 단계에서 문제가 무엇인지 알게 되었으므로, 이제는 가능한 한 많은 아이디어를 산출하는 것이 중요하다.

■ 해결책 발견 단계

아이디어를 목록화한 후에 문제를 해결하는 데 가장 가능성이 높은 해결책을 결정하는 단계이다. 이 단계는 가장 성공할 것 같은 아이디어를 결정하는 단계로, 훌륭한 대안책을 찾기 위해서 '아이디어 발견 단계'에서 만들었던 아이디어들을 평가해야 한다. 평가를 잘하려면 판단의 기준과 점수를 포함한 평가표를 만들어야 한다.

■ 수용 단계

이런 과정을 거쳐 해결책이 결정됐으면 마지막으로 행동 개시를 위한 계획을 발전시키기 위해 '수용 단계'를 거쳐야 한다. 구체적으로 누구의 도움이 필요하고, 어떤 장애물을 극복해야 하는지 등의 문제를 고려해야 한다. 즉, 수용 단계는 좋은 아이디어가 유용성 있는 아이디어로 사용될 수 있는지 최종적으로 검토하는 단계라 할 수 있다.

토의하기 1

♣ 다양한 창의성에 대한 학자들의 정의가 있습니다. 내가 생각하는 창의성에 대한 정의와 주변 사람 2명에게 창의성에 대한 정의를 인터뷰해 보세요.

내가 생각하는 "창의성이란?"

인터뷰 1) "당신이 생각하는 창의성이란?"

인터뷰 2) "당신이 생각하는 창의성이란?"

유아교사가 생각하는 창의성의 의미

유아교사들은 창의성의 의미를 자신만의 독특한 사고능력이나, 관심을 갖고 자유롭게 무엇인가에 몰입하는 태도라고 해석하였다. 즉 창의성의 인지적 특성 중 하나인 독창성을 창의성의 주된 의미로 보기도 하였고, 창의성의 정의적 특성인 창의적인 태도에 대해서 다양하게 언급하였으며, 인지적 특성과 정의적 특성을 결합하여 창의성의 의미를 해석 하는 경향도 보여 주었다.

유아교사들이 생각하는 독창적인 사고능력이란, 독특하고 기발한 것, 기발하고 반짝이는 아이디어를 표출하는 것, 독창적인 생각, 특별함, 신기함, 똑같이 기계적이지 않음, 다른 생각을 해낼 수 있는 평범하지 않음과 같이 다른 시각을 가진 것이라고 하였다. 창의적인 태도의 의미로는 다양한 관심을 가지고 깊이 파고드는 것, 엉뚱함, 색다름, 용기, 도전, 시도하는 것, 관심, 궁금함, 왜라고 생각하는 것, 틀에 박히지 않은 것, 무궁무진한 정답이 없는 것, 자유로움, 열린 마음이라고 하였다.

기존에 정형화된 틀에 얽매여 있는 게 아니고 조금 더 자유롭게 자신의 생각을 표현하는거…계발하는거… 그런 게 창의성 아닐까요? (연구참여자 10)

창의성이 되게 독창적이라곤 하지만 일상 속에서 아주 작은 변화를 시도하는 것. 뭔가의 작은 변화를 시도하는 것이 창의성이라고 생각해요. 또 다양한 곳에 관심을 갖고 깊이 파고드는 것, 무엇인가에 깊이 파고드는 것이 중요하잖아요. 그렇게 되면 거기서 새로운 것들을 찾아내더라고요. (연구참여자 4)

특히 창의성을 '내 생각이다, 내가 생각하는 것, 내가 생각하기 나름이다.'와 같이 자신감을 가지고 개인의 생각을 표출할 수 있는 능력이라고 하였다. 이는 남과 다른 자신의 생각에 대하여 자신감을 가지고 표현하려는 시도에서 표출하게 되는데, 그것의 바탕은 자신감임을 강조하고 있다. 따라서 유아교사들은 창의성에 대한 의미를, 무엇인가에 관심을 갖고 몰입하는 태도와 독창적인 사고를 하는 능력이자 자신감을 바탕으로 나오는 힘으로 해석하고 있다.

출처 : 박인영, 송승민, 김미옥, 이순희(2017).

토의하기 2

♣ 창의적인 산출물, 창의적인 과정, 창의적인 사람의 성격, 창의적인 환경에 대하여 떠오르는 것들을 자유롭게 연상하여 맵을 그려 보세요.

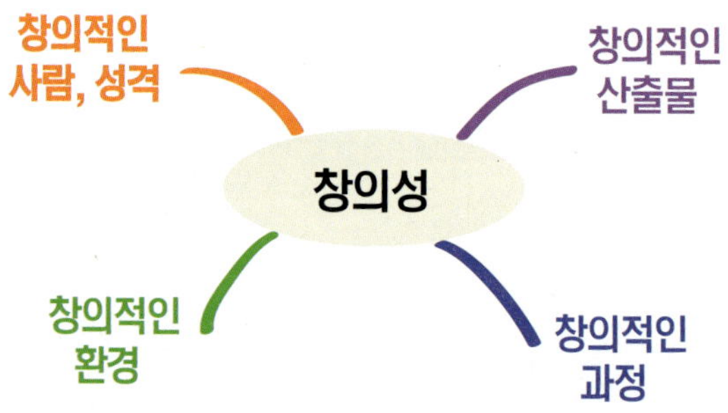

CHAPTER 02

창의성 교육과 창의적 사고기법

1. 창의성 교육과 창의적 사고기법

창의성과 문제해결력을 향상시키기 위한 교육과 훈련방법으로 창의적 사고기법이 널리 사용되고 있다. 창의성을 신장시키기 위해 다양한 접근방법이 있는데, 그 중에서도 가장 중요한 접근 중의 하나로 고려되어 온 것은 다양한 창의적 사고기법을 적용하여 창의적 사고 능력를 직접적으로 개발시켜 주는 것이다(전경남, 2011; 전경원, 2020a; 전경원, 2020b). 창의적 사고기법(Creativity Techniques)이란 "크고 작은 사적 · 공적 문제들을 해결하거나 창의적인 태도를 갖기 위해 사용하는 일종의 창의성 훈련 도구"라고 할 수 있다(전경원, 2020a; 전경원, 2020b). 기법을 사용하는 궁극적인 목적은 창의적 사고기법을 익혀서 그전과는 다른 새로운 방법으로 문제를 창의적으로 해결하는 것을 도와주는 데 있다(Wise, 1991).

창의적 사고 기술의 훈련을 위해 사용할 수 있는 기법은 다양하다. 영국의 My-coted의 웹 사이트(http://www.mycoted.com/Category:Creativity_Techniques)에서 제시한 창의적 사고기법은 183개 정도(전경남, 2011; Lau, & Lee, 2009)이고, 그 외에도 지금까지 개발된 창의적 사고기법은 수백 개에 달한다고 볼 수 있는데(Michalko, 2001; Vangundy, 1987), 현실적으로 모든 기법을 이해하고 적용하는 것은 그리 쉬운 일이 아니다(전경원, 2020a, 전경원, 2020b). 그렇다고 해서 널리 알려진 브레인스토밍(Osborn, 1953)이나 스캠퍼(Eberle, 1996) 등 몇 가지 기법만 사용하는 것도 바람직하지 않다. 창의적 사고기법을 적용하는 문제의 유형과 상황에 따라 동일한 창의적 사고기법이라도 그 효과가 매우 달라질 수 있기 때문이다(전경남, 2011; Kilgour & Koslow, 2009). 따라서 다양한 문제를 새롭게 해결하기 위해서는 어떤 한 가지 기법만 사용하는 것보다, 문제와 상황에 따라 적절한 기법을 선택하여 사용하는 것이 좋다(전경원, 1997; 전경원, 2020a; 전경원, 2020b).

어찌 보면 인생은 크고 작은 문제들로 점철되어 있다. 오늘 문제가 끝난다고 더 이상 해결해야 되는 문제가 없는 것이 아니다. 내일은 또 다른 내일의 문제가 생기게 마련이다. 새로운 문제에 직면할 때 우리는 어떻게 해결해야 할까? 어떤 문제는 색다른 용도법을 적용해도 해결될 수 있지만, 코로나 19를 종식시키기 위한 새로운 백신을 개발했을 때 발생하는 문제나, 일회용 물건 사용으로 인한 환경 및 공기오염 문제와 같이 전 지구적인 문제를 해결하기 위해 좀 더 다양하고 복잡한 창의적 사고기법을 적용하는 경우도 있다.

비행기의 구조적 문제를 해결하는 것과 같이 복잡한 문제를 해결하거나 특허를 내기 위해서 트리즈와 같은 방법을 사용하기도 한다. 여기에는 총 40가지의 창의적인 문제 해결 방법이 있다. 예컨대, 라면 대용으로 직접 끓이지 않고 끓는 물만 넣어서 먹을 수 있는 최초의 컵라면은 1971년 닛신식품의 안도 모모후쿠였다. 더 이상 라면이 판매되지 않자 일종의 패스트 푸드와 같은 컵라면을 개발했다. 트리즈 기법의 21번째 기법(서두르기, Hurrying)을 사용하여 컵라면을 개발한 것이다. 트리즈 기법을 적용하면 누구든지 쉽게 문제를 해결하고 발명할 수 있다.

일상 생활에 직접적으로 도움을 줄 수 있는 중요한 창의적 사고기법을 배울 수 있는 수업이 별도의 정규과목으로 개설되어야 한다. 어느 한 과목의 수업에 적용하는 것보다 거의 모든 학과목 시간에 주제와 상황에 따라 창의적 사고기법을 많이 활용하는 것이 좋다. 수업시간 외에 일상적인 시간에도 창의적 사고기법을 적용하여 문제를 해결하고, 발명을 하는 것은 나아가 한 개인의 생존에도 큰 도움이 된다. 그런 이유로 창의성에 관심이 있는 교사들은 학교 현장에서 창의성 프로그램을 개발할 때, 프로그램 안에 창의적 사고기법을 포함시킨다.

2. 창의적 사고기법 분류

창의적 사고기법을 연구하는 사람들은 다양한 기법을 범주화하여 분류하는 시도를 했다. 그들은 각기 다른 준거를 사용하여 분류했지만, 공통적인 기준이 있다고 하기는 어렵다. 하지만 어떤 분류방법은 유사한 분류준거를 사용하였다. 전경남(2011)은 "창의적 사고기법의 분류체계에 관한 문헌 고찰" 논문에서 창의적 사고기법에 관한 분류체계를 ① 분석적 기법과 직관적 기법으로 분류한 분류 체계 ② 창의적 사고기법을 통해 연합할 수 있는 아이디어의 상대적 거리에 따른 분류 체계 ③ 창의적 사고를 유도하기 위한 자극으로 사용하는 문제 또는 과제의 제시 유형에 따른 분류 체계로 구분했다. 전경남(2011)의 연구에서 문헌 고찰 내용을 살펴보면 다음과 같다.

1) 분석적 기법과 직관적 기법을 구분하는 분류체계

분석적 기법은 창의적 사고기법이 제시하는 일련의 절차와 단계를 따라 논리적인 사고의 패턴을 생성하고 이를 통해 아이디어를 생각하도록 유도하는 기법(Miller, 1987), 또는 기존 정보를 다양한 방법을 통해 조작함으로써 새로운 아이디어를 생성하는 기법을 말한다(전경남, 2011; Michalko, 2006). 직관적 기법은 이미지 또는 상징을 이용하여 창의적인 문제 해결에 필요한 아이디어를 생성해 내는 기법(Miller, 1987), 또는 직관과 상상력을 사용하여 아이디어를 생성하는 기법을 말한다(전경남, 2011; Michalko, 2006).

이런 분류체계는 창의적 사고에 관한 이론에서 말하는 무의식적 연합의 과정과 의식적 유추의 과정의 구분을 반영하는 것으로 보인다. 즉, 분석적 기법은 창의적 사고의 과정을 의식적으로 만드는 특별한 자극 또는 절차를 통한 의식적 유추 추론 과정에 의존하는 기법이라고 할 수 있고, 직관적 기법은 창의적 사고의 과정을 무의식적 연합과정에 의존하여 아이디어를 생성하는 기법이라고 할 수 있다(전경남, 2011).

2) 연합 가능한 아이디어들의 개념/ 범주 거리에 따른 분류 체계

두 번째 창의적 사고기법은 상대적으로 멀리 떨어져 있는 개념/ 범주를 연합할 수 있게 하는 정도에 따라 창의적 사고기법을 하나의 연속선상에 위계적으로 위치하는 방식으로 분류한다(김영채, 2007; 전경남, 2011; McFadzean, 2000; Ross, 2006). 이 유형에 해당하는 맥패드진(McFadzean, 2000), 로스(Ross, 2006), 그리고 김영채(2007)의 분류체계의 내용을 자세히 살펴보면 다음과 같다(전경남, 2011).

■ 맥패드진(McFadzean, 2000)

창의적 사고기법을 통해 생성할 수 있는 아이디어가 문제 해결의 기존 패러다임을 변형하는 정도를 기준으로 다양한 창의성 기법에 대해 기존 패러다임을 유지하는 기법(paradigm preserving techniques), 기존 패러다임을 신축적으로 만드는 기법(paradigm stretching techniques), 그리고 기존 패러다임을 파괴하는 기법(paradigm breaking techniques)의 세 가지 유형으로 분류하였다. 기존 패러다임의 변형 정도라는 상위 분류 기준은 다시 문제의 경계 변화 여부, 창의적 자극의 정도, 기법이 사용하는 자극과 주어진 문제와의 연관성 정도, 각각의 사고기법이 주로 사용하는 표상 양식과 같은 하위 분류 기준에 의해 결정된다. 맥패드진(McFadzean, 2000)이 제안한 창의적 사고기법의 분류체계에 이용된 상위 분류 기준과 하위 분류 기준과의 관계 및 각 분류 유형에 해당되는 창의적 사고기법의 예는 〈표 2-1〉과 같다.

〈표 2-1〉 맥패드진(McFadzean, 2000)의 창의적 사고기법의 분류

분류 준거 \ 사고기법의 유형	패러다임 보존	패러다임 확장	패러다임 파괴
문제 경계	변화 없음	확장됨	파괴됨
창의적 자극	낮음	중간	높음
자극	연관 있음	연관 없음	연관 없음
연합	자유	강제	강제
표현	말/글로 표현	말/글로 표현	제한 없음
창의적 사고기법의 예	Brainstorming Brainwriting Force Field Analysis Word Diamond	Object simulation Metaphors Assumption reversal	Wishful thinking Rich Picture Picture Simulation Collage

출처: 전경남(2011). 창의적 사고기법의 분류체계에 관한 문헌 고찰. 영재와 영재교육, 10(3), 133-157, 논문 p. 143에서 재인용.

■ 로스(Ross, 2006)

유추의 거리, 즉, 창의적 사고기법이 주어진 문제로부터 멀찍이 떨어져서 사고할 수 있는 것을 가능하게 하는 정도, 아이디어 생성 과정에 관련된 단계의 수가 한 개인지 또는 여러 개인지, 그리고 사고기법에서 사용하는 단계가 여러 개인 경우 이런 단계들을 순차적으로 이용하는지 아니면 병렬적으로 동시에 이용하는지의 여부를 기준으로 하여 다양한 창의적 사고기법을 다음의 세 가지 유형으로 구분하였다.

첫 번째 유형은 문제의 여러 가지 속성 중에 한 가지에 집중하여 그 속성을 점차 변화시켜 새로운 아이디어를 생성하게 하는 기법이다. 예컨대 속성열거법, 브레인스토밍, 오스본(Osborn, 1953)의 체크리스트와 스캠퍼를 구성하는 일곱 개의 기법, 그리고 트리즈(TRIZ)의 40가지 발명 원칙이 있다. 두 번째 유형에 속하는 창의적 사고기법은 유추 또는 연합의 과정에 기반을 둔 것으로, 유추를 활용한 기법, 속성 유추 사슬, 속성 분할 기법, 브레인스토밍, 강제결합/ 연관, 매트릭스 기법, 형

태학적 종합/ 분석, 그리고 수평적 사고의 하위 기법 중 필라멘트(Filament) 기법과 스트라타(Stratals) 기법 등이 있다. 세 번째 유형에 해당하는 창의적 사고기법은 매우 높은 수준의 융통성과 창의적 기술을 사용하도록 유도하는 기법이다. 이 유형의 기법은 도발적인 사고를 유도하고, 임의적이고 무작위적인 유추를 통해 문제공간을 완전히 벗어난 수준에서 아이디어를 생성하도록 유도한다. 예로는 시네틱스(Gordon, 1961), 회유기법(Higgins, 1996), 수평적 사고의 하위 기법 중 역전, 제거, 과장 및 임의 자극법 등이 있다(de Bono, 1993).

■ 김영채(2007)

김영채(2007)는 발산적 사고기법을 사용하여 아이디어를 내고, 그러한 아이디어들의 성격에 따라 창의적 사고기법을 네 가지 범주로 구분하였는데, 이러한 분류는 맥패드진(McFadzean, 2000)의 분류체계와 유사하다(전경남, 2011). 김영채(2007)의 창의적 사고기법의 특징은 다음과 같다. 첫 번째 범주에 해당하는 '직접적인 기법들'은 진술한 문제/ 과제에 직접적으로 대답해 주기 때문에 현재의 내용과 다른 큰 변화를 가져오지 않는 기법들이다. 두 번째 범주에 해당하는 '보충적인 기법들'은 기존의 아이디어들을 새롭게 사용, 적용 또는 수정하는 방법을 사용하는 기법으로 흔히 '개선(개량)'이라고 하는 기법이다. 세 번째 범주에 해당하는 '수정적인 기법들'은 기존의 아이디어를 구조적으로 수정 · 변화시키는 것이며 따라서 상당히 독창적인 수준의 아이디어를 생성할 수 있는 기법들이다. 네 번째 범주에 해당하는 '혁신적인 기법들'은 이 기법들을 통해 생성해 내는 아이디어가 기본의 아이디어와는 접근, 용도 또는 적용이 완전히 다른 것들로, 이 범주에 해당하는 기법들은 문제에 대한 시각을 완전히 혁신적으로 바꾸고 패러다임의 이동을 요구한다(전경남, 2011).

3) 창의적 자극으로 주어지는 문제/ 과제의 제시 방법에 따른 분류 체계

헨더, 딘, 로저스와 누나메이커(Hender, Dean, Rodgers, & Nunamaker, 2002)는 모든 창의적 사고기법은 문제와 관련된 진술로부터 연상된 아이디어를 추가적인 아이디어의 생성에 이용할 수 있도록 시각화하는 것으로 시작된다고 주장한다(전경남, 2011). 헨더 등(Hender et al., 2002)은 창의적 사고기법이 초기의 아이디어를 어떠한 형태의 자극으로 변형하는가에 따라 다음과 같은 네 가지 유형으로 구분할 수 있다고 하였다(전경남, 2011).

첫 번째 유형으로 전통적인 브레인스토밍이 있다. 브레인스토밍의 경우, 아이디어의 생성을 위한 문제에 대한 진술문과 브레인스토밍에 참여한 사람들이 생각해 낸 아이디어를 자극으로 사용하고, 그 외에 추가로 도입하는 외부적 자극이 전혀 없다는 점에서 다른 유형의 창의적 사고기법과 구분된다.

두 번째 유형에 해당하는 창의적 사고기법은 주어진 문제 이외의 추가적인 아이디어의 탐색과 생성을 의식적으로 촉구하기 위해 문제와 관련이 있는 자극을 이용하는 기법이다. 문제 해결의 다양한 측면에 집중하여 각기 다른 측면의 정보를 작동기억 내에 활성화시키기 위해 다양한 질문을 이용한다. 문제 분할기법과 유도된 브레인스토밍 기법 등이 그 예라고 할 수 있다.

세 번째 유형에 해당하는 창의적 사고기법은 주어진 문제의 원인, 가정, 속성과 같이 문제 자체가 갖고 있는 정보를 변형하여 추가적인 자극을 이용하여 아이디어를 만들어 내는 기법이다. 이 범주에 해당하는 기법으로는 원인 사고(Casual Thinking), 가정 역전(Assumption Reversal), 속성열거법(Attribute Thinking) 등이 있다.

네 번째 범주에 해당하는 기법은 문제와 전혀 관련이 없는 추가적인 자극을 문제와 강제로 연관 짓는 기법이다. 헨더 등(Hender et al., 2002)은 대표적인 사례로 유추 사고기법을 들고 있다. 단일 기법으로 이용하거나 또는 시네틱스의 경우처럼 여러 기법과 단계로 구성된 형식적인 창의적 사고기법의 일부분으로 이용한다(전경남,

2011).

또한 전경원(2010, 2020a, 2020b)은 발산적 사고를 도와주는 자유연상법(자유롭게 아이디어를 떠올리는 것), 강제연상법(강제로 결합하거나 연상하여 아이디어를 떠올리는 것), 유추발상법(유추와 비유를 사용하여 문제를 해결하기 위해 아이디어를 떠올리는 것)의 세 가지로 구분했다. 자유연상법으로는 브레인스토밍 기법, 브레인라이팅 기법, 여섯색깔 사고모자기법, PMI 기법이 있고, 강제연상법으로는 색다른 용도법, 강제결합법, 스캠퍼 기법, 결점열거법, 희망열거법이 있다. 그리고 유추발상법에는 시네틱스와 속성열거법 등이 있다.

오랫동안 창의적 사고기법을 연구하고 있는 박인영(2001)은 연상형 기법, 시스템형(체계) 기법, 분석형 기법, 결합형 기법, 목록형 기법, 이미지형(심상) 기법으로 범주화했다. 첫째, 연상형 기법의 예로는 브레인스토밍, 자유연상법, 결점열거법, 희망열거법, 대안적 용도법, 마인드맵이 있다. 둘째, 시스템 기법에는 시네틱스, 초점법, 고든법, MIT법이 있으며, 셋째 분석형 기법에는 속성열거법, MJ법, KJ법 등이 있다. 넷째, 결합형 기법에는 강제결합법, 형태학적 분석법 등이 있고, 다섯째, 목록형 기법에는 체크리스트, 스캠퍼, PMI 등이 있다. 끝으로 여섯 번째 이미지형 기법에는 그림자극법, 물건자극법, 잉크자극법 등이 있다.

이와 같이 창의적 사고기법은 매우 다양하고, 준거 기준에 따라 창의적 사고 기법을 분류하는 방법이 다르기 때문에, 프로그램을 개발하거나 창의성 연구를 하는 입장에 따라 적절한 창의적 사고기법을 사용하면 좋다. 상황에 따라서는 한 가지 기법을 사용해도 좋고, 여러 가지 기법을 혼용해서 활용하면 창의적인 문제해결력을 한층 더 발전시킬 수 있다.

토의하기 1

♣ 학술연구정보서비스(www.riss.kr) 또는 구글학술검색(scholar.google.co.kr)에 들어가서 2020년 이후 창의적 사고기법에 대한 어떠한 연구물들이 있는지 검색해 보세요. 창의적 사고기법, 창의성 기법, 창의 기법 등 다양한 검색어를 넣어 검색해 보세요. 부록에 나와 있는 논문을 제외하고, 최근 연구물 중 가장 관심이 있는 연구물 3개를 조사하여 간략하게 소개해 보세요.

토의하기 2

♣ 학술연구정보서비스(www.riss.kr) 또는 구글학술검색(scholar.google.co.kr)에 들어가서, 본 책 차례 PART 02와 PART 03에 나와 있는 창의적 사고기법 중 일부 기법명을 넣어 검색해 보세요. 검색된 연구물을 적어 아래의 맵을 완성해 보세요.

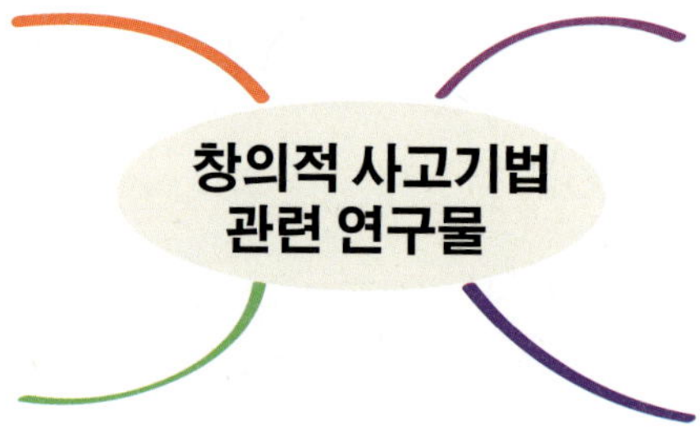

PART 02

기초적 발상을 돕는 창의적 사고기법

기초적 발상을 돕는 창의적 사고기법에서는 브레인스토밍, 브레인라이팅, 그리고 그와 관련된 변형법 및 스캠퍼에 대해 살펴보고자 한다.

CHAPTER 03

브레인스토밍과 브레인라이팅

1. 브레인스토밍(Brainstorming)

1) 기본 개념

브레인스토밍은 창의적인 아이디어를 생산하기 위한 도구이자 토의 기법이다. 오스본(Osborn, 1953)이 개발한 집단 발상 방법으로 '두뇌'라는 브레인과 '폭풍'이라는 스토밍이 결합된 단어로, '두뇌폭풍'이란 말뜻과 같이 특정한 문제나 주제에 대해 두뇌에서 마치 폭풍이 몰아치듯이 많은 아이디어를 내는 기술이다. 브레인스토밍은 아이디어에 대한 평가를 유보하고 최대한 많은 양의 아이디어를 산출하는 유창성에 초점이 맞춰져 있다. 브레인스토밍은 집단에 소속된 구성원들이 자발적으로 자연스럽게 아이디어를 산출하면서 문제에 대한 해결책을 찾고자 노력하도록 하는 발상법이다.

창의적 사고기법의 기초가 되는 브레인스토밍은 참여한 구성원들이 토의과정을 통하여 대인 간의 상호관계에서 다른 사람의 생각과 느낌을 수용하고 차이를 인정할 줄 알며, 집단 구성원으로서의 역할 인식을 하게 됨으로써 사회성 기술을 함양하여 민주적 태도를 갖게 한다(박인영, 2018).

반면 브레인스토밍은 순서를 돌아가면서 즉각적으로 아이디어를 산출해야 하므로, 자신이 생각한 아이디어를 앞 사람이 이야기하거나 순서가 다가왔음에도 아이디어가 생각나지 않을 경우 초조함과 당황스러움을 느낄 수 있다.

브레인스토밍하는 모습

브레인스토밍을 진행할 때는 4가지의 기본 규칙을 반드시 엄수해야 한다.

- 첫째, 비판이 제거되어야 한다.
- 둘째, 자유분방한 사고를 환영한다.
- 셋째, 양이 요구된다.
- 넷째, 아이디어의 결합과 개선이 추구되어야 한다.

2) 기본 준비물

브레인스토밍을 하는 과정에서 순서를 나타내는 순서깃발과 시간을 알려 주는 알림종을 기본도구로 사용할 수 있다.

순서깃발

시간 알림종

기본 준비물

순서깃발은 참여자에게 순서를 효과적으로 알려 준다. 순서깃발의 사용은 참여자에게 자신의 순서가 돌아옴을 인식하도록 도움으로써 브레인스토밍에 참여하는 것을 독려한다. 이러한 독려는 참여자의 경청하는 태도를 신장시켜 제안된 아이디어를 중복하여 산출하지 않도록 돕는다. 그뿐만 아니라 경청을 통하여 이미 제안된 아이디어로부터 변형된 아이디어를 산출하도록 격려한다. 순서깃발 대신 마이크를 활용하는 방법도 아동의 참여를 흥미롭게 한다.

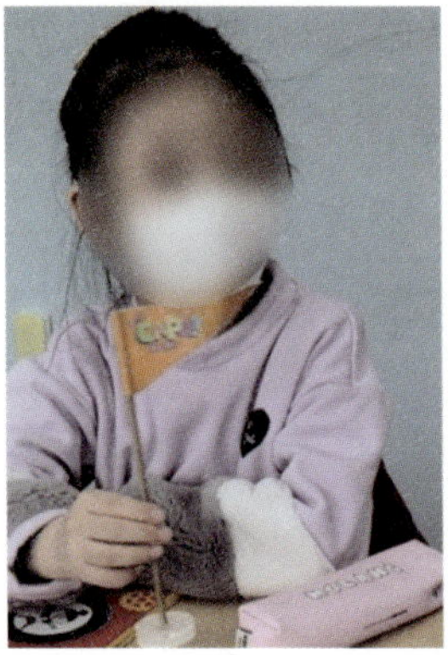

브레인스토밍에서 순서깃발 사용 모습

순서깃발 대신 마이크 사용 모습

3) 역할 구분

일반적으로 리더, 참여자, 기록자의 역할을 구분하여 수행하나 연령에 따라서는 변형되어 진행된다. 대집단, 소집단, 개별 브레인스토밍 등 다양한 집단 구성이 가능하다. 보통 8명 내외 정도의 소집단 구성이 가장 보편적이며, 아이디어를 결정해야 하는 상황을 고려하여 홀수 구성이 일반적이다. 남녀노소가 혼합되도록 집단을 형성하는 것이 좋다(전경원, 2020a; 전경원, 2020b).

리더는 토의 주제를 안내한다. 토의 주제는 보통 시간을 두고 미리 공지하여 참여자들이 이에 대한 아이디어를 숙고해 볼 수 있도록 한다. 하지만 교육현장에서는 토의 직전에 주제를 제시하는 경우들이 있다. 브레인스토밍을 진행할 때는 정해진 순서로 돌아가면서 아이디어를 산출하도록 한다. 리더는 순서를 정하여 한 사람씩 돌아가면서 모든 구성원이 의견을 제안하도록 진행한다. 참여자에게 발언의 기회를 균등하게 제공함으로써 토의 주제에 함께 관심 갖기를 자연스럽게 촉진하도록 한다. 또 리더는 참여자들이 브레인스토밍의 기본 규칙을 지키지 않았을 때, 주의를 주거나 환기하는 역할을 한다.

참여자는 브레인스토밍 기본 규칙을 숙지해야 한다. 4가지 규칙에 '타인의 아이디어를 경청한다'라는 규칙을 추가하여 익히는 것이 좋다. 기본 규칙의 숙지를 위하여 평소에도 잘 보이는 환경에 규칙을 게시하거나, 규칙을 손유희로 손쉽게 익히는 것이 효과적이다. 참여자는 브레인스토밍 과정에 참여하여 아이디어를 낸다.

브레인스토밍의 기본 규칙	규칙 1 비판, 평가가 제거되어야 한다. (다른 생각 비난하면 안 돼요)	규칙 2 우스꽝스럽고 엉뚱한 아이디어도 수용한다. (엉뚱한 생각도 좋아요)

규칙 3 양이 요구된다. (생각은 많을수록 좋아요)	규칙 4 결합과 개선이 추구되어야 한다. (생각에 생각을 더해요)	규칙 5 경청을 한다. (경청을 해요)
		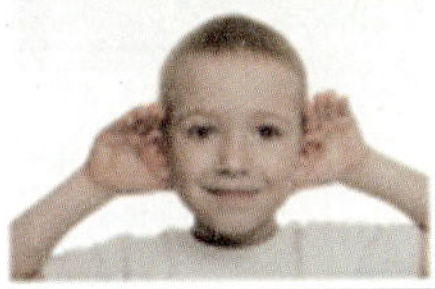

브레인스토밍 규칙 게시 예

기록자는 토의 시 산출된 아이디어를 기록하는 역할이다. 기록 시에는 참여자들이 자신의 아이디어를 기록하는 것을 볼 수 있도록 게시 형태로 기록하는 것이 일반적이다. 참여자가 많을 경우 2인 정도의 기록자를 두거나, 녹음을 활용하는 방법이 있다. 교육현장에서 브레인스토밍에 참여하는 구성원이 글쓰기가 가능한 경우라면 리더, 참여자, 기록자의 구분을 용이하게 할 수 있다. 반면, 참여하는 구성원이 글쓰기가 어려운 경우라면 보통은 성인이 리더와 기록자의 역할을 함께 수행해야 하는 경우가 있다. 이때 성인은 리더와 기록자의 역할을 바람직하게 수행하여, 추후에 아동이 역할을 구분하여 진행할 때 충분한 모델링이 되도록 한다.

4) 진행 방법

① 주제를 안내한다.
② 역할(리더, 기록자, 참여자)을 정한다.
③ 기본 규칙을 숙지한다.
④ 순서에 맞춰 아이디어를 산출한다.
⑤ 산출된 아이디어를 점검한다.
⑥ 산출된 아이디어 중 선택하여 실행계획을 세워 실행해 본다.

주제:
참여자:
진행날짜:
아이디어:

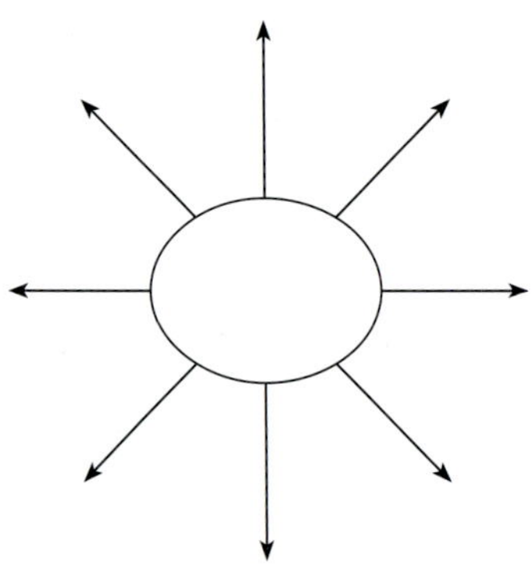

브레인스토밍 기록지 예 1

주제:
참여자:
진행날짜:
아이디어:
1.
2.
3.
4.
5.
6.
7.
8.
9.
10.

브레인스토밍 기록지 예 2

브레인스토밍의 진행 흐름은 아래와 같다.

오늘의 주제는 "__________"입니다. **주제안내**

- 주제는 당일 안내보다 미리 안내하거나 게시하는 것이 좋다.

▼

역할을 정해 볼까요? **역할결정**

- 이때 기록자를 할 사람이 있다면 기록자를 정하고, 어린 연령의 경우 기록할 만한 사람이 없다면 리더가 기록자의 역할을 함께 수행한다.

▼

브레인스토밍을 진행할 때 꼭 지켜야 할 약속입니다. **기본 규칙 안내**

- 다른 사람의 아이디어를 비판하거나 평가하지 않는다.
- 엉뚱하거나 우수꽝스러운 아이디어도 수용한다.
- 어떤 아이디어든지 대환영. 아이디어는 많을수록 좋다.
- 다른 사람의 아이디어를 이용하여 새로운 아이디어를 제안한다.

▼

왼쪽으로 돌아가면서 자신의 아이디어를 이야기해 주세요. **아이디어 산출**

▼

어떤 아이디어들이 나왔는지 살펴보세요. **아이디어 점검**
더 추가할 아이디어가 있나요? **아이디어 추가**
어떤 아이디어를 선택하여 실행할 것인지 의논해 봅시다. **아이디어 실행**

5) 유의점

■ 아이디어가 생각나지 않을 경우 통과라 말할 수 있는 기회를 준다.

> 참여자1: 사과.
> 참여자2: '내가 말하려고 했는데… 어떻게 하지? 생각이 안 나는데 점점 순서가 다가오네.'
> 리더자: 혹시 생각이 나지 않을 때는 '통과'라고 이야기해 주면 돼요.

만약 아이디어가 없다면 '통과'를 말하도록 하여 긴장을 이완할 수 있도록 한다. 단, 통과를 말할 수 있는 기회에는 제한을 둔다. 제한을 두는 이유는 아이디어 발언에 참여하지 않고 계속 통과를 사용할 수 있기 때문이다.

■ 엉뚱한 아이디어라도 1차적으로 수용한다. 예를 들어 '빨갛고 뜨거운 것'에 대해 브레인스토밍하고 있을 때 주제와 관련되지 않은 아이디어도 수용하는 태도를 갖도록 한다.

> 참여자 1: 불.
> 참여자 2: 소방차.
> 참여자 3: 뜨거운 떡볶이.
> 참여자 4: 사과.
> 참여자 5: 사과는 안 뜨거운데….
> 리더자: (규칙 1 '비판배제 평가유보'의 규칙을 상기할 수 있도록 한다) 엉뚱한 생각도 괜찮고, 함께 이야기를 나눌 때는 서로의 생각을 비판하지 않도록 해요.

우스꽝스러운 아이디어도 수용함으로써 타인의 생각에 대하여 존중하는 태도를 갖도록 하며, 자유로운 분위기를 조성하여 자신의 생각이나 느낌을 다양하게 표현하도록 격려하는 것이 중요하다.

■ 기발한 아이디어에 대하여 리더는 중용적인 태도를 유지한다.

예를 들어 '파랗고 차가운' 것에 대해 브레인스토밍하고 있을 때, 독창적인 아이디어에 대해서 교사의 중용적인 태도가 더 요구될 때가 있다.

> 참여자 1: 얼음.
> 참여자 2: 아이스크림.
> 참여자 3: 음… 차가운 분위기.
> 리더자: 그래요. 그렇게 생각해 볼 수도 있겠네요.

생각하지 못했던 기발한 아이디어에 대하여 리더는 환호하는 반응을 보이기보다 가급적 중립적 반응을 보이는 것이 필요하다. 규칙 1 '평가유보'는 비판적 평가뿐 아니라 긍정적 평가도 포함됨을 꼭 인지해야 한다.

6) 브레인스토밍의 예시

(1) 빨갛고 뜨거운 것

▶ 준비물: 기본 준비물(순서깃발, 종), 기록지

▶ 적용과정 및 흐름

① 주제를 안내한다.

- 오늘은 '빨갛고 뜨거운 것하면 떠오르는 것'을 브레인스토밍해 볼 거예요.

② 역할을 정한다. 필요한 경우 소집단으로 나눠 진행한다.

- (알림종을 보여 주며) 리더는 종으로 시작과 끝을 알려 주고, 순서를 알려 주세요.
- (순서 깃발을 보여 주며) 참여자들은 순서깃발이 왔을 때, 자신의 생각을 이야기해 주면 돼요.
- (기록지를 보여 주며) 기록자는 기록지에 참여자가 이야기한 아이디어를 기록해 주도록 해요.
- 역할을 어떻게 정하면 좋을까요?

③ 브레인스토밍의 기본 규칙을 소개한다.

- 브레인스토밍을 할 때에는 함께 지켜야 하는 규칙이 있어요. 브레인스토밍의 규칙을 상기해 볼까요?

④ 빨갛고 뜨거운 것하면 떠오르는 것을 브레인스토밍한다.

– 빨갛고 뜨거운 것하면 무엇이 떠오르나요? 브레인스토밍을 시작해 볼까요? 왼쪽으로 돌아가면서 자신의 아이디어를 이야기해 주세요.

⑤ 어떤 아이디어들이 나왔는지 점검한다.

⑥ 범주별로 아이디어를 유목화해 볼 수 있다. 이 과정에서 아이디어를 추가할 수 있다.

▸ 창의적 사고를 위한 지원

'빨갛고 뜨거운 것'에 대하여 사물에 제한되어서 생각하지 않고, 감정적인 부분까지 확장해서 생각해 볼 수 있도록 한다. 예를 들면, 아동의 경우 올림픽 응원, 애국가를 부르는 선수를 볼 때, 화난 엄마의 얼굴 등과 같은 아이디어를 다양하게 산출하는 모습을 볼 수 있었다.

아이디어 예시

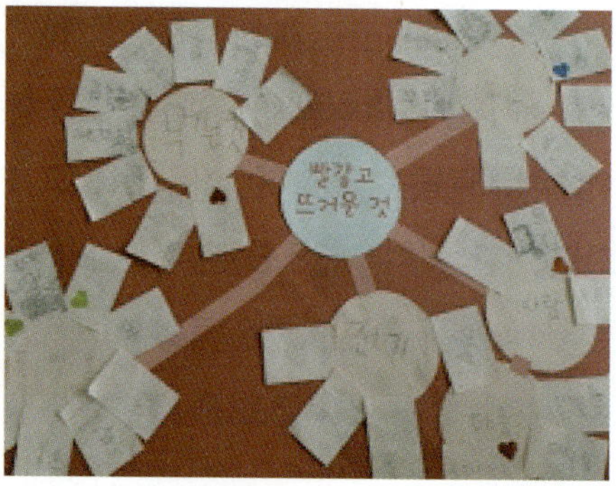

브레인스토밍 해 보기 1

♣ 부드러우면서도 단단한 것에 대하여 브레인스토밍해 보세요.

브레인스토밍 해 보기 2

♣ 냉장고 문을 손 대지 않고 여는 방법에 대하여 브레인스토밍해 보세요.

토의하기

♣ 브레인스토밍의 4가지 기본 규칙을 바탕으로 추가하거나, 삭제할 규칙을 토의한 후 손유희를 만들어 보세요.

- 브레인스토밍의 ◯가지 규칙

추가할 규칙:

삭제할 규칙:

최종 규칙:

브레인스토밍의 기본 규칙에 '경청한다'의 규칙을 추가하여 만든 손유희 예시이다.

브레인스토밍 기본 규칙 손유희 예시

출처: 박인영(2018).

아이디어 내기를 도와주는 그림책 Tip

브레인스토밍을 적용하는 초기에 참여자들과 함께 보면서, 자신의 생각에 대하여 자신감을 가질 수 있도록 격려하는 그림책이다.

틀려도 괜찮아
마키타 신지 글 · 하세가와 토모코 그림(2006). 토토북.

아이들에게는 용기를, 성인에게는 자신을 되돌아보게 하는 그림책이다. 발표할 때의 두근거림, 긴장, 두려움을 재치 있게 묘사하여 '나도 그랬었는데…'라며 책속의 문장과 이야기를 주고받게 되는 듯하다. 여러 시행착오와 도전을 통하여 성장하고 자신감을 가질 수 있는 과정을 자연스럽게 담고 있다.

아동이 아이디어를 이야기할 때 정답이 있다고 생각하고 이를 말해야 한다는 부담감을 갖거나, 다른 사람의 반응에 마음이 쓰이는 경우들을 초반에 자주 볼 수 있다. '틀려도 괜찮아'는 틀린 것에 대한 부담감을 덜고, 자신 있게 자신의 생각을 이야기할 수 있도록 독려해 주는 그림책으로 아동에게 용기를 주기에 충분하다.

우린 모두모두 친구야
김효정 글 · 그림(2016). 머스트비.

핑크를 가장 좋아하는 핑크공주는 어느 날 다람쥐, 금붕어, 도마뱀 등 여러 동물 친구를 만나게 된다. 동물 친구들은 저마다 좋아하는 색이 달랐는데 서로가 좋아하는 색을 인정하고 존중하면서, 우리 모두 친구가 되어 함께 어우러지는 행복한 세상을 만드는 내용을 담고 있다.

책 속에 등장하는 등장인물이 각자 좋아하는 색깔들을 보고 나와 다름에 대하여 인정하는 과정이 그려져 있다. 각 장면의 배경으로 나타나는 색을 보고, 연상되는 것들을 자유롭게 연상해 볼 수도 있고, 주변에서 찾아보아도 좋다.

2. 브레인라이팅(Brainwritting)

1) 기본 개념

브레인라이팅은 브레인스토밍의 단점을 보완하는 과정에서 만들어진 방법으로, 독일의 베른트 로르바흐(Bernd Rohrbach, 1968) 교수가 창안한 아이디어 발상법이다. 기법명에서 나타나듯이 아이디어를 종이에 적어 산출하게 된다. 브레인라이팅은 책상에 둘러앉아 먼저 각자 주제에 대한 아이디어를 적은 후 종이를 일정 방향으로 돌려 의견을 공유하게 된다. 종이를 받은 사람은 앞 사람이 적은 아이디어를 읽은 후 새로운 아이디어를 추가하거나 더 발전시켜 다시 옆 사람에게 넘기며 진행된다. 이 과정을 반복하여 한 바퀴를 돌고 나면 종이에 적힌 아이디어를 읽으며 생각을 개발하는 시간을 갖는다. 침묵 속에서 참여자 개개인의 사고를 최대한 나타냄과 동시에 집단 발상의 장점도 살릴 수 있다.

브레인라이팅은 소극적인 사람들에게 자신의 아이디어를 좀 더 편안하고 자유롭게 개진할 수 있는 기회를 공정하게 제공한다는 장점이 있다. 참여자들 중에 자신의 주장을 표현하기 어려워하는 사람들이 있다. 발언을 부담스러워한다거나 말로 표현하는 것이 익숙하지 않은 경우가 있다. 이렇듯 발표에 소극적인 참여자의 참여를 촉진하는 방법으로 브레인라이팅을 실시해 볼 수 있다. 자신의 아이디어를 생각하는 데 방해를 받지 않으며, 모두의 참여를 이끌어 내는 데 용이하다.

집단 내 특정 개인의 지배적인 영향력이 줄어든다는 장점도 있다. 예컨대, 브레인스토밍을 했을 때 집단 내 상급자가 있다면 그 사람의 의견대로 흘러가기가 쉽다. 하지만 무기명으로 적는 형태로 진행되는 브레인라이팅의 특징으로 인해 자유롭게 의견을 개진할 가능성이 높아진다. 또한 참여자들이 초면이거나 서먹한 관계일 경우 편안한 의견 교환이 어려울 수 있으므로, 집단 구성원의 친밀도가 낮은 상황에서 브레인라이팅을 통하여 아이디어를 모으는 것이 효과적이다.

반면 참여자들 간에 토론하고 서로 자극하는 상승효과를 기대하기 어렵고, 참여자들의 적극성이나 자발성이 떨어질 수 있다는 단점이 있다. 따라서 이런 경우 리더의 역할이 중요하다. 모아진 의견을 평가하고 선택하여 토의로 이어지는 것이 좋다. 모아진 아이디어들을 참여자들이 하나씩 검토하면서 참신하거나 활용 가능한 것들을 우선적으로 선정하고, 이들의 우선순위를 정하는 과정을 반복하여 아이디어의 결정 과정을 정리해 나가는 과정이 요구된다.

2) 진행 과정

브레인라이팅 중 6-3-5 브레인라이팅을 가장 많이 활용한다. 6-3-5브레인라이팅은 6명의 사람이 모여 각자 3개의 아이디어를 5분(또는 3분) 안에 낸다. 3개의 행으로 나뉜 종이의 각 칸에 하나씩 아이디어를 적고 옆으로 돌린다. 한 바퀴를 돌고 나면 30분에 총 108개의 아이디어를 얻을 수 있다. 종이가 돌 때 다른 사람의 아이디어에 대한 의견을 첨부할 수도 있다. 이런 과정을 거치면서 아이디어가 보다 구체적이고 현실적인 아이디어로 발전해 가는 경우가 많다. 아이디어를 낼 때는 침묵하여 집중하고, 아이디어를 정리할 때는 함께 토의하면서 진행할 수 있어 참여자들의 편안한 참여를 확보할 수 있다.

- 6: 참가자는 6명을 기본으로 한다.
- 3: 한 라운드에 각 3개의 아이디어를 발상한다.
- 5: 한 라운드에 제공되는 시간은 5분으로 한다.

주제:

	A	B	C
1			
2			
3			
4			
5			
6			

6-3-5 브레인라이팅 기록지 예

시간이 되면 기록지를 왼쪽 사람에게 건넨다.

3) 유의점

경우에 따라서는 4-3 브레인라이팅으로 변형할 수 있다. 이는 6-3-5 브레인라이팅과 유사하나 6-3-5 브레인라이팅을 진행하였을 때 정해진 시간 내 3개씩의 아이디어를 산출하여 동시에 옆 사람에게 건네야 하는 부담감이 발생할 수 있다. 경우에 따라서는 시간의 촉박함으로 인하여 아이디어를 산출하는 데 방해요인으로 작용하는 경우들이 발생한다. 따라서 4-3 브레인라이팅의 경우에는 토의에 참여한 사람보다 2장 정도 여유 있게 브레인라이팅 용지를 책상 가운데에 준비한다. 한 장의 용지에 가로 3개의 아이디어를 먼저 생각하여 적은 사람은 책상 가운데에 자신의 종이를 꺼내 두고, 다른 종이를 가져가 아이디어를 산출한다. 이럴 경우 동시에 시간에 맞춰 아이디어를 산출해야 한다는 부담감이 줄고, 좀 더 자신의 생각에 집중함으로써 창의적인 아이디어를 산출하게 될 가능성이 확보된다.

4-3 브레인라이팅은 ① 구성원 간의 친밀감이 형성되지 않았을 때, ② 내성적인 성격을 가진 구성원이 더 많았을 때, ③ 4가지 규칙이 익숙하지 않아 평가나 비난 등에 대한 두려움을 가지고 있을 때 효과적이다.

주제:

	A	B	C
1			
2			
3			
4			

4-3 브레인라이팅 기록지 예

아이디어 기록 후 테이블 가운데로 건넨다

4) 브레인라이팅의 예시

(1) 전자책 또는 종이책의 단점

▶ 준비물 : 브레인라이팅 용지(4×3), 종

▶ 적용과정 및 흐름

① 주제를 안내한다.

– '전자책의 단점/ 종이책의 단점'을 브레인라이팅해 볼 거예요.

② 진행 방법을 안내한다.

– (브레인라이팅 용지를 보여 주며) 위에 첫 번째 줄에 각각 아이디어를 적고, 3개의 아이디어를 모두 적은 사람은 가운데에 종이를 놓으세요. 그리고 다른 사람이 아이디어를 적은 용지를 가지고 가서, 아이디어를 다음 줄에 추가하여 적도록 합니다(롤링 페이퍼 방식).

③ '전자책(또는 종이책)의 단점을 생각하면서 브레인라이팅을 진행한다.

– 만약 3개의 아이디어를 적고, 기다려야 한다면 앞에 여분의 용지가 있으니 먼저 아이디어를 적은 참가자는 가운데에 꺼내 두고 여분의 용지에 아이디어를 기록해도 됩니다.

④ 어떤 아이디어들이 나왔는지 점검한다.

⑤ 아이디어를 정리해 볼 수 있다. 이 경우에는 산출된 아이디어를 보면서 전자책과 종이책의 단점을 비교하여 문장으로 설명해 볼 수 있다.

▶ 창의적 사고를 위한 지원

위의 주제에 대해서는 전자책의 장점/ 종이책의 장점에 대해서도 브레인라이팅을 해 볼 수 있다. 만약 브레인라이팅의 주제가 문제 해결과 관련된 주제라면 실행해 보고 싶은 방법을 결정한 후, 직접 실천해 본다면 더욱 좋다.

아이디어 예시

주제: 종이책의 단점			
	A	B	C
1	잘 찢어진다.	물에 약하다.	두껍다.
2	어두우면 글씨가 잘 안 보인다.	글이 많으면 읽었던 글을 또 다시 읽는다.	긴 책이면 읽다가 졸 수도 있다.
3	내가 읽어야 해서 잠이 온다.	물이나 음식을 쏟으면 못 읽는다.	공간을 차지한다.
4	가지고 다니기 불편하다.	무겁다.	손을 베일 수 있다.

주제: 전자책의 단점			
	A	B	C
1	컴퓨터를 다루지 못하면 보지 못한다.	인터넷에 좋지 않은 정보들이 있는데 다른 정보를 접하게 된다.	컴퓨터나 핸드폰 등이 필요해서 보는 데 어려움이 있다.
2	전자책을 보기 위해 비싼 기기를 사야 한다.	책장을 넘기는 즐거움이 줄어든다.	글씨를 봐야 하는데 글씨가 작다.
3	물에 빠뜨리거나 바닥에 떨어뜨릴 수 있다.	눈이 나빠진다.	읽어주는 전자책이라면 귀가 나빠질 수 있다.
4	목 디스크가 걸리기 쉽다.	기기가 망가질 수 있다.	스스로 읽는 힘이 줄어든다.

브레인라이팅 해 보기 1

♣ 파랗고 차가운 것에 대하여 브레인라이팅해 보세요.

	A	B	C
1	 얼음	 바다	 싸늘한 시선
2			
3			
4			
5			
6			

브레인라이팅 해 보기 2

♣ 지각하는 버릇을 고칠 수 있는 방법에 대하여 브레인라이팅해 보세요.

	A	B	C
1.			
2.			
3.			
4.			
5.			
6.			

선택한 해결책

토의하기

♣ 브레인스토밍과 브레인라이팅의 특징, 장점, 단점을 비교해 보세요.

	브레인스토밍	브레인라이팅
특징	• 대화를 통해 발상한다. • • • • • • •	• 글쓰기를 통해 발상한다. • • • • • • •
장점	• 짧은 시간에 많은 아이디어를 낼 수 있다. • • • • • • •	• 참여자에게 평등한 의견 제시 기회가 주어진다. • • • • • • •
단점	• 특정 아이디어로 의견이 편중될 수 있다. • • • • • • •	• 전체적인 아이디어의 흐름을 파악하기 어렵다. • • • • • • •

아이디어 내기를 도와주는 그림책 Tip

생각이 무엇인지 생각해 보도록 도와주는 그림책이다.

생각

이보나 흐미엘레프스카 글 · 그림(2004). 논장.

생각은 이야기할 수도 있고, 가지고 놀 수도 있고, 그릴 수도 있고, 쓸 수도 있고, 춤추게 할 수도 있다. 생각에 대해 묻고 그 답을 찾아가면서 머릿속에만 존재하는 '생각'을 주변 사물에 빗대어 연상하고, 그 속에서 새로운 해석을 시도하는 독특한 철학 그림책이다.

다양한 정보를 손쉽게 접할 수 있는 요즘, 생각하는 것에 대하여 익숙하지 않은 경우들을 종종 본다. 아동에게 생각이라는 것에 대하여 스스로 질문해 보고 자신의 느낌에 따라 답해 볼 수 있도록 격려하고 있는 그림책으로, 생각에 대한 다양한 의미를 찾아볼 수 있도록 안내하고 있다.

'생각'으로 무엇을 할 수 있을까?

코비 야마다 글 · 매 베솜 그림(2022). 상상의힘.

어느 날 나에게 찾아온 작은 '생각' 하나와 그 생각을 세상에 보여 준 한 아이의 이야기이다. 아이는 생각을 꿋꿋하게 지키고 보살피며 관심을 쏟아 세상에 보여 준다. 자신의 생각에 대한 애정과, 생각을 통해 세상을 다르게 보는 방법, 그리고 생각으로 세상을 바꿀 수 있다는 메시지를 담고 있다. 생각과 함께 하는 삶의 여정이 가치 있고 귀중한 것임을 이야기하고 있다.

이 책은 자신의 생각에 대하여 자신감을 가지고, 남과 다른 생각에 대하여 자연스럽게 여기는 마음을 격려하고 있다. 때로는 대상을 거꾸로 보면서 다른 생각을 해 보도록 유도하고, 생각으로 무엇이든 도전해 볼 수 있다는 메시지를 담고 있다. 아동에게 생각과 친구가 되는 것에 대한 행복감을 알고 싶게 만드는 그림책이다.

CHAPTER 04

브레인스토밍과 브레인라이팅 변형기법들

1. ABC 브레인스토밍(ABC brainstorming)

1) 기본 개념

ABC 브레인스토밍은 좀 더 참신한 아이디어를 산출하고 싶을 때 유용하다. 알파벳과 연관지어 알파벳으로 시작하는 단어를 나열한다. 예를 들면 A는 apple, airplane와 같이 단어들을 떠올린다. 그런 다음 주제와 관련하여 그 단어들로부터 새로운 아이디어를 찾아낸다.

브레인스토밍을 하고 있을 때 계속해서 비슷한 아이디어가 나오거나, 아이디어가 고갈되고 있을 때 ABC 브레인스토밍을 적용해 보도록 한다. 영어단어로 하는 것이 연상하기에 걸림돌이 될 경우, 'ㄱㄴㄷ브레인스토밍' 형태로 재변형할 수 있다. 'ㄱ' 가방, 가위, 가발과 같은 단어를 떠올려, 주제와 관련하여 아이디어를 산출해 볼 수 있도록 한다.

2) 진행 과정

① 주제(문제)를 제시한다.

② ABC 또는 ㄱㄴㄷ에 따라 단어를 떠올린다.

③ 그 단어로부터 적절한 아이디어를 생각해 낸다.

④ 직접 실행해 본다.

ABC 단어 떠올리기

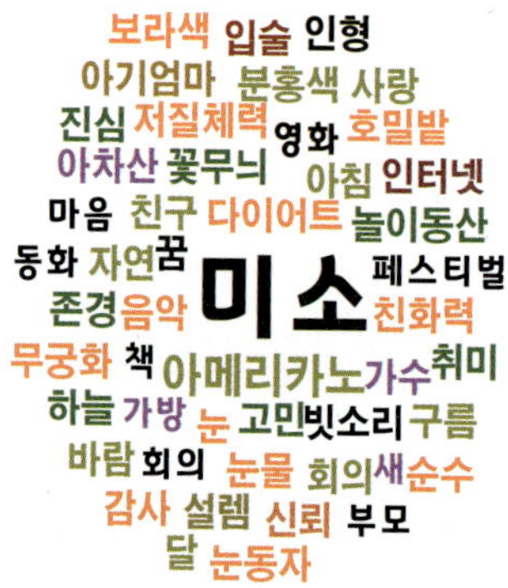

ㄱㄴㄷ 단어 떠올리기

3) 유의점

브레인스토밍을 진행하다 보면 아이디어가 떠오르지 않는 경우가 있거나, 유사한 아이디어들이 연속되는 경우가 있다. 이런 경우에는 ABC 브레인스토밍을 적용하여 참신한 발상을 격려할 수 있다. 연령에 따라 필요한 경우에는 사전을 활용하는 방법도 도움이 된다.

4) ABC 브레인스토밍의 예시

(1) 달걀 용기를 사용하지 않고 달걀을 깨뜨리지 않고 이동시키는 방법은?

▸ 준비물: 달걀, 여러 가지 재료들

▸ 적용과정 및 흐름

① 문제 해결 상황을 제시한다.

– 달걀 용기를 사용하지 않고 달걀을 깨뜨리지 않게 이동시키는 방법은?

② 자음이 들어간 단어를 떠올린다.

ㄱ: 가방, 가발, 귤	ㅇ: 아이스크림, 우유
ㄴ: 나뭇잎	ㅈ: 종이
ㄷ:	ㅊ:
ㄹ: 라면, 라일락…	ㅋ:
ㅁ: 마술모자, 물	ㅌ: 통
ㅂ: 바구니, 바지, 배	ㅍ:
ㅅ: 사과, 수세미	ㅎ: 호일, 화장지

③ 그 단어로부터 적절하고 새로운 아이디어를 찾아낸다.

④ 가: 가발을 이용하여 푹신푹신하게 가져간다.

나: 나뭇잎을 따서 상자에 담아 깨지지 않게 가져간다 등

⑤ 직접 실행해 본다.

▸ 창의적 사고를 위한 지원

하루에 진행하지 않고, 어떤 아이디어를 실행하고 싶은지 충분한 시간을 갖고 직접 실행해 보도록 한다.

아이디어 예시

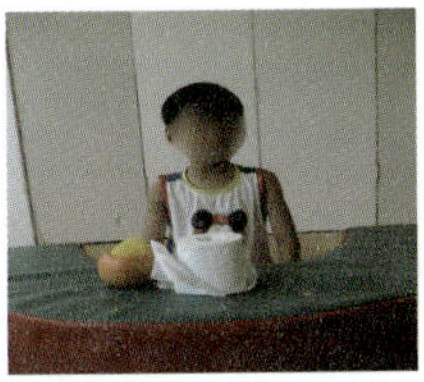

오렌지껍질, 화장지 속심에 넣어 옮기기

철 수세미 속에 넣어 옮기기

소금물에 띄워 옮기기

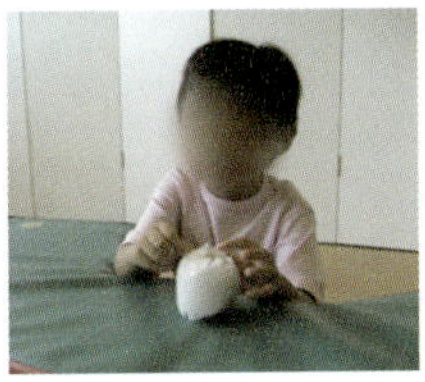

배 포장지 이용하기

ABC 브레인스토밍 해 보기 1

♣ 코끼리를 유모차에 태우는 방법은?

♣ 괄호에 연상되는 단어를 적고, 우측에 해결 가능한 아이디어를 적어 보세요.

ㄱ : ( ) →
ㄴ : ( ) →
ㄷ : ( ) →
ㄹ : ( ) →
ㅁ : (마술,) → 마술을 부려서 코끼리를 작게 만들기
ㅂ : ( ) →
ㅅ : ( ) →
ㅇ : ( ) →
ㅈ : (집,) → 집만한 유모차를 만들어 주기
ㅊ : ( ) →
ㅋ : ( ) →
ㅍ : ( ) →
ㅎ : (휴대폰,) → 휴대폰으로 코끼리 사진을 찍어 유모차에 태워 주기

ABC 브레인스토밍 해 보기 2

♣ 좀 더 편리한 휴대폰을 만들려면?

♣ 괄호에 연상되는 단어를 적고, 우측에 해결 가능한 아이디어를 적어 보세요.

ㄱ: (가림막,) –> 햇빛을 가리기 위한 가림막 있는 휴대폰
ㄴ: ( ) –>
ㄷ: ( ) –>
ㄹ: ( ) –>
ㅁ: (문어,) –>문어 빨판처럼 벽에 부착하여 셀카를 찍을 수 있는 용도
ㅂ: ( ) –>
ㅅ: ( ) –>
ㅇ: (에어백,) –> 충격이 생겼을 때 에어백이 있는 휴대폰
ㅈ: ( ) –>
ㅊ: ( ) –>
ㅋ: ( ) –>
ㅍ: ( ) –>
ㅎ: ( ) –>

선택한 해결책을 구체적으로 나타내 보세요.

2. 연화법(Lotus blossom technique)

1) 기본 개념

연꽃 모양의 발상 카드를 채워가며 사고하는 방법인데, 일본 크로바경영연구소의 마쓰무라 야스오(Matsumura Yasuo)가 개발하여 MY법이라고 한다. 연화법은 3×3의 카드 가운데에 주제를 적고, 주변 8개의 칸에 아이디어를 적는다. 그런 다음 8개의 아이디어를 확산시켜 각각 또 다른 8개의 아이디어로 발전시켜 구체화한다.

2) 진행 과정

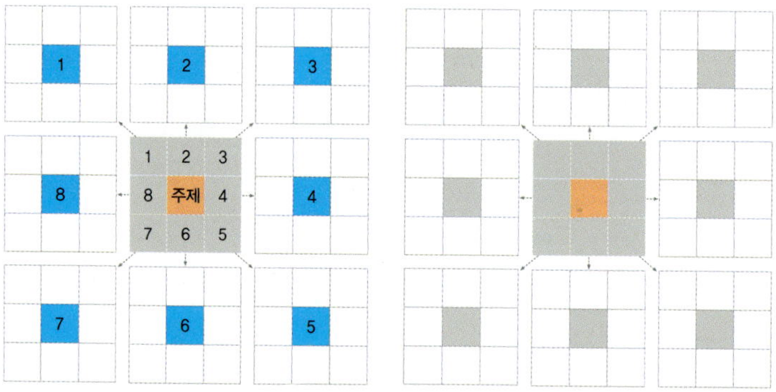

연화법 기록지 예

① 가장 중앙에 중심이 되는 기본 주제를 적는다.

② 그 주제를 보고 떠오르는 중심 단어 8개를 중앙칸에 적는다.

예 기본 주제가 '꿈'이라면, '꿈' 하면 생각나는 것들을 브레인스토밍하여, 활동지 중앙 8개의 칸에 적어 채운다. 이때, 가능하다면 다양한 범주의 아이디어가 좋다.

③ 8개의 아이디어(1-8)를 확산시키고, 8개의 아이디어를 소주제로 해서 3×3의 아이디어를 구체화한다.

④ 문제해결을 위한 주제인 경우, 아이디어들 중 가능한 해결책에 모두 표시한다.

⑤ 선택된 아이디어를 종합, 정리하여 개선된 또는 최종 아이디어를 도출할 수 있다.

3) 유의점

참여자가 적어도 할 수 있으며, 혼자서도 할 수 있다. 사고에 대한 확장을 손쉽게 하도록 도와주는 방법으로 구체적인 아이디어를 내도록 이끌어 준다. 연화법을 사용할 경우에는 1차(8개)로 아이디어를 낸 후, 2차(64개)로 아이디어를 낼 때 초기에는 서로 간의 아이디어가 중복되는 경우가 발생할 수 있다. 따라서 초기에는 겹치는 아이디어들을 자연스럽게 수용하고, 익숙해지면서 서로 다양한 아이디어를 산출해 보도록 격려하는 것이 좋다.

4) 연화법 예시

(1) 열려라 문

▶ 준비물: 다양한 '문' 사진들

▶ 적용과정 및 흐름

① 『열려라 문(박정선 글·이수지 그림, 2008, 비룡소)』 그림책을 본다.

② 연화법 용지 가운데에 주제를 '문'이라고 적는다.

③ '문'하면 떠오르는 것을 8가지 적는다.

④ 각 소주제에 떠오르는 아이디어를 적는다.

▶ 창의적 사고를 위한 지원

'문'에 대한 아이디어가 많지 않을 경우 그림책을 보고 마지막 페이지에 소개된 정보를 참고하도록 지원한다.

아이디어 예시

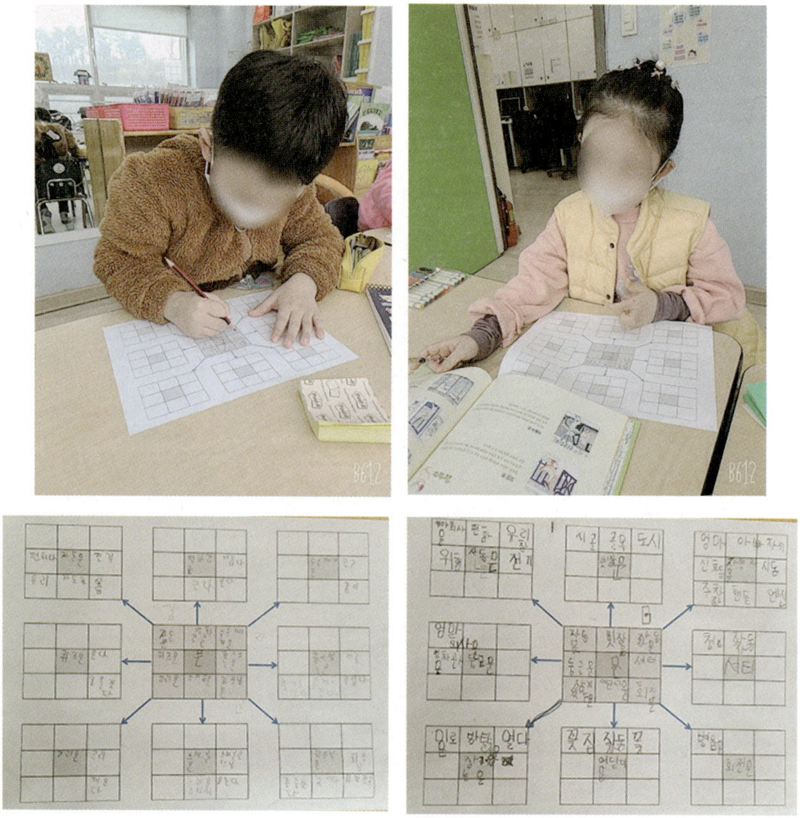

문에 대한 아이디어를 연화법을 통하여 나타낸다.

연화법 해 보기 1

♣ 규칙적인 생활을 위하여 어떻게 하면 좋을까? 연화법을 적용해 보세요.

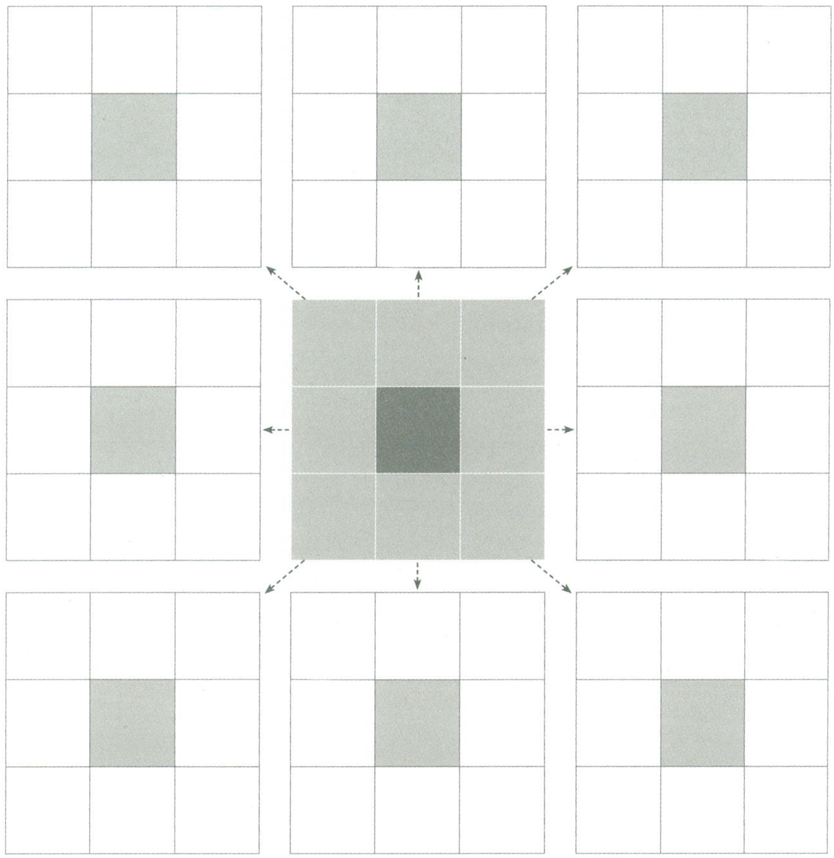

규칙적인 생활을 위하여 자신이 선택한 최종 실천 방법은?

연화법 해 보기 2

♣ 연화법을 적용하고 싶은 주제를 생각해 보세요. 그 주제를 중심으로 연화법을 적용해 보세요.

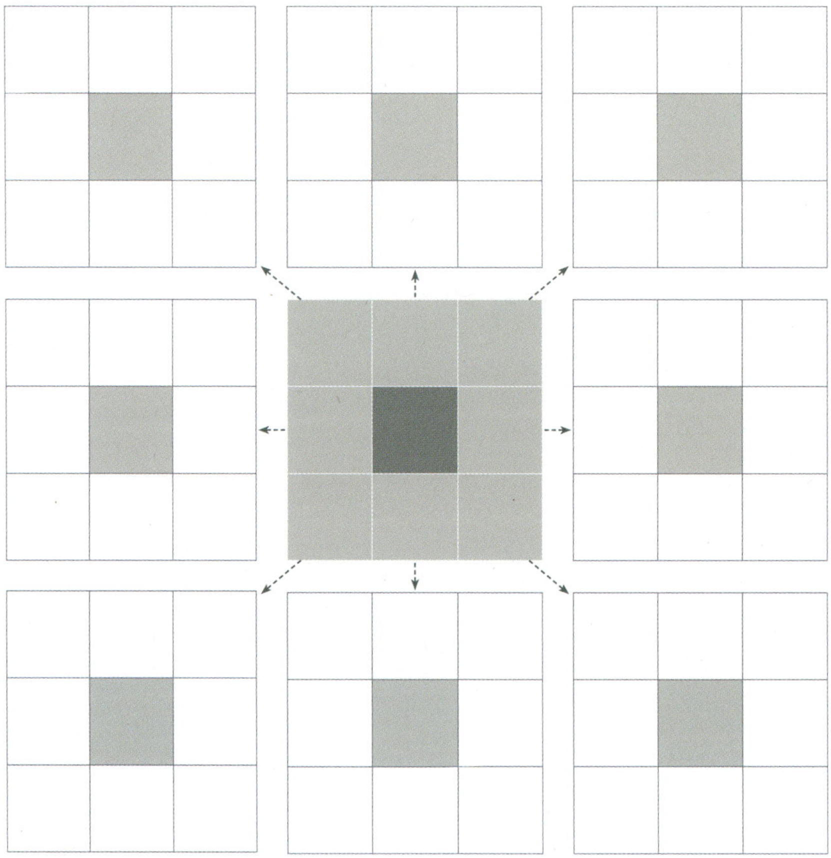

3. 포스트잇 게시법(Post–it brainstorming)

1) 기본 개념

포스트잇을 이용하여 아이디어를 산출하는 발상 방법이다. 하나의 포스트잇에 하나씩 아이디어를 적어 다양한 아이디어를 산출한다. 산출된 아이디어들을 살펴보면서 범주를 정한다. 범주를 정한 다음, 아이디어를 범주에 따라 분류하여 유목화한다. 이런 경우 어떤 범주에 아이디어를 많이 떠올렸고, 어떤 범주에 아이디어를 적게 떠올렸는지 한눈에 볼 수 있다. 이후 2차로 추가하여 아이디어를 산출해 보는 과정을 진행한다면, 더욱 질적인 아이디어를 산출하는 과정을 경험할 수 있다. 아이디어를 유목화하는 주제에 대해, 포스트잇 게시법을 적용한다면 효율적인 방법이다.

2) 진행 과정

① 주제(문제)를 제시한다.
② 떠오르는 아이디어를 포스트잇 1장에 1개씩 적는다.
③ 순서를 돌아가면서 아이디어를 산출한다.
④ 경우에 따라서는 범주를 정하여 유목화할 수 있다.

3) 유의점

포스트잇 게시법의 경우 아이디어를 낼 때 중복되는 아이디어가 많고, 서로의 생각을 공유할 기회가 적은 어려움을 극복할 수 있는 방안을 모색할 필요가 있다. 중간중간 아이디어를 공유하는 기회를 갖거나, 산출된 아이디어를 유목화한 후 추가로 브레인스토밍을 실시한다면 타인의 아이디어에서 자극을 받아 좀 더 색다른 아이디어를 산출하게 될 가능성이 있다.

4) 포스트잇 게시법 예시

(1) 날씨

▶ 준비물: 포스트잇, 그림책

▶ 적용과정 및 흐름

① 『개구리가 좋아하는 날씨는?(메리언 데인 바우어 글·도로시 도노휴 그림, 2008, 웅진주니어)』 그림책을 본다.

② 포스트잇에 날씨에 대한 아이디어를 적는다. 이때 포스트잇 1장에 한 개의 아이디어를 적는다.

③ 일정한 시간 동안 포스트잇에 개별적으로 아이디어를 낸 후 순서를 돌아가며 이야기한다.

④ 유목화가 가능한 내용이라면 범주를 구분하여 아이디어를 나눠 본다.

⑤ 문제해결을 위한 아이디어라면 문제해결 방안을 협의하여 수렴해 본다.

▶ 창의적 사고를 위한 지원

날씨에 대한 정보나 경험이 부족한 경우 관련된 다양한 그림책 등을 활용해 보도록 한다. 아이디어는 벽, 게시판 등을 다양하게 이용하여 게시할 수 있다.

아이디어 예시

개별적으로 아이디어를 포스트잇에 나타낸다.

아이디어를 돌아가면서 순서대로 이야기한다.

유목화를 하여 아이디어를 붙인다.

추가 브레인스토밍을 할 수 있다.

포스트잇 게시법 해 보기 1

♣ 국자 사용 시 불편함을 해소하기 위하여 다음과 같은 국자를 발명하였습니다. 이 국자에 어울리는 이름을 붙인다면? 포스트잇 게시법을 적용해 보세요.

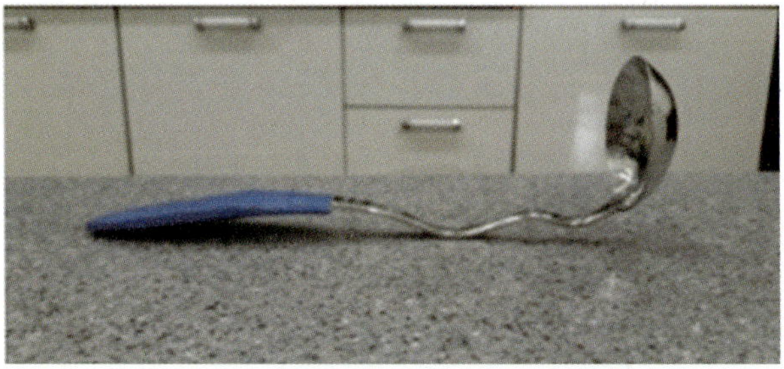

출처: 유가경(2016).

포스트잇 게시법 해 보기 2

♣ 우리가 버린 쓰레기가 지구의 생명을 위협하고 있습니다. 쓰레기를 줄일 수 있는 방법에 대한 아이디어를 산출해 보세요.

- 포스트잇 게시법을 적용해서 아이디어를 떠올려 보세요.

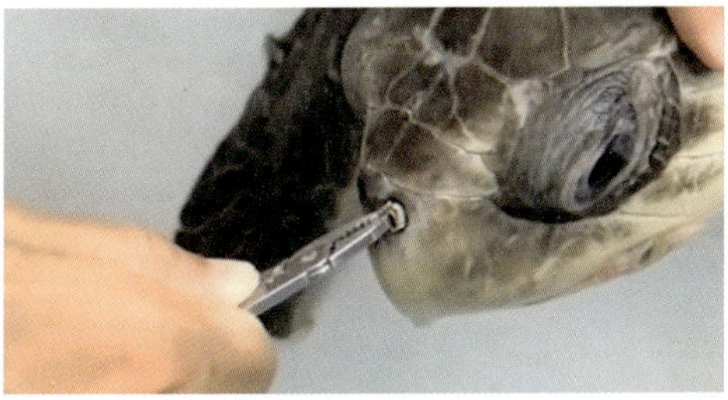

코에 빨대가 꽂힌 바다거북을 도와주고 있는 모습

출처: Sea Turtle Biologist, youtube.

내가 직접 실천할 수 있는 아이디어 3개를 골라 보세요.

-
-
-

4. Stop & Go 브레인스토밍(Stop & Go brainstorming)

1) 기본 개념

Stop & Go 브레인스토밍은 브레인스토밍과 브레인라이팅이 혼합된 방법으로 실생활에서 가장 유용한 브레인스토밍의 접근 형태라고 할 수 있다. 앞에서 제시한 포스트잇 게시법의 효과적인 변형이라고도 할 수 있다. 리더가 주제를 알려 주고 stop이라고 하면서 종을 친다. 그러면 참가자들은 포스트잇이나 종이를 이용하여 개별 브레인스토밍을 진행한다. 정해진 시간만큼 진행하며 시간은 길지 않아도 된다. 약 3~5분 정도 시간이 지나면, go라고 하면서 종을 친다. 그러면 참가자들은 집단 브레인스토밍을 진행하게 된다. 이때 돌아가면서 아이디어를 발표한다. 다른 사람들의 아이디어를 듣고, 자연스럽게 히치하이킹[1] 되는 경우에는 개별적으로 종이에 적어 둔다. 집단 브레인스토밍을 3~5분 정도 정해진 시간 동안 진행했다면, 다시 stop을 외치면서 개별 브레인스토밍하는 형태로 반복하여 아이디어 산출을 진행하는 방법이다. 이 방법을 적용했을 때 다른 형태의 브레인스토밍보다 개별적으로 생각할 수 있는 시간과 전체 아이디어를 공유하는 과정이 번갈아 이루어짐으로써 참가자들의 만족도가 높고, 참여와 경청이 적절하게 이루어진다.

2) 진행 과정

① 주제(문제)를 제시한다.

② stop이라고 하면 각자 포스트잇에 아이디어를 적는다. 한 장의 포스트잇에 아이디어를 하나씩 적도록 한다.

③ go라고 하면 아이디어를 돌아가면서 산출한다.

④ 다시 stop이라고 하면 각자 포스트잇에 아이디어를 적는다.

---

1) 히치하이킹이란 지나가는 자동차를 얻어타는 것을 일컫는 말인데, 여기에서는 다른 사람의 아이디어를 듣고 편승하여 아이디어를 떠올리는 것을 뜻한다.

⑤ 다시 go라고 하면 아이디어를 돌아가면서 산출한다.

⑥ stop과 go를 하는 시간과 횟수를 정해 두고 아이디어를 산출하도록 한다.

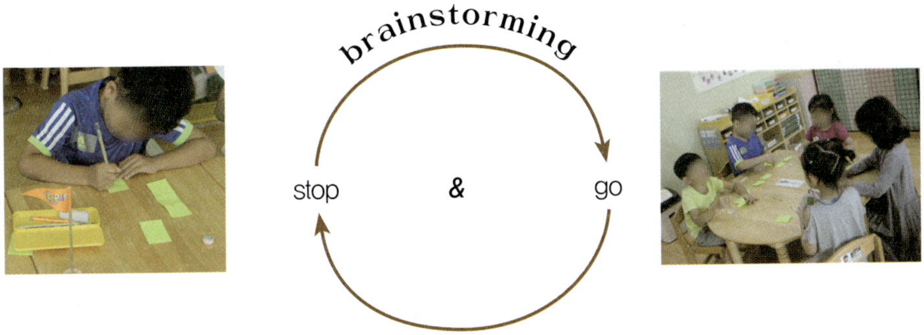

Stop & Go 브레인스토밍

3) 유의점

stop과 go의 반복이 너무 급하게 이루어지지 않도록 주의해야 한다. 자칫 시간에 쫓기는 듯한 진행은 참여자들에게 긴장감을 줄 수 있다. 따라서 시간적인 분배가 적절하게 이루어지도록 하는 것이 필요하다. stop 상황에서 개별 브레인스토밍을 진행할 때, 산출되는 양이 서로 다르다. 아이디어를 조금 산출한 참여자가 위축감을 느낄 수 있으므로, 아이디어 기부통[2]을 두어 아이디어를 많이 산출한 참여자가 기부해 줄 수 있는 친사회적인 방법을 접목하는 것이 도움이 된다.

2) 아이디어 기부통이란 아이디어가 고갈된 참여자를 배려하여, 자신의 아이디어를 기부해 주는 상자이다(박인영, 2018).

4) Stop & Go 브레인스토밍 예시

(1) 겹겹이 이루어진 세상

▶ 준비물: 포스트잇, 순서깃발(또는 마이크), 양배추, 꽃, 파, 양파 등 겹겹이 이루어진 식물들

▶ 적용과정 및 흐름

① 양배추, 꽃, 파, 양파 등을 관찰한다.
② 공통점을 생각해 본다.
③ 겹겹이 이루어진 것에는 어떤 것들이 있는지 Stop& Go 브레인스토밍에 따라 아이디어를 산출한다.

▶ 창의적 사고를 위한 지원

참여자들이 제한을 두지 않고, 다양한 분야로 아이디어를 낼 수 있도록 한다. '건물도 겹겹이 되어 있어요', '지구도 겹겹이 되어 있어요', '책, 깃털, 포스트잇, 우리 몸도 겹겹이 되어 있어요' 등과 같이 다양한 아이디어를 산출하는 모습을 볼 수 있다. 제한을 두지 않고, 다양한 분야로 아이디어를 낼 수 있도록 격려한다.

아이디어 예시

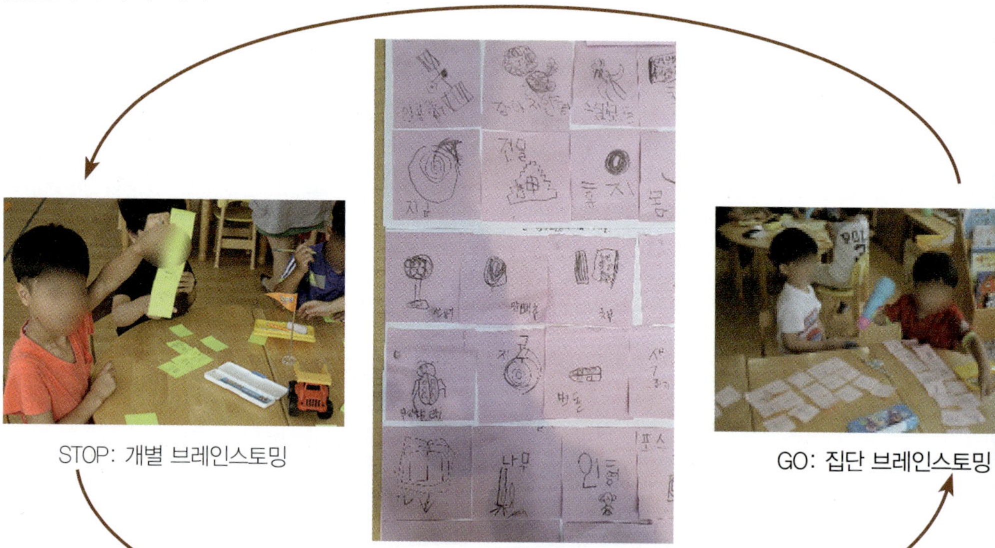

Stop & Go 브레인스토밍을 통해 산출된 아이디어
주제: 겹겹이 이루어진 것들에는 무엇이 있을까?

Stop & Go 브레인스토밍 해 보기 1

♣ 저울처럼 주변에서 숫자가 있는 것들에는 어떤 것들이 있는지 Stop & Go 브레인스토밍을 적용하여 아이디어를 산출해 보세요.

Stop & Go 브레인스토밍 해 보기 2

♣ 우리가 만약 무인도에 간다면 어떤 것들을 가지고 가고 싶나요? Stop & Go 브레인스토밍을 통하여 아이디어를 낸 후, 꼭 필요한 5가지를 정해 보세요.

무인도에 꼭 가져가고 싶은 5가지는?

-
-
-
-
-

5. 로테이션 브레인스토밍(Rotation brainstorming)

1) 기본 개념

로테이션 브레인스토밍은 해결하고자 하는 문제가 제시된 각 방을 참여자들이 일정 시간 머물렀다 이동하면서, 그 문제에 대한 해결 방안을 떠올려 보는 방법이다. 참여자들은 각 방에 흩어져 제시된 문제에 따른 아이디어를 기록한다. 각 방에 준비된 개별 종이에 아이디어를 기록하거나, 포스트잇을 사용하거나 브레인라이팅 용지를 이용할 수도 있다. 참여자들은 정해진 시간 동안 머무르며 아이디어를 내고, 다른 방으로 옮겨 동일한 과정을 진행한다. 나눠진 공간에서 아이디어를 산출하므로 타인의 시선이나 평가를 인식하지 않고 아이디어를 산출할 수 있는 장점이 있다.

2) 진행 방법

① 각 방에 문제를 게시해 둔다. 큰 종이에 문제를 기록하여 벽에 걸어 둔다.

② 게시된 문제를 보고 아이디어를 산출한다. 필기도구와 기록지를 준비하여 둔 후 기록하거나 스케치한다.

③ 보통 3분씩 머무르면서 아이디어를 낸다.

④ 아이디어 산출 후 참여자들이 함께 방을 돌면서 아이디어를 살펴본다. 또는 아이디어를 표현한 용지를 모아 한곳에서 아이디어를 점검한다.

3) 유의점

참여자의 연령이나 해결해야 할 문제에 따라 각 방에 머무르는 시간은 조정이 가능하다. 아이디어를 떠올리는 데 도움이 되는 음악이 흘러 나와도 좋고, 제시된 문제 상황을 손쉽게 이해할 수 있는 그림이 함께 게시되어 있어도 좋다.

로테이션 브레인스토밍 해 보기 1

♣ 다음의 문제 상황을 각 방에 게시하여 아이디어를 떠올려 보세요.

▶ 우리가 만약 길을 잃었다면 길을 찾는 방법은?

▼ 북극곰에게 먹이가 없어요. 우리가 도울 수 있는 방법은?

▼ 땅을 파야 하는데 도구가 없다면?

로테이션 브레인스토밍 해 보기 2

♣ 다음의 문제 상황을 각 방에 게시하여 아이디어를 떠올려 보세요.

▶ 위층에서 쿵쾅쿵쾅, 층간소음이 너무 심해요. 해결할 수 있는 방법은?

▼ 현관비밀번호를 누군가가 본다면? 해결할 수 있는 방법은?

▼ 차 문을 활짝 열었더니 옆 차와 맞닿아서 피해를 줘요. 해결할 수 있는 방법은?

6. 레이스 브레인스토밍(Race brainstorming)

1) 기본 개념

레이스 브레인스토밍은 자신의 아이디어를 기록하여, 상대방에게 그 생각을 빠르게 전달하면서 경주를 펼치듯이 진행하는 방법이다. 레이스 브레인스토밍은 보통 2미터 이상 거리에 있는 두 공간 사이에서 이루어지게 된다. 날씨가 좋다면 실외에서 일정 공간을 마련하여 진행해도 되는데, 안전을 위해서 공간에는 장애물이 없도록 하고 다치지 않도록 해야 한다. 몸을 움직이면서 아이디어를 낼 수 있다는 점에서 흥미롭고 역동적인 장점이 있다. 연령에 따라서는 아이디어 기록지를 전달할 수도 있고, 직접 몸을 움직여 아이디어를 표현해야 하는 주제를 제시할 수 있다.

2) 진행 과정

① 제시된 주제에 따라 한쪽 공간에서는 참여자들이 종이 한 장에 정해진 수량의 아이디어를 적고, 다른 한쪽 공간에서는 진행자와 보조자가 참여자들을 기다리고 있다.

② 이때 한 종이에 아이디어를 적는 개수는 10개, 5개, 3개 등 참여자의 연령이나 주제에 따라 일정 수량을 제시하도록 한다.

③ 참여자들은 아이디어를 기록한 종이를 진행자에게 가지고 가서 확인 도장을 받은 후, 다시 첫 번째 공간으로 되돌아와 정해진 수량의 아이디어를 다시 기록하는 형식이다.

④ 그룹을 나눠서 진행할 경우에는, 배턴 등을 준비하여 아이디어 릴레이 경주 형태로 진행한다면 더욱 흥미롭다. 정해진 시간 동안 릴레이가 진행될 수 있도록, 참여자들은 아이디어를 계속 떠올린다.

⑤ 참여자들은 도장을 받은 종이를 모은다. 끝날 때까지 가장 많은 도장을 받은 참여자 또는 팀이 우승자가 된다.

3) 유의점

연령이 어린 경우라면 이를 좀 더 놀이처럼 접근해 보는 것이 흥미롭다. 예를 들면 '공을 손을 사용하지 않고 재미있는 방법으로 옮겨 보기', '종이컵을 남과 다른 방법으로 옮겨 보기'와 같이 몸을 이용하여 정해진 지점에서 다른 지점까지 아이디어를 표현해 보도록 하는 방법이다. 이때 남과 다른 방법으로 아이디어를 표현해 보도록 하고 아이디어를 표현하면 도장을 찍어 준다. 이 과정에서 개별적인 아이디어 산출보다는 2인 1조, 4인 1조로 팀을 구성하고 협력하여 표현하도록 접근하는 것이 좋다.

레이스 브레인스토밍 해 보기

♣ 콩주머니를 다른 사람이 하지 않는 방법으로 옮기며 정해진 위치까지 레이스를 해 보세요.
- 준비물: 콩주머니, 도장, 도장 쿠폰 용지

♣ 콩주머니를 3인 1조가 되어 다른 팀이 하지 않은 방법으로 정해진 위치까지 옮기며 레이스를 해 보세요.
- 준비물: 콩주머니, 도장, 도장 쿠폰 용지

토의하기

♣ 브레인스토밍, 브레인라이팅 외에 다양한 변형법들을 살펴보았습니다. 앞에서 살펴본 기법을 적용하여 자신이 해결하고 싶은 문제에는 어떤 것이 있나요? 그 문제를 제시해 보세요. 문제가 떠오르지 않을 경우에는 신문에서 스크랩해 보세요.

아이디어 내기를 도와주는 그림책 Tip

사고를 말랑말랑하게 할 수 있도록 도와주는 그림책을 소개한다.

하나라도 백 개인 사과

이노우에 마사지 글 · 그림(2001). 문학동네.

동네 과일 가게에 놓인 평범한 사과 한 개는 사과를 보는 사람에 따라 특별한 의미로 해석된다. 회사원, 농부, 의사, 화가, 음악가, 경찰관, 선생님, 아이들 등 보는 사람에 따라 사과는 다채롭게 변신한다. 책을 읽으며 나만의 방식으로 사과를 해석해 보고 있는 자신을 발견하게 될 것이다.

한 가지의 사물이나 사건을 놓고도 서로 다른 해석을 할 수 있다는 것에 대한 이해를 도울 수 있는 그림책이다. 생각의 차이는 어떤 것이 옳고 그르냐를 따질 수 없으며 각자가 처한 입장이나 경험 등에서 오는 다름이라는 것을 인정하는 태도는, 서로의 생각 차에 대해 존중하는 마음을 갖게 한다. 제시된 상황에 대하여 한 가지의 획일화된 정답보다는 다양한 사고로 해석해 봄으로써 유연성을 갖게 하는 데 도움을 주는 책이다.

'문제'로 무엇을 할 수 있을까?

코비 야마다 글 · 매 베솜 그림(2022). 상상의힘.

아이의 머리 위를 따라 다니던 '문제'라는 보라색 먹구름은, 어느새 폭풍의 구름으로 커진다. 아이는 자신을 따라다니던 '문제'가 두려워 피하려고 하지만, 그럴수록 '문제'는 점점 커져만 간다. 더 이상 문제를 외면하거나 모른 척할 수 없게 된 아이는 마음을 단단히 먹고 문제를 향해 힘껏 뛰어든다. 세상에 존재하는 크고 작은 문제 속에 담겨진 가치를 발견할 수 있도록 용기와 격려를 주는 그림책이다.

문제를 대처하는 지혜로운 방법이 무엇인지 우리에게 깨달음을 주고 있다. 문제를 가까에서 살펴보고 문제에 맞서 도전해 본다면, 그것을 통해 기회를 만들게 되고, 자신을 더 성장시킬 수 있다라는 메시지를 전달하고 있다. 아동이 주변에 문제에 대하여 관심을 갖고 이를 해결하고자 하는 노력과 용기를 낼 수 있도록 격려하는 그림책이다.

CHAPTER 05

골고루 유연한 생각을 돕는 스캠퍼

1. 스캠퍼(Scamper) 이해

1) 기본 개념

스캠퍼는 브레인스토밍의 4가지 규칙을 보완하기 위해서 에이벌(Eberle, 1971)이 고안한 체크리스트로서, 각 항목의 첫 글자를 따서 붙인 약성어이다. 스캠퍼는 “S-C-A-M-P-E-R” 7단어의 약자로 이루어져 있으며, 용도를 개발하거나 품질을 개선하거나, 실용성을 증진하는 등 아이디어를 개발 · 변형하는 데 유용한 창의적 사고기법이다. S(substitute)는 다른 무엇으로 대체하기, C(combine)는 다른 무엇과 결합하기, A(adapt)는 다른 원리를 적용하기, M(modify, magnify, minify)은 수정 · 확대 · 축소하기, P(put to other uses)는 다른 용도로 사용하기, E(elimination)는 삭제하기, R(rearrange, reverse)은 재배열 · 거꾸로 하기이다. 스캠퍼는 체크리스트 형식으로 되어 있어 주어진 질문의 패턴에 따라 사고를 전개할 수 있으므로 초보자도 쉽게 활용할 수 있으며, 문제에 대한 인식을 습관화할 수 있으므로 생활 속의 창의성을 발휘할 수 있도록 자연스럽게 도와준다(박인영, 2001).

스캠퍼는 7가지 요소를 모두 진행해야 하는 것은 아니며, 이해도나 대상 사물의 적용 가능성에 따라서 적용요소의 범위가 달라질 수 있다. 스캠퍼는 아이디어를 다양한 분야로 생각해 볼 수 있도록 유도해 보는 방법이며, 제시된 약자에 적합하게 아이디어를 산출해야 하므로 아이디어의 적절성을 고려하여 산출해야 한다(박인영, 2018). 스캠퍼는 사고를 다양한 방향으로 생각할 수 있도록 함으로써 융통성을 높여 주고, 각 항목에 따라 변형된 모양을 상상해 봄으로써 상상력과 독창성까지 함양할 수 있도록 도와준다.

2) 요소에 대해 이해하기

한번에 스캠퍼의 7가지 요소를 모두 진행하는 것보다는 1가지씩 접근해 볼 수 있도록 하는 것이 더 용이하다. 박인영(2001)은 창의성 연수를 경험한 유아교사집단을 중심으로 스캠퍼를 적용하는 과정에서의 문제점을 살펴보았는데, 유아들에게 스캠퍼의 각 요소들을 이해, 인식시키는 데 어려움이 있는 것으로 나타났다. 이는 에이벌(Eberle, 1972)이 스캠퍼는 아이디어 항목 작성에서 다소 어려움을 야기한다고 언급한 것과 일치한다. 따라서 스캠퍼의 원활한 진행을 위해서는 7개의 약자에 대한 의미를 명확하게 이해하는 것이 필요하다.

(1) 대체하기(Substitute)

대체하기는 사물의 소재, 기존 형태, 용도, 방법 등을 다른 것으로 대체할 수 있는지를 알아보기 위한 요소이다. 아동에게는 '대신하기'라는 용어로 설명하면 이해가 쉽다.아동의 이해를 돕기 위해 생활 속에서 대체하기가 적용된 사물들을 보여주는 것이 효과적이다(박인영, 2018).

■ 대체하면?

어떤 일정한 기존의 장소, 방법, 내용, 색깔, 소리 등을 다른 것으로 대체, 대치한다면?

- 무엇으로 대체할 수 있을까?
- A대신 B를 쓰면 어떨까?
- 이것과 비슷한 것에는 무엇이 있을까?
- 과거에 동일한 것이 있었나?
- 다른 것으로 바꿔보면 어떨까? 등

예 컵을 대신한 종이컵, 옷 대신 한지 드레스, 젓가락 대신 나무젓가락, 에어컨 대신 부채, 우산 대신 비옷, 연필을 대신하는 샤프 등

(2) 결합하기(Combine)

결합하기는 기존에 사용하고 있는 여러 사물이나 기능들을 서로 결합하여 새로운 제품을 고안해 보는 요소이다(박인영, 2018).

■ 결합하면?

유사, 상이한 것을 서로 혼합, 결합하면 어떨까?

- 합체하면 어떨까?
- A와 B를 합해 보면 어떨까?
- 비슷한 무엇과 더해 보면 좋을까?
- 전혀 새로운 무엇과 더해 보면 좋을까? 등

예 연필+지우개, 인주+도장, 신발+바퀴, 포크+숟가락, 여러 기능이 결합된 휴대폰, 복합기, 스팀다리미 등

(3) 적용하기(Adapt)

적용하기는 기존의 원리나 방법, 형태의 일부를 응용하거나 다른 사물에 순응시켜 보는 요소이다(박인영, 2018).

■ 적용하면?

같은 형태나 원리, 방법을 다른 분야에 적용한다면?

- 다른 것으로부터 모방해 보면 어떨까?
- 다른 것의 원리를 여기에 적용해 보면 어떨까?
- 이것과 비슷한 것에서 그 적용 원리를 찾는다면?
- 이것과 다른 것에서 그 적용 원리를 찾는다면? 등

예 딱풀의 원리를 적용한 버터, 장미 가시 덩굴을 적용한 철조망,
엉겅퀴 식물이 옷에 붙은 것을 보고 이를 적용한 벨크로(찍찍이),
민들레 씨가 낙하하는 모습을 본 딴 낙하산, 야광을 이용한 청소복,
개구리의 보호색을 응용한 군복, 단풍나무 종자 열매를 보고 떠올린 헬기의 프로펠러 등

(4) 수정하기(Modify, Magnify, Minify)

수정하기는 수정하기뿐 아니라 확대하기와 축소하기를 포함하고 있는 것으로 크기, 무게, 모양, 두께, 횟수 등을 줄이거나 혹은 늘려서 변형하는 요소이다. 스캠퍼의 경우 꼭 사물에만 적용하는 것은 아니고, 생쥐가 코끼리처럼 커진다면, 코끼리가 생쥐처럼 작아진다면 등과 같이 상상하기 활동에도 접목이 가능하다(박인영, 2018).

■ 수정하면?

의미, 색깔, 운동, 소리, 냄새, 형태 등을 고쳐서 변화를 주면 어떨까?

– 더 나아가기 위해 어떻게 수정하면 좋을까?
– 모양을 바꾼다면 어떨까?
– 색깔을 바꾼다면 어떨까?
– 형태를 바꾼다면 어떨까?
– 소리를 바꾼다면 어떨까?
– 냄새를 바꾼다면 어떨까? 등

예 여러 모양의 전구, 여러 모양의 우산, 다양한 자전거, 선글라스, 칫솔, 시계, 필통, 여러 모양의 모자 등

■ 확대하면?

어떤 형태나 아이디어를 크게 확대한다면?
– 크게 한다면 어떨까?
– 두껍게 한다면 어떨까?
– 많게 한다면?
– 여러 번 한다면?
– 횟수를 늘린다면? 등

예 초대형 찐빵, 대형 볼펜, 대형 파라솔, TV 화면, 대형 햄버거 등

■ 축소하면?

어떤 형태나 아이디어를 축소한다면?
– 작게 한다면 어떨까?
– 얇게 한다면 어떨까?
– 적게 한다면?
– 횟수를 줄인다면? 기능을 줄인다면? 등

예 초소형 카메라, 기능이 축소된 효도폰, 소형 손톱깎이, 소형 선풍기, 미니 장난감 등

(5) 다른 용도(Put to other uses)

다른 용도로 사용하기는 어떤 사물을 대상으로 '이 물건을 다른 용도로 사용한다면?'이라는 질문을 통하여 아이디어를 생각해 보는 요소이다(박인영, 2018).

■ 다른 용도는?

원래의 용도 외에 다른 용도로 사용한다면?

- 원래의 용도 외에 다르게 사용한다면?
- 이것을 그 밖의 어떤 용도로 사용할 수 있을까?
- 이것을 있는 그대로 사용할 수 있는 새로운 방법이 있을까?
- 이것으로부터 그 밖의 무엇으로 사용할 수 있을까? 등

예 열차를 이용한 카페, 폐타이어의 활용, 옷걸이의 활용, 계란판을 이용한 방음벽 등

(6) 제거하기(Elimination)

제거하기는 대상물의 특정한 부분, 기능 등을 삭제 또는 제거하는 요소이다(박인영, 2018).

■ 삭제하면?

어느 부분을 삭제, 소거한다면?

- 무엇을 생략할까?
- 무엇을 삭제할까?
- 무엇을 제거할까?
- 간소화해야 한다면? 등

예 오픈카, 손잡이 없는 문, 씨 없는 수박, 무선 다리미, 선 캡, 무지방 버터, 무카페인 커피, 무선 키보드, 무선 마우스, 조끼 등

(7) 재배열하기(Rearrange, Reverse)

재배열하기, 거꾸로 하기는 순서, 형식을 재조정하거나 거꾸로 뒤집어서 생각해 보는 방법이다(박인영, 2018).

■ 재배열하면?

배열을 다르게 한다면? 배치를 다르게 한다면?

- 어떤 배열이 더 좋을까?
- 다른 순서는?
- 배치를 바꾼다면?
- 순서를 바꾼다면?
- 재정리한다면? 등

예 누드김밥 등

■ 거꾸로하면?

전후, 좌우, 안과 밖, 대소, 노소 등 형태, 순서, 방법, 아이디어를 거꾸로 뒤집으면 어떨까?

- AB가 BA로 바뀐다면?
- 정반대는 무엇일까?
- 긍정적인 면과 부정적인 면을 바꿀 수 있다면?
- 뒤집어 생각해 본다면?
- 거꾸로 해 본다면? 등

예 거꾸로 디자인된 집, 양면 옷, 뒤로 밟는 자전거, 뒤집어진 마요네즈 통, 재택근무 등

3) 진행방법

① 문제나 주제를 확인한다.

② 스캠퍼 목록에 맞춰 어떤 새로운 아이디어가 나올 수 있는지 생각해 본다. 이때 요소의 순서대로 적용할 필요는 없으며, 7개의 요소 모두를 진행하지 않아도 괜찮으니 문제나 주제에 맞춰 적절하게 선택하여 사용하여도 좋다. 적용이 익숙해지면, 스캠퍼의 요소를 골고루 적용하여 아이디어를 산출할 수 있도록 격려하도록 한다.

③ 각 요소에 따라 아이디어를 적절하게 표현한다.

진행 과정에서 필요한 경우 '아이디어 기부통'을 사용한다. 다른 참여자가 아이디어에 대한 의견 부재 시 자신의 아이디어를 타인에게 기부하는 방법이다. 아이디어 기부통은 함께 관심을 가지면서, 협력하여 문제를 해결할 수 있도록 한다(박인영, 2018).

아이디어 기부통 예

4) 유의점

초보자의 경우 각 요소에 대한 이해를 돕는 과정이 필요하므로, 적절한 예를 주변에서 찾아보는 경험을 갖도록 한다. 실물 등을 이용하여 호기심을 불러일으키며, 각 요소를 이해시키는 것이 바람직하다(박인영, 2001). 또 각 요소의 용어를 적용 연령의 수준에 적절하게 바꿔서 제시하는 것이 좋다. 만약 스캠퍼의 해당 요소에 따른 사물을 주변에서 찾아보는 경우라면, 한 가지 요소에 해당하는 것이 아니라 다양한 요소에 해당되는 경우가 있다. 스캠퍼 요소에 해당되는 사물을 정확하게 구분해 보는 것에 초점을 두기보다는, 우리 생활 주변에 스캠퍼에 해당되는 다양한 사물이 있다는 것을 발견해 보는 과정에 초점을 두어 아동에게 생활 속 창의성을 발휘하고자 하는 동기를 제공하도록 한다.

그림을 보고 스캠퍼 요소 찾기 예

출처: 꼬망세편집부(2002).

교실의 벽면을 이용하여 스캠퍼의 용어를 게시하는 환경적인 준비가 동반되면 좋다. 용어에 대한 기억이 성인 자신도 혼동될 수 있으므로, 스캠퍼 용어가 생활 속에서 자연스러운 발문으로 이어질 수 있도록 한다. 스캠퍼를 하기 전 성인은 먼저 주제에 관련된 스캠퍼의 요소에 따른 발문 목록표를 미리 작성해 보도록 한다. 교실의 한쪽에 각 스캠퍼의 요소에 따른 상자를 만들고, 생활 속에서 스캠퍼가 적용된 사진들을 찍어 인화하여 코팅한 뒤, 사진을 꺼내 보면서 각 요소에 맞게 상자에 분류해 보는 놀이를 즐길 수 있도록 하면 스캠퍼의 각 요소를 이해하는 데 도움이 된다.

2. 스캠퍼 적용

1) 생활 속에서 스캠퍼 요소 찾기

우리의 생활 속에는 스캠퍼의 각 요소들이 적용된 사례들이 다양하다. 주변을 살펴보면서 스캠퍼의 요소들을 찾다 보면, 각 요소들에 대한 자연스러운 이해를 도울 수 있다.

S 대체하기	
	우산을 다른 것으로 대체하는 모습을 찍어 붙여 보세요(독자가)
	우산을 다른 것으로 대체하는 모습을 찍어 붙여 보세요(독자가)
	우산을 다른 것으로 대체하는 모습을 찍어 붙여 보세요(독자가)

출처: 별난물건 박물관.

C 결합하기	
	**티백 주머니 달린 컵** 따뜻한 물에 우려내는 티백을 좋아하는 분들을 위한 머그컵이다. 티백 하나와 컵을 따로 들고 다니다 보면 티백을 잃어버릴 때가 종종 있다. 티백을 잃어버리지 않게 머그컵에 주머니를 달았다. 절대 잃어버릴 일이 없을 것 같다.
	**화분용 우산꽂이** 단순히 우산꽂이 용도만 있는 것이 아니라 한 가지 숨은 기능이 더 있다. 비에 젖은 우산을 우산꽂이에 꽂았을 때 그 기능이 빛이 난다. 우산에서 떨어지는 물들로 화분꽂이 옆에 붙어 있는 작은 화분에 물을 주어 식물을 자라나게 하는 것이다. 작은 아이디어가 더없이 훌륭한 우산꽂이가 되었다.
주변에서 결합하기에 해당되는 것을 사진을 찍어 붙여 보세요(독자에게)	설명을 적어 주세요(독자에게)
주변에서 결합하기에 해당되는 것을 사진을 찍어 붙여 보세요(독자에게)	설명을 적어 주세요(독자에게)

출처: 별난물건 박물관.

A 적용하기	
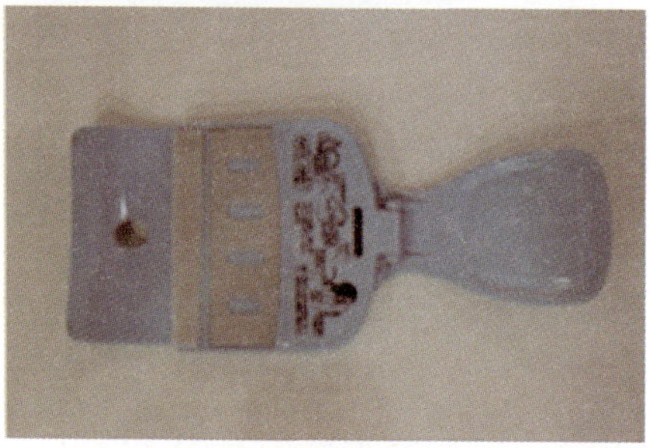	어떤 용도일까요? (독자에게)
	어떤 용도일까요? (독자에게)
	어떤 용도일까요? (독자에게)
적용하기 예시를 찾아보세요 (독자에게)	어떤 용도일까요? (독자에게)

출처: 별난물건 박물관.

M 수정하기	
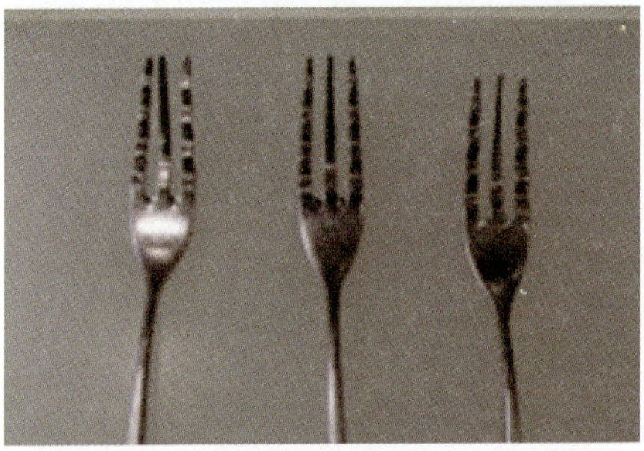	**구불구불 라면포크** 포크의 앞부분이 일반 포크와 다르게 구불구불하다. 가느다란 면 종류를 집기에 더없이 좋을 듯하다.
	**휴대용 화장실** 하얀 가방이 놓여 있다. 서류가방일까? 아니면 스파이가방? 펼쳐보니, 휴대 화장실이다! 가방을 펼치기만 하면 간편한 휴대용 화장실이 만들어진다. 야외에 나가서 이용하기 좋을 것 같다.
주변에서 사진을 찍어 붙여 보세요(독자에게)	설명을 적어 주세요(독자에게)
주변에서 사진을 찍어 붙여 보세요(독자에게)	설명을 적어 주세요(독자에게)

출처: 별난물건 박물관.

P 다른 용도	
	어떤 용도의 의자일까요? (독자에게)
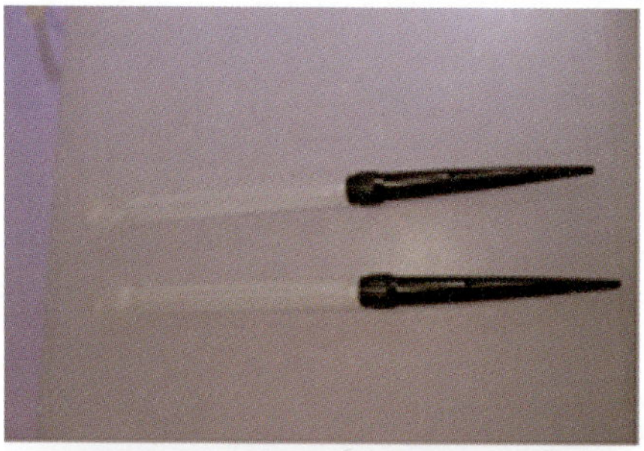	어떤 용도일까요? (독자에게)
	어떤 용도일까요? (독자에게)

출처: 별난물건 박물관.

<table>
<tr><th colspan="2">E 삭제하기</th></tr>
<tr><td></td><td>우산을 들지 않고도 우산 쓰기
우산을 쓰면서 양손을 사용하고 싶을 때가 있다. 비 오는 날 아이를 안거나 양손에 짐이 많을 때 또는 자전거를 탈 때 어깨 등에 감아 애용(?)할 수 있는 제품이다.</td></tr>
<tr><td></td><td>비오는 날 우주인 되기
비오는 날 우산을 쓰지 말고 우주인이 되어 볼까? 머리에 쓰는 부분은 우비처럼 되어 있는데 어깨부터는 넓은 UFO처럼 보인다. 안쪽 고무줄에 어깨를 끼워 고정시키도록 되어 있다. 가방을 매도 젖지 않을 것 같고 친구들과 뛰어놀 때도 우산을 들지 않아도 될 것 같다. 또 쓰고 다니는 재미가 색다를 듯하다.</td></tr>
<tr><td>주변에서 '삭제'에 해당되는 사진을 찍어 붙여 보세요(독자에게)</td><td>설명을 적어 주세요(독자에게)</td></tr>
</table>

출처: 별난물건 박물관.

R 재배열 - 거꾸로하기	
	설명을 적어 주세요(독자에게)
	설명을 적어 주세요(독자에게)
주변에서 재배열 – 거꾸로 하기에 해당되는 것을 찾아사진을 찍어 붙여 보세요(독자에게)	설명을 적어 주세요(독자에게)
주변에서 재배열 – 거꾸로 하기에 해당되는 것을 찾아사진을 찍어 붙여 보세요(독자에게)	설명을 적어 주세요(독자에게)

출처: 별난물건 박물관.

2) 스캠퍼 적용 예시

(1) 우산

▶ 준비물: 우산, 시트지

▶ 적용과정 및 흐름

① S: 대체하기

– 갑자기 비가 오는데, 우산이 없다. 우산이 없다면 무엇으로 대신하면 좋을까?

– 우산의 천 대신 어떤 것으로 대체하면 좋을까?

② C: 결합하기

– 연필+지우개, 숟가락+포크처럼 더해지면 더 좋아지는 것들이 있다.
우산과 무엇이 더해지면 좋을까? 재미있는 것들을 생각해 보자.

이때 아동이 구체적인 아이디어를 산출하지 못한다면 다음과 같이 피드백을 줄 수 있다.

– 양산과 우산이 합체된다면?

– 우산과 수건이 합체된다면?

– 우산과 우산이 합체된다면?

③ A: 적용하기

– 우산을 잃어버리지 않기 위하여 어떤 원리를 적용해 보면 좋을까?

④ M: 수정하기

– 우산의 모양을 바꾼다면?

– 우산의 색깔을 바꾼다면?

– 우산에 소리를 넣는다면?

– 우산을 확대 또는 축소한다면?

⑤ P: 다른 용도

– 우산의 다른 용도는?

⑥ E: 삭제하기

- 우산에서 삭제하고 싶은 것은?

이때 아동이 구체적인 아이디어를 산출하지 못한다면 다음과 같이 피드백을 줄 수 있다.

- 우산의 손잡이를 삭제한다면?
- 손잡이를 없애고, 모자처럼 쓸 수 있는 우산을 만든다면?
- 손잡이를 없애고, 가방처럼 어깨에 매는 우산이 있다면?

⑦ R: 재배열 - 거꾸로하기

- 우산을 거꾸로 한다면?
- 우산의 모양이나 작동을 재배열한다면?

이때 아동이 구체적인 아이디어가 산출하지 못한다면 성인은 다음과 같이 피드백을 줄 수 있다.

- 우산의 손잡이 위치를 바뀐다면?
- 우산의 손잡이를 위로 달아서 어른이 아이의 우산을 위에서 잡아 주는 우산이 생긴다면?
- 우산의 손잡이를 위로 달아서 반려동물을 씌워 주는 우산이 생긴다면?

▶ 창의적 사고를 위한 지원

『우산 도둑(시빌 웨타신하 글·그림, 2011, 보림)』 그림책을 활용하면 더욱 흥미로운 진행이 된다. 실물 우산을 다양하게 준비하여, 스캠퍼의 어떤 요소에 해당되는지 살펴보는 기회를 갖는다면 더욱 스캠퍼에 대한 이해를 손쉽게 할 수 있다.

아이디어 예시

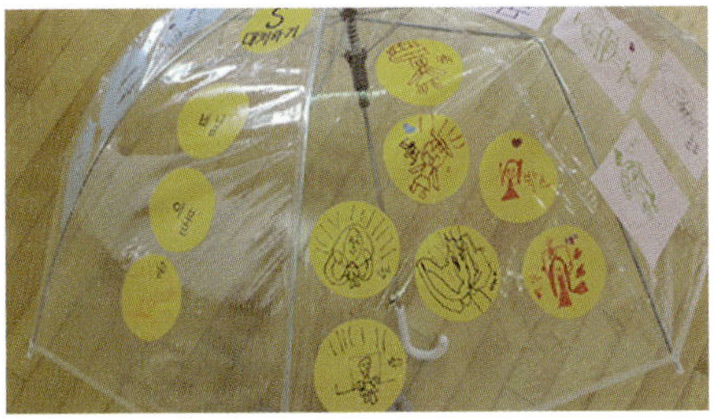

S: 대체하기

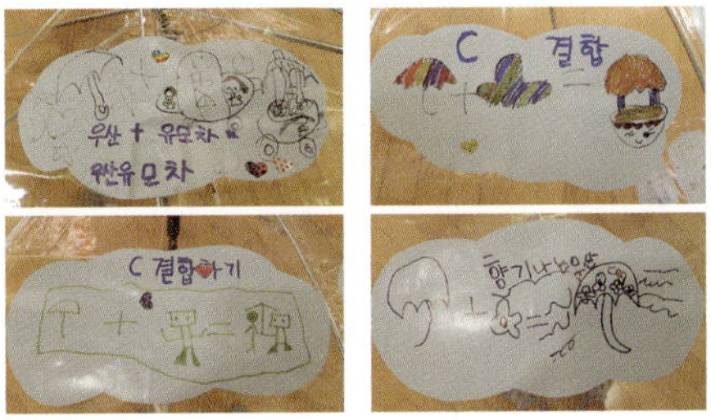

C: 결합하기

P: 다른 용도

R: 거꾸로

협동하여 나타낸 아이디어를 살펴본다

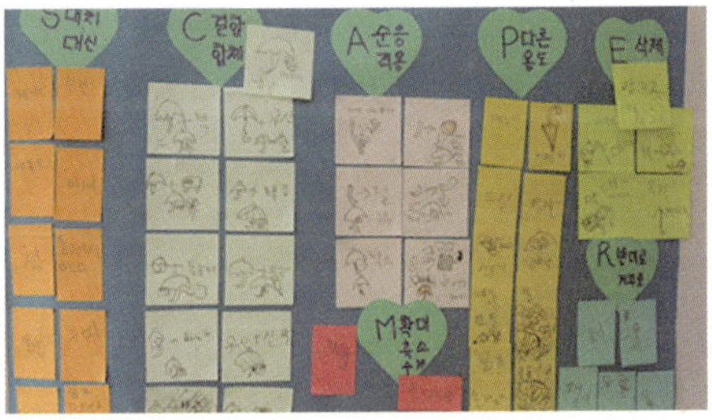

다른 방법으로도 아이디어를 나타낼 수 있다

스캠퍼 해 보기 1

♣ 안경을 주제로 스캠퍼를 적용해 보세요.

SCAMPER
대체하기
무엇으로 대신할 수 있을까요?

아이디어를 내 보세요(독자에게)

SCAMPER
결합하기
무엇을 더할 수 있을까요?

아이디어를 내 보세요(독자에게)

SCAMPER
적용하기
보다 잘 사용하려면?

아이디어를 내 보세요(독자에게)

SCAMPER

수정하기

색, 모양, 형태 등을 바꾸면 어떨까요?

아이디어를 내 보세요(독자에게)

SCAMPER

확대하기 축소하기

아주 커진다면 어떨까요? 아주 작아진다면 어떨까요?

아이디어를 내 보세요(독자에게)

SCAMPER

다른용도

다른 용도로 사용할 수는 없을까요?

아이디어를 내 보세요(독자에게)

SCAMPER

삭제하기

한 부분을 없앤다면 어떨까요?

아이디어를 내 보세요(독자에게)

SCAMPER

재배열하기 거꾸로하기

순서나 방향, 안과 밖이 바뀐다면 어떨까요?

아이디어를 내 보세요(독자에게)

스캠퍼 해 보기 2

♣ 자신이 주제를 선택하여 스캠퍼를 적용해 보세요.

주제: ______________________

토의하기

♣ 주변의 마트, 문구점, 전자제품 판매점 등을 돌아보고, 스캠퍼가 적용된 사물이나 장면을 찍어 보세요. 찍는 것이 어렵다면 인터넷 등을 활용하여 자료를 수집해 보세요. 인쇄 또는 인화하여 S,C,A,M,P,E,R 요소에 맞추어 구분해 보세요.

아이디어 내기를 도와주는 그림책 Tip

아동에게 좀 더 흥미롭고 용이한 접근을 시도하고 싶다면, 스캠퍼의 이해를 도울 수 있는 그림책을 활용해 보도록 하자.

우산 도둑

시빌 웨타신하 글 · 그림(2011). 보림.

옛날 스리랑카 작은 마을에는 우산이 없었다. 그 마을에 사는 키리 마마는 난생처음 읍내로 가서 우산을 발견하고는 홀딱 반하고 만다. 키리 마마는 우산을 하나를 골라 사서 집으로 가지고 오며, 마을에서 처음으로 우산을 가진 사람이라는 생각에 잔뜩 들뜬다. 키리 마마는 마을 사람들에게 얼른 우산을 뽐내고 싶었지만, 그만 우산을 도둑맞게 된다. 하지만 키리 마마는 우산도둑 덕분에 우산 가게를 열게 되는데… 독특한 그림과 흥미로운 상상이 더해진 소박한 사람들의 이야기가 저절로 미소를 짓게 하는 그림책이다.

『우산 도둑』을 보면 사람들이 우산이 없어 나뭇잎이나 광주리 등을 우산처럼 이용하는 장면이 나온다. 이 장면을 활용하여 "만약 우산이 없다면 우산 대신 무엇을 이용하면 좋을까요?"라고 발문하고, 아동에게 '대체하기'에 관한 아이디어를 산출하도록 격려할 수 있다. 또 그림책 후반에 우산 도둑을 찾게 되는데, 우산을 나무에 거꾸로 걸어 이용하는 모습이 있다. 이 장면을 이용하여 "만약 우산을 거꾸로 한다면 무엇으로 이용하면 좋을까요?"라고 발문하여, 아동이 '거꾸로 하기'에 관한 아이디어를 산출하도록 도울 수 있다.

우산과 미꾸라지

김현주 글 · 그림(2013). 아르볼.

'우산과 미꾸라지'는 실제로 작가 김현주가 어릴 적 겪은 일이라고 한다. 그런데 신기하게도 그림책을 읽는 동안 우리는 모두 현주리가 되어, 마치 자신의 어렸을 때 일기장을 꺼내 읽는 듯한 기분을 느끼게 된다. 그것은 아마도 한번쯤 이와 비슷한 경험을 하거나 그러한 장난스러움을 시도해 보고 싶어 했거나, 같은 감정을 느낀 적이 있기 때문일 것이다. 우산으로 미꾸라지를 잡으려는 어린 아이의 호기심과 순수함, 그 안에 흐르는 한국적 정서가 많은 사람들의 가슴을 따뜻하게 만드는 그림책이다.

『우산과 미꾸라지』를 보면 우산을 거꾸로 뒤집어서 미꾸라지를 잡으려는 모습이 나온다. 이 장면을 활용하여 "우산의 다른 용도는?"이라고 발문하고, 아동에게 '다른 용도'에 관한 아이디어를 산출하도록 격려할 수 있다. 물론 '반대로 하기'에도 해당되는 장면이다.

꿈꾸는 우산

장윤경 글 · 그림(2012). 푸른숲주니어.

소심한 외톨이인 주인공 두림이네 집 앞에 어느 날 알록달록한 우산 하나가 놓이고, 이 우산 덕분에 두림이에게 엄청난 변화가 일어난다. 우산을 펼치는 순간, 집 밖으로 나가고 싶은 마음이 들더니 점점 더 먼 곳으로 모험을 떠날 용기가 생긴다. 우산이라는 매개체를 통해 자신만의 세계에서 벗어나 다른 사람과 함께 소통하는 방법을 알아 가는 한 아이의 성장 과정을 보여 주는 그림책이다.

『꿈꾸는 우산』을 보면 우산에 상상력을 더해 변신하는 모습들이 나온다. 이 장면들을 활용하여 "우산이 커진다면, 작아진다면, 모양이 바뀐다면?"이라고 발문하고, 아동이 '수정하기'에 관한 아이디어를 산출하도록 격려할 수 있다. 더불어 "우산이 다른 것과 합체된다면?"이라고 발문하여, '결합하기'에 관한 아이디어를 산출하도록 도울 수 있다.

PART 03

놀이로 접근하는 창의적 사고기법

놀이로 접근하는 창의적 사고기법에서는 색다른 용도법과 이미지 연상법, 강제결합법과 역발상법, 결점열거법과 희망열거법, 상상의 여행과 유추법, 마인드맵과 피시본법, 여섯색깔 사고모자기법과 PMI에 대해 살펴보고자 한다.

CHAPTER 06

자유롭게 연상하며 접근하는 기법들

1. 색다른 용도법(Unusual uses)

1) 기본 개념

색다른 용도법은 원래의 용도 외에 다른 용도로 사용할 수 있는 방법을 찾아보게 하는 기법으로, 다른 용도로 전환시키는 아이디어를 산출하는 발상법이다(박인영, 2018). 창의성 검사에서도 색다른 용도법과 동일한 대안적 용도검사라고 하여 '벽돌의 다른 용도 찾기'처럼 주변에서 흔히 볼 수 있는 사물을 제시하고 그 물건의 원래의 용도 이외의 방법으로 사용하는 아이디어를 산출해 보는 검사들이 있다. 색다른 용도법은 일상생활 속에서 쉽게 접하게 되는 사물을 활용하여, 손쉽게 창의적인 놀이로 즐겨 보는 것이 가능하다. 예를 들면 휴지 속심, 병뚜껑, 우유갑 등 생활 속 활용이 가능한 소재들을 사용하여 창의적인 아이디어를 손쉽게 나타내 볼 수 있다. 또 적용과정에서 자신의 아이디어를 미술, 신체, 언어 등의 다양한 방법으로 표현할 수 있어 교육에 흥미롭게 활용할 수 있다는 장점이 있다. 그뿐만 아니라 진행방법이 사물을 제시하고 색다른 용도는 무엇이 있을지 나타내 보는 과정으로 진행되므로 적용이 수월하다.

2) 진행방법

① 흥미로운 동기유발을 통하여 대상 사물에 대한 호기심을 불러일으킬 수 있다. 예를 들면 책, 비밀 상자 또는 촉감상자, 가상적 상황을 제시하여 대상 사물에 대한 호기심을 유발시킨다.

② 주제를 제시하고, 이를 낯선 사물이라고 생각하고 탐색한다. 아동에게 익숙한 사물이더라도 낯선 사물처럼 살펴보도록 하는 과정에서 자세한 관찰을 하도록 돕는다. 이때 탐정 돋보기[1]를 사용한다면 더욱 흥미롭다.

③ 색다른 용도에 대한 아이디어를 떠올린다.

④ 아이디어를 직접 표현하거나 실행해 본다. 표현하는 방법으로는 아이디어를 그림으로 표현하는 방법, 언어로 표현하는 방법, 신체표현으로 나타내는 방법, 만들기로 나타내는 방법 등 다양하다.

⑤ 표현하거나 실행한 후 느낌을 공유한다.

장화의 색다른 용도를 글과 그림으로 표현한 예

1) 탐정 돋보기란 창의적 사고기법의 진행 시 함께 관심 갖기를 독려하고, 타인의 의도를 이해하기 위하여 사용하는 도구로써 일반 돋보기에 '탐정 돋보기' 또는 '생각 돋보기'라는 이름을 붙여 아동에게 호기심을 유발하는 역할을 할 수 있도록 사용한다(박인영, 2018; 박인영, 송승민, 전경원, 2019).

모자의 색다른 용도를 몸으로 표현한 예

3) 유의점

대부분 색다른 용도법을 적용할 때에 아이디어를 글이나 말, 그림으로 표현해 보는데, '몸으로 말해요'[2)]라는 신체표현을 접목하여 진행할 경우 더 흥미롭다. 이는 색다른 용도의 아이디어를 마임 형태의 신체표현으로 나타내 보는 것이다. 상대방의 표현을 보고 어떤 색다른 용도인지 퀴즈 형태로 맞춰 본다. 이러한 과정에서 타인의 감정과 의도를 이해하려는 노력을 기울이게 되며, 나와 다른 아이디어에 대하여 좀 더 관심을 갖도록 독려한다(박인영, 2018).

4) 색다른 용도법 예시

색다른 용도법의 예시에서는 고무신, 모자, 코뿔소, 휴지, 단열제, 완충제, 컵을 이용하여 생활 속 창의적 놀이로 접근한 형태들을 소개하고자 한다.

2) 몸으로 말해요란 표현하고자 하는 아이디어를 마임 동작으로 나타내어, 다른 참여자들이 이 몸동작을 보고 어떤 아이디어인지 퀴즈 형태로 맞춰 볼 수 있도록 하는 방법을 뜻한다(박인영, 2018; 박인영, 송승민, 전경원, 2019).

(1) 고무신의 색다른 용도

▶ 준비물: 고무신, 그림책, 다양한 미술 재료

▶ 적용과정 및 흐름

① 『고무신 기차(이춘희 글 · 박지훈 그림, 2003, 사파리)』 그림책을 본다.

② 실물 고무신을 보면서 고무신이 마치 낯선 사물이라고 생각하고 탐색한다.

③ 고무신의 색다른 용도에 대한 아이디어를 떠올린다.

④ 아이디어 중 자신이 직접 표현해 보고 싶은 것을 표현한다.

⑤ 표현한 아이디어를 발표하고, 공유하는 기회를 갖는다.

▶ 창의적 사고를 위한 지원

서로 다른 아이디어를 산출해 볼 수 있도록 격려하고, 어떠한 아이디어도 수용하려는 태도와 분위기가 필요하다.

아이디어 예시

이건 고무신이 아니야,
이건 돛단배야.

이건 고무신이 아니야,
이건 카트야.

이건 고무신이 아니야,
이건 기린을 만나보는 장소야.

이건 고무신이 아니야,
울퉁불퉁 미끄럼틀이야.

(2) 모자의 색다른 용도

- 준비물: 요리사 모자, 그림책, 다양한 미술 재료
- 적용과정 및 흐름

① 『구리와 구라의 빵 만들기(나카가와 리에코 글 · 야마와키 유리코 그림, 2000, 한림출판사)』 그림책을 본다.

② 요리사 모자를 제시한다.

③ 요리사 모자를 낯선 물건이라 생각하고 탐색한다.

④ 모자의 색다른 용도 아이디어를 산출한다.

⑤ 아이디어를 직접 표현해 본다.

⑥ 다른 사람에게 아이디어를 표현하고 공유하는 경험을 갖는다.

- 창의적 사고를 위한 지원

요리사 모자 외 경찰모자, 안전모, 방한모, 선 캡 등 실물을 준비하여 다양한 모자를 살펴볼 수 있는 기회를 갖는다면 더욱 좋다.

아이디어 예시

이게 뭐지? 가방일 거야!

이게 뭐지? 쿠킹 장갑일 거야!

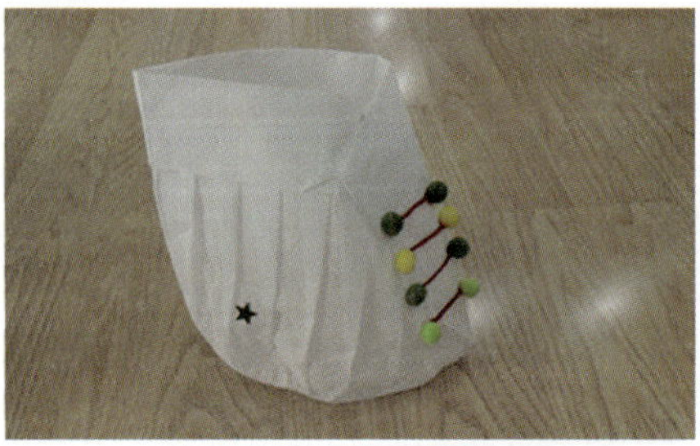

이게 뭐지? 신발일 거야.

이게 뭐지? 잠자리채일 거야!

(3) 코뿔소에 대한 색다른 아이디어

- 준비물: 그림책, 포스트잇, 도화지, 미술재료
- 적용과정 및 흐름

① 『코뿔소 한 마리 싸게 사세요(쉘 실버스타인 글·그림, 2001, 시공주니어)』 그림책을 본다.

② 내게 만약 코뿔소가 있다면 어떤 점이 좋을지 생각해 본다.

③ 이를 아이디어로 표현해 본다.

④ 발표하고 아이디어를 공유한다.

- 창의적 사고를 위한 지원

그림책 전체를 먼저 볼 경우 유사한 아이디어가 나오기 쉬우므로 동기유발 측면에서만 활용하는 것이 유익하다.

아이디어 예시

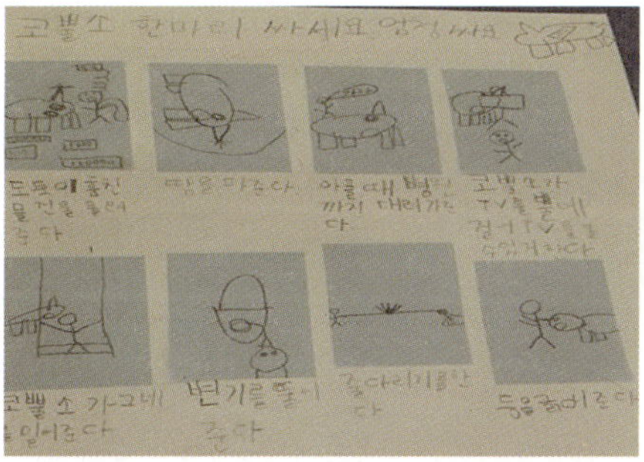

만약 코뿔소가 있다면 얼마나 좋을까?

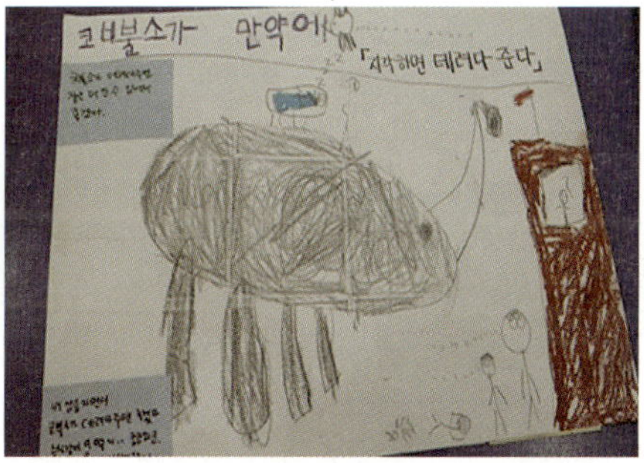

내가 지각하면 코뿔소가 데려다 줄 거야.

코뿔소 뿔을 이용하여 광물을 파낼 거야.

코뿔소에게 장바구니를 들어 달라고 할 거야.

(4) 휴지의 색다른 용도

- 준비물: 두루마리 휴지
- 적용과정 및 흐름

① 『휴지가 돌돌돌(신복남 글·그림, 2021, 웅진주니어)』 그림책을 본다.

② 두루마리 휴지를 낯선 사물이라고 생각하고 탐색한다.

③ 두루마리 휴지를 이용한 색다른 용도에 대하여 아이디어를 내 본다. 이를 직접 표현해 보며 놀이한다. 이때 제한을 두지 않고 자유롭게 탐색하고 표현하고 놀이할 수 있도록 허용적인 분위기를 유지한다.

- 창의적 사고를 위한 지원

사용하고 난 휴지를 재활용할 수 있는 아이디어를 다양하게 산출하여, 이를 꼭 활용해 보도록 한다.

아이디어 예시

휴지 붕대야.

휴지 애벌레야.

휴지 쌓기야.

(5) 단열재의 색다른 용도

▶ 준비물: 단열재, 테이프 등

▶ 적용과정 및 흐름

① 『이건 또 무슨 구멍?(최옥임 글·김상균 그림, 2018, 아람)』 그림책을 본다.

② 단열재를 탐색한다.

③ 단열재의 원래 용도를 알아보고, 색다른 용도를 생각해 본다.

④ 아이디어를 직접 표현해 본다.

▶ 창의적 사고를 위한 지원

또래와 함께 협력하여 아이디어의 표현이 이루어질 수 있도록 격려하는 것이 좋다.

아이디어 예시

망원경으로 해 볼까?

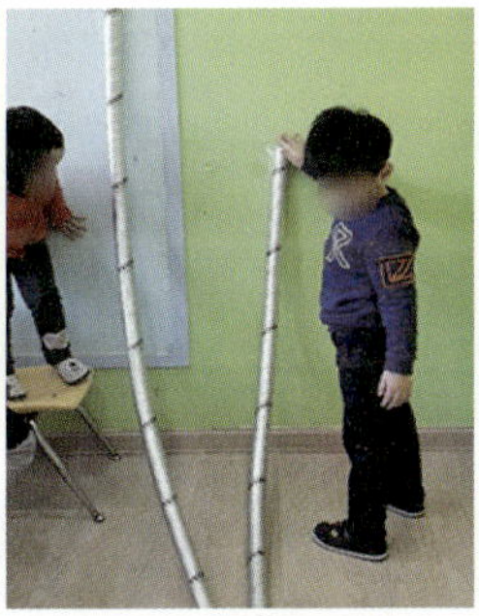

구슬길 만들어 볼까?

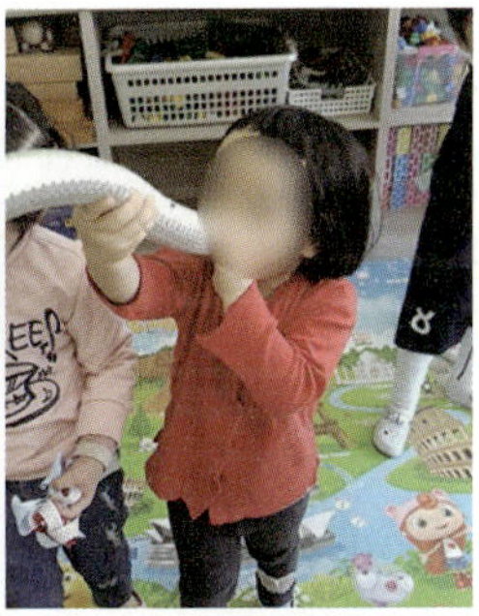

코끼리로 변신할까?

기차놀이 해 볼까?

줄넘기는 어때?

(6) 완충제의 색다른 용도

▸ 준비물: 완충제, 김장비닐, 모루, 다양한 미술재료

▸ 적용과정 및 흐름

① 완충제를 탐색해 본다.

② 완충제의 원래의 용도를 알아보고, 색다른 용도를 생각해 본다.

③ 아이디어를 직접 표현해 본다. 눈 모형으로 이용하는 것 외에 다양한 아이디어를 표현해 볼 수 있도록 격려한다.

▸ 창의적 사고를 위한 지원

보통 완충제를 눈으로 사용하는 경우가 많다. 이러한 아이디어에서 벗어나 다양한 활용을 생각해 볼 수 있도록 격려한다.

아이디어 예시

눈 놀이 해 볼까?

눈사람이 되었네.

목걸이로 만들 거야.

(7) 플라스틱 통의 색다른 용도

▸ 플라스틱 통, 미술재료

▸ 적용과정 및 흐름

① 재활용품에 모아둔 작은 플라스틱 통을 보고 연상되는 것들을 떠올려 본다.

② 떠오르는 이미지를 색다른 용도로 표현해 본다.

③ 아이디어를 서로 공유한다.

▸ 창의적 사고를 위한 지원

성인은 아동이 정형화된 사고를 하지 않도록, 어떠한 아이디어도 수용하려는 분위기와 태도를 유지하는 것이 중요하다.

아이디어 예시

이건 망원경이야.

이건 잠수함이야.

이건 정수기야.

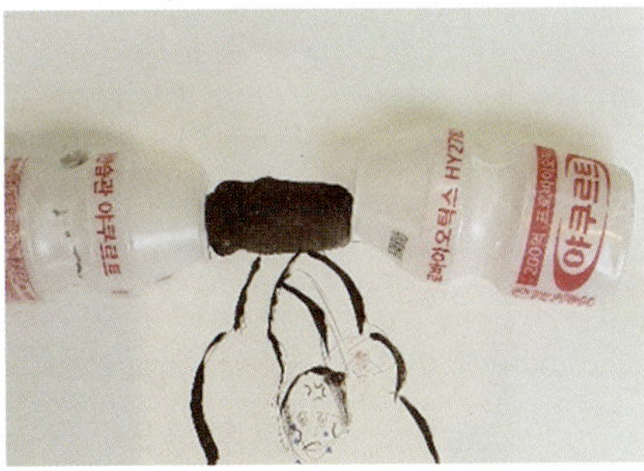

이건 무거운 역기라고.

색다른 용도법 해 보기 1

♣ 칫솔의 색다른 용도를 다방면으로 생각해 보세요. 어떻게 사용할 수 있을까요?

색다른 용도법 해 보기 2

♣ 옷걸이의 색다른 용도를 다방면으로 생각해 보세요. 어떻게 사용할 수 있을까요?

토의하기

♣ 색다른 용도법에 접근하기 쉬운 소재들을 주변에서 찾아보세요.

♣ 색다른 용도법에 접근하기 쉽도록 교실환경 또는 가정환경을 구성해 보려고 합니다. 어떤 환경을 지원해 줄 수 있을까요?

아이디어 내기를 도와주는 그림책 Tip

색다른 용도법으로 이야기를 전개하는 그림책들이 많다. 그중 몇 가지를 소개하고자 한다.

내 머리가 길게 자란다면

타카도노 호오코 글 · 그림(2003). 한림출판사.

머리가 짧은 단발머리 수진이는 머리를 기를 거라고 한다. 땋은 머리를 길게 늘어뜨려 물고기를 잡을 수 있을 만큼, 목장 울타리 밖에서 로프처럼 던지면 소를 잡을 수 있을 만큼, 김밥처럼 돌돌 말아 푹신한 이부자리를 만들 수 있을 만큼, 집안 모든 빨래를 나무에 묶어 말릴 수 있을 만큼, 강가에 누워 머리를 흔들면 냇물 다시마가 될 만큼… 긴 머리를 이용한 다양한 상상력이 펼쳐져 있다.

머리가 길게 자란다면 어떤 일을 하고 싶은지 재미있는 아이디어를 보여 주는 그림책이다. 머리카락이 길게 자란다면 무엇을 할 수 있을까? 가상적 상황에 대하여 풍부한 상상력을 토대로 색다른 용도를 떠올려 보자.

분홍보자기

윤보원 글 · 그림(2015). 창비.

할머니가 가지고 오신 분홍 보자기는 아이의 상상 속에서 마음먹은 대로 변신하는 훌륭한 놀잇감이 된다. 보자기로 무얼 하고 놀까? 분홍 보자기는 아이의 상상 속에서 꼬리, 드레스, 가방, 양탄자가 되기도 한다. 친숙한 소재로 일상 속에서 상상놀이를 즐기는 아이의 모습이 생기 있고 유머스럽게 표현되어 있다.

보자기를 이용하여 무엇을 할 수 있을까? 치마, 책보, 망토, 줄다리기, 텐트 대신 사용하기, 허리띠 등 보자기를 이용한 다양한 색다른 용도의 놀이들이 무궁무진하다. 직접 보자기를 이용하여 색다른 용도를 시도해 보자.

2. 이미지 연상법(Image association)

1) 기본 개념

이미지 연상법은 제시된 자극도형을 보고 떠오르는 이미지를 자유롭게 표출하도록 하는 방법이다. 토렌스(Torrance, 1966)의 창의성 검사인 TTCT(Torrance Test of Creative Thinking)나 전경원(2001)의 유아종합창의성검사, 전경원, 전경남(2008)의 초등도형창의성검사 등에서 자극도형을 이용하여 유아부터 학생 또는 성인까지 창의성을 측정하고 있다. 자극도형을 이용한 이미지 연상법은 아동이 창의적인 발상을 손쉽게 하도록 돕고, 연상되는 이미지에 아이디어를 계속하여 추가하도록 격려하게 된다. 아동에게 이미지 연상법을 진행할 경우, 초기 발상에서 자극을 받아 점점 확장된 아이디어를 산출하는 모습을 쉽게 볼 수 있다. 이미지 연상법에 사용되는 자극도형은 점, 선, 면으로 다양하게 제시될 수 있으며, 때로는 사물 자체가 자극도형이 되는 경우들도 있어서 특별한 제한은 없다.

2) 진행 과정

① 자극도형을 제시한다.
② 이를 보고 떠오르는 이미지를 연상한다.
③ 연상되는 것을 표현한다.
④ 제목을 붙이거나, 여러 장을 연결하여 책을 만들 수 있다.
⑤ 다른 사람에게 소개하고, 서로 공유할 수 있다.

3) 유의점

이미지 연상법은 다양한 자극도형을 손쉽게 제시할 수 있다는 점에서 생활 속 놀이로 접근하기에 활용도가 높은 기법이다. 여기서 자극도형의 제시 방법을 꼭 선으로 제시할 필요는 없으며, 주변의 다양한 재활용품을 사용하거나 생활용품을 활용하는 방법도 흥미롭다. 예를 들면 초록수세미를 세모 모양으로 잘라 제시하기, 휴지 속심을 잘라 타원 모양으로 제시하기 등과 같이 아동에게 흥미로운 방법으로 자극도형을 제시하도록 한다.

4) 이미지 연상법 예시

이미지 연상법의 예시에서는 그림책 중 자극도형을 이용하여 창의적인 이야기를 전개한 그림책 속에 나와 있는 자극도형을 활용한 예시를 소개하고자 한다. 예시로 제시한 것 외에도, 그림책 중 자극도형을 활용한 책들이 다수 있다.

(1) 큰일났다 상어다

- 준비물: 그림책, 자극도형, 미술재료들
- 적용과정 및 흐름

① 『큰일났다 상어다!(닉 샤라트 글·그림, 2007, 책그릇)』의 그림책 표지를 살펴본다. 그림책의 내용도 일부 보여 줄 수 있다.

② 자극도형을 보면서 연상되는 것들을 생각해 본다.

③ 자극도형을 이용하여 연상되는 이미지를 그림으로 표현해 본다.

④ 자신의 아이디어를 소개하거나 게시한다.

⑤ 이를 확장하여 이미지의 장면들을 연결하여 책 만들기를 할 수 있다.

▶ 창의적 사고를 위한 지원

그림책의 내용을 모두 보여 줄 경우 책의 내용과 비슷한 아이디어를 연상할 수 있으므로, 일부만 보여 주는 것이 바람직하다. 자극도형의 크기를 다양하게 제공하는 것이 풍부한 이미지를 연상하도록 자극한다.

아이디어 예시

산타 할아버지

마법사

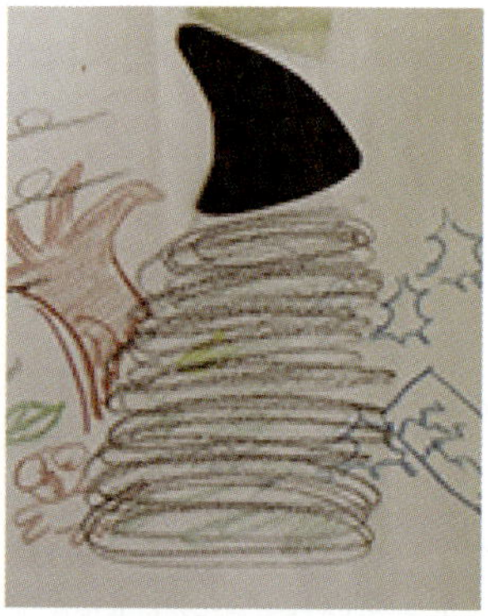
사라진 마녀

사자

피에로

꼬마 눈사람

(2) 문제가 생겼어요

▸ 준비물: 그림책, 자극도형, 클레이, 미술재료들, 포스트잇

▸ 적용과정 및 흐름

① 『문제가 생겼어요!(이보나 흐미엘레프스카 글·그림, 2010, 논장)』 그림책을 함께 본다.

② 자극도형을 보면서 이미지를 떠올린다.

③ 자신이 연상한 이미지를 클레이 등을 첨가하여 나타낸다.

④ 제목을 붙인다.

⑤ 다른 사람의 아이디어를 보면서 자신의 느낌을 포스트잇 등을 나타낼 수 있다.

▸ 창의적 사고를 위한 지원

타인의 아이디어를 살펴보면서 포스트잇 등을 이용하여 생각을 적을 경우, 평가하는 것이 아니라 타인을 격려하는 메시지를 담도록 한다.

아이디어 예시

한 아름의 꽃다발, 성큼 다가온 봄

커다란 무

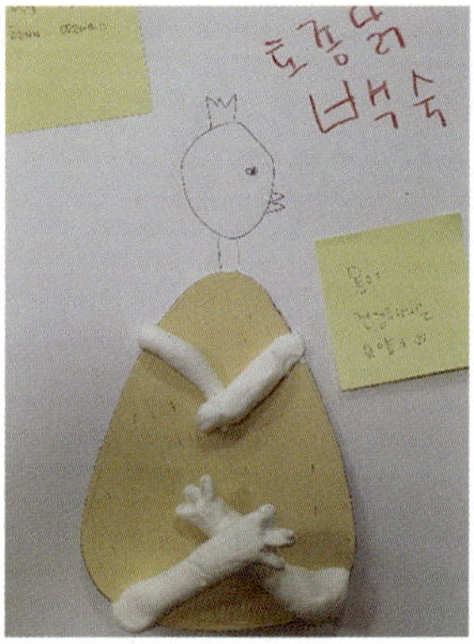

토종닭 백숙

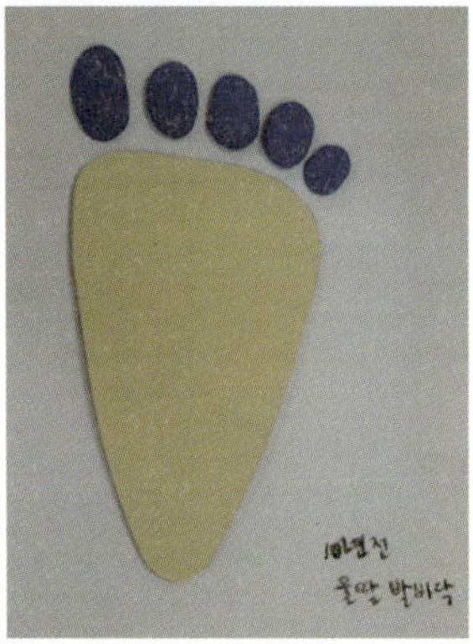

10년 전 발바닥

울라프

멀리 로켓을 타고

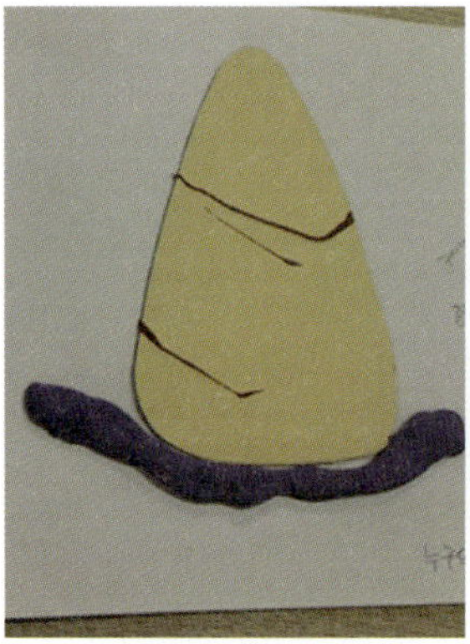

누구의 알일까?

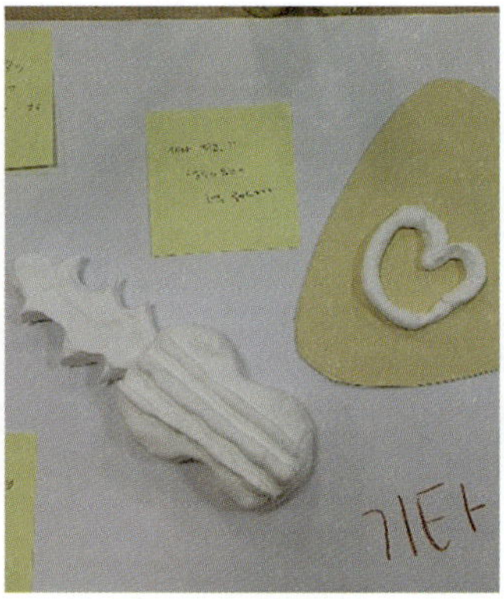

기타 & 피크

너는 누구니?

(3) 너는 누구니

- 준비물: 그림책, 다양한 야채들, 도화지, 주변 사물들
- 적용과정 및 흐름

① 『너는 누구니?(안체 담 글·그림, 2008, 보림)』 그림책을 살펴본다.

② 그림책에 나온 사물로 구성된 이미지를 보면서, 연상되는 것을 이야기한다. 이때 답을 맞히는 것이 아니라 연상되는 것들을 자유롭게 이야기하도

록 격려한다.

③ 야채 및 사물을 이용하여 연상되는 이미지를 표현해 본다.

④ 내가 표현한 이미지와 어울리게 주변(또는 배경)을 확장하여 나타낸다.

▶ 창의적 사고를 위한 지원

다양한 종류의 야채와 사물들이 준비되면 더욱 좋다. 때로는 자신이 가지고 있는 사물이나, 주변의 재활용품을 이용하여 아이디어를 떠올려 보는 경험도 흥미롭다.

아이디어의 예시

나는 꽃게

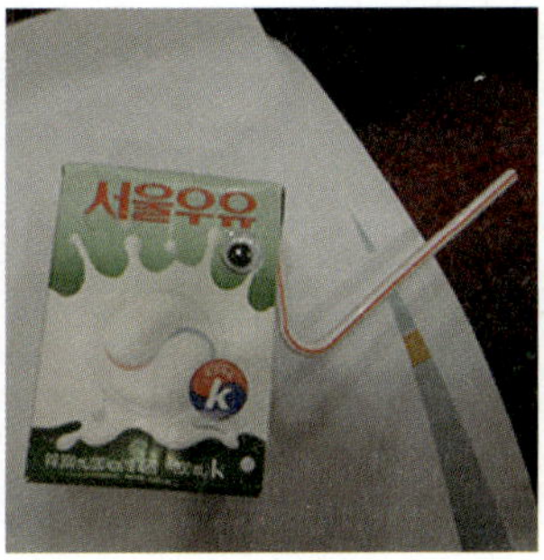

나는 코끼리

나는 잠자리

(4) 손바닥 동물원

▶ 준비물: 그림책, 손바닥 모양, 클레이

▶ 적용과정 및 흐름

① 클레이를 이용하여 손바닥 모양을 만든다.

② 『손바닥 동물원(한태희 글·그림, 2002, 예림당)』 그림책을 보고, 만들고 싶은 이미지를 떠올린다.

③ 클레이로 만들기가 어렵다면, 색종이로 손바닥 모양을 오려서 이를 활용하여 연상되는 이미지를 나타내

볼 수 있다.

④ 나타낸 아이디어를 게시하거나 발표하는 기회를 갖는다.

▶ 창의적 사고를 위한 지원

손바닥 모양을 색종이로 오릴 경우에는, 손가락을 꼭 펼치는 모양이 아니라 다양한 형태로 모양을 오릴 수 있다. 이런 경우 더 창의적인 아이디어가 발휘될 수 있다.

아이디어 예시

타조는 어때?

사자는 어때?

(5) 내 주머니를 들춰 봐

▶ 준비물: 그림책, 자극도형 종이, 미술재료들

▶ 적용과정 및 흐름

① 『주머니 속에 뭐가 있을까(이보나 흐미엘레프스카 글·그림, 2015, 사계절)』 그림책을 살펴본다.

② 자극도형을 보고 떠오르는 이미지를 자유롭게 그려 보도록 한다.

③ 자신이 표현한 그림을 연결하여 하나의 스토리를 만든다.

④ 그림책으로 만들어 타인에게 들려주는 기회를 갖는다.

▸ 창의적 사고를 위한 지원

자극도형을 이용하여 그림을 표현하는 과정에서 다양한 연상하기가 가능하다. 이를 연결하여 이야기를 만들 때, 자신이 연상한 그림을 모두 이야기 속에 넣지 않아도 된다.

아이디어 예시

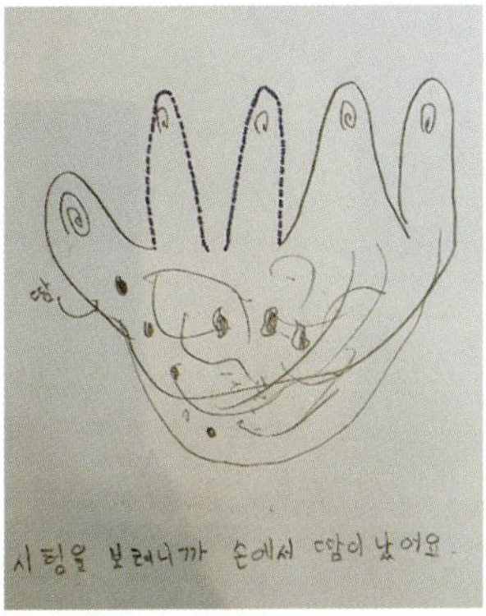

시험을 보려니까 손에서 땀이 났어요.

그런데, 너무 시험이 어려워요!

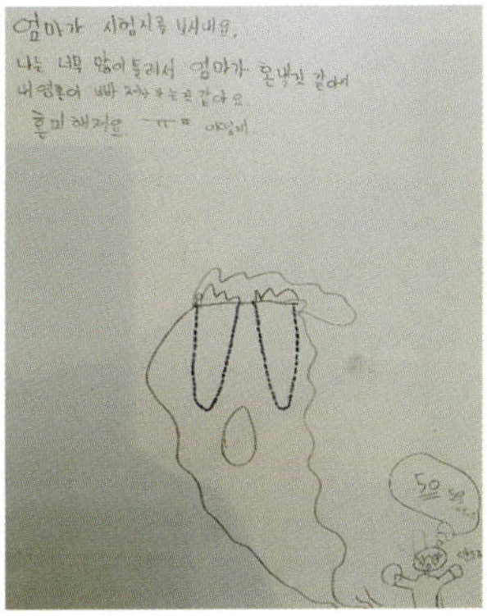

집에 도착하니…엄마가 시험지를 보시네요. 나는 너무 많이 틀려서 엄마가 혼낼 것 같아서 내 영혼이 빠져나가는것 같아요. 혼미해져요. 어떡해ㅠㅠ.

시험이 끝나고 시험 결과를 보았어요. 50점이에요.
이 시험지는 꼭… 상어가 먹었으면 좋겠어요. ㅠㅠ

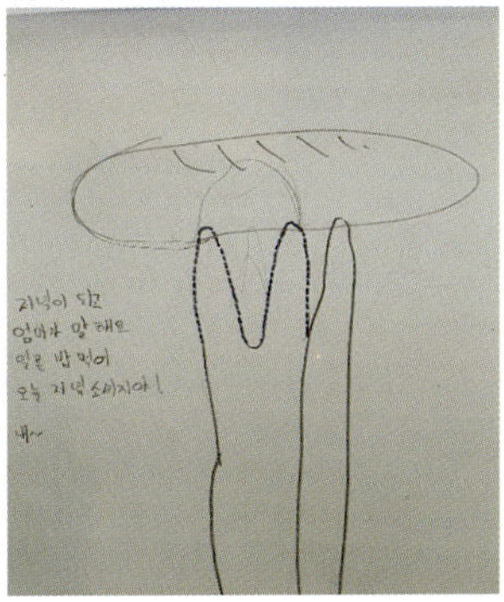

저녁이 되고 엄마가 말해요. 얼른 밥 먹어. 오늘 저녁 소시지야! 네~

엄마가 보시고 소리쳐요. 왜 50점이야!
나는 슬펐어요. 다음에는 잘 봐.

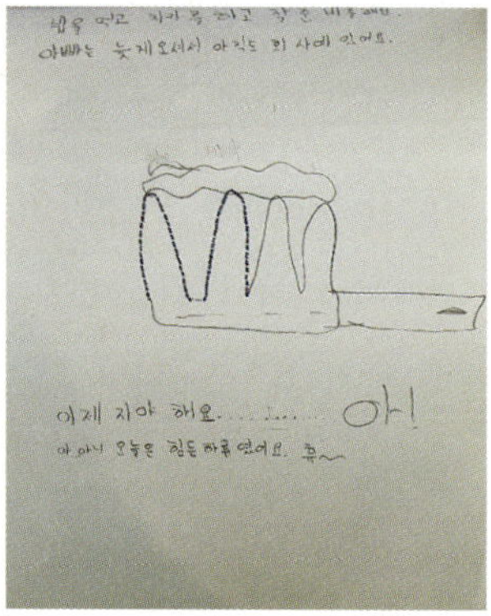

밥을 먹고 치카치카를 하고 잘 준비를 해요. 아빠는 늦게 오셔서 아직도 회사에 있어요. 이제 자야 해요…아! 오늘은 힘든 하루였어요. 휴~

(6) 네 개의 그릇

- 준비물: 그림책, 자극도형, 전지, 미술재료들
- 적용과정 및 흐름

  ① 『네 개의 그릇(이보나 흐미엘레프스카 글·그림, 2013, 논장)』 그림책을 살펴본다.

  ② 네 개의 그릇에 나오는 자극 도형을 제공한다.

  ③ 어떤 아이디어가 연상되는지 떠올려 본다.

  ④ 아이디어를 구체적으로 표현한다.

  ⑤ 자신의 표현을 타인과 공유한다.
- 창의적 사고를 위한 지원

상자나 재활용품 용지 등을 활용하여 자극도형을 제시한다면 더욱 흥미롭게 진행된다. 소집단을 지어 협력하여 나타내는 경험을 갖는다면 더욱 유익하다.

아이디어 예시

– 아동 개인 활동의 예이다.

오늘은 날씨가 덥고
미세먼지도 많네요.

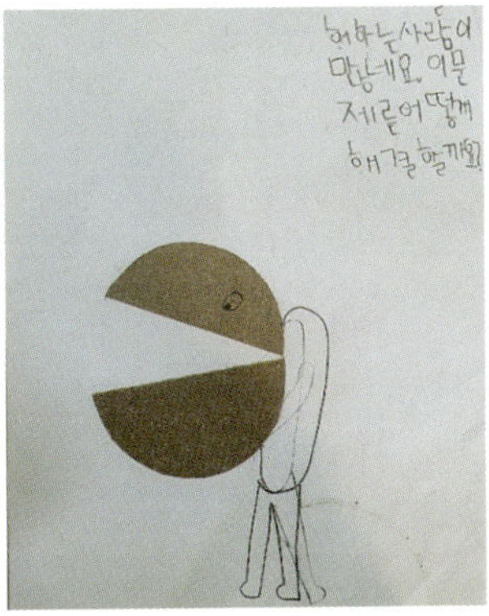

그래서 불편해하는 사람이 많네요.
이 문제를 어떻게 해결할까요?

바로 선풍기도 되고 공기청정기도
되는 선청기를 이용하는 거에요!

덥고 더운 날씨도 막아 주고!

미세먼지와 황사를 막아 주는

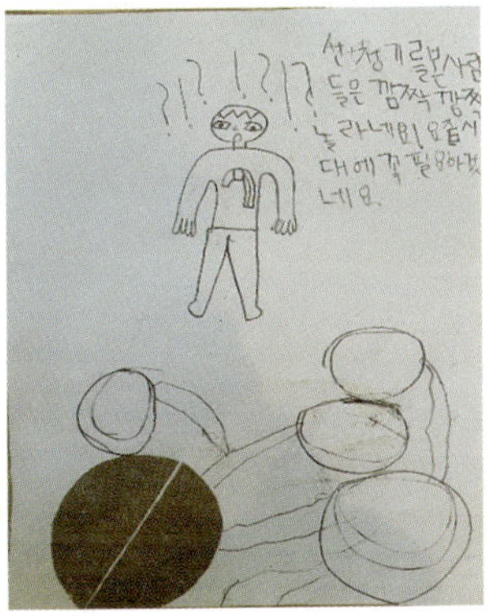

선청기를 본 사람들은 깜짝깜짝 놀라네요! 요즘 시대에 꼭 필요하겠네요.

- 성인 집단 활동의 예이다.

소집단별로 어떻게 나타낼 것인지 토의한다.

협력하여 아이디어를 표현한다.

(7) 상상해서 그려요

- 준비물: 전지 또는 긴 종이, 책에 나온 자극도형, 전지, 미술재료들
- 적용과정 및 흐름

① 『상상해서 그려요(안느 엠스테주, 2012, 아름다운 사람들)』 그림책을 살펴본다.

② 책에 나온 자극도형을 복사 또는 확대하여 준비한다.

③ 자극도형을 오린다.

④ 이를 붙이고, 연상되는 것을 표현한다.

⑤ 협력하여 작업할 경우 다른 사람이 표현한 것과 조화롭게 나타낼 수 있도록 격려한다.

▶ 창의적인 사고를 위한 지원

활동을 통한 교육목표나, 활동에서 성인이 관찰하고자 하는 초점에 따라 다르게 진행할 수 있다. 만약 타인과의 관계에서 아동이 어떻게 참여하는지를 관찰한다면 각자 자율적으로 작업하도록 하면서 관찰한다. 반면 협동하는 과정을 경험하는 데 초점이 있다면, 어떤 주제로 나타낼 것인지 미리 토의하는 과정이 필요하다.

아이디어 예시

책에 나온 자극도형을 오리고

붙여서 연상되는 모양으로

표현해 본다.

(7) 세상을 움직인 동그라미

▶ 준비물: 동그라미, 전지, 미술재료들, 그림책

▶ 적용과정 및 흐름

① 『세상을 움직인 동그라미(최연숙 글·정현지 그림, 2015, 창비)』 그림책을 살펴본다.

② 다양한 크기의 동그라미를 제공한다.

③ 여러 개의 동그라미로 연상되는 이미지를 나타내 본다.

④ 서로 표현한 것들을 살펴보면서 아이디어를 추가할 수 있도록 격려한다.

▶ 창의적인 사고를 위한 지원

자극도형의 크기를 다양하게 제시한다면, 더욱 다양한 이미지 연상하기를 자극할 수 있다.

아이디어 예시

'여기 주변에 어떤 것을 표현하면 좋을까?'

'미키 마우스가 생각나네.'

'사람 옆에 같이 표현하면 좋은 것은….'

이미지 연상법 해 보기 1

♣ 아래의 이미지를 보고 좌우 또는 거꾸로 돌려 보세요. 무엇이 연상되나요? 연상되는 이미지를 완성해 보고 제목을 적어 주세요.

제목: ________________

이미지 연상법 해 보기 2

♣ 아래의 이미지를 보고 좌, 우, 또는 거꾸로 돌려 보세요. 무엇이 연상되나요? 연상되는 이미지를 완성해 보고 제목을 적어 주세요.

제목: ____________________

토의하기

♣ 제시된 자극도형을 보고, 떠오르는 이미지를 연상하여 창의성을 측정하는 창의성 검사도구를 조사해 보세요.

아이디어 내기를 도와주는 그림책 Tip

도형이나 그 일부분, 또는 불특정한 선이나 모양을 이용하여 연상되는 이미지를 그림책에 담아 흥미로운 이야기로 만든 책들을 찾아볼 수 있다. 제시된 자극 도형들을 보면서, 재미있는 아이디어를 더욱 풍부하게 연상하는 데 큰 도움을 제공하는 이미지 연상법을 돕는 그림책들이다.

모양들의 여행

크라우디아 루에다 글 · 그림(2009). 담푸스.

부채꼴을 가진 아이는 이가 빠진 동그라미 뒤에 붙여서 물고기를 만들고, 이 물고기는 바다를 헤엄치다 선원에 잡혀 풍선이 되고, 날아가던 풍선은 새에게 작은 부채꼴을 뺏겨 다시 바다로 떨어지며, 바다에 떠다니던 빨간 동그라미는 아이들에게 다시 와 기구가 된다. 그리고는 아이들을 태우고 하늘 높이 날아간다. 빨간색의 부채꼴과 파란색의 네모, 오렌지색의 세모 등 다양한 색과 모양으로 무한한 상상력을 제공하는 글 없는 그림책이다.

모양을 이용한 다양한 이미지 연상하기를 격려하는 그림책이다. 다양한 모양을 이용하여 연상되는 것들을 떠올려 보면서, 상상력을 한껏 발휘할 수 있게 된다.

생각연필

이보나 흐미엘레프스카 글 · 그림(2011). 논장.

모든 일의 중요한 실마리가 되는 '좋은 생각'은 어디에서 오는 걸까? 작가의 창작에 대한 고민과 경험이 그대로 담긴 그림책으로, 좋은 생각을 떠올리기 위하여 상상하고, 창의적인 발상을 하기 위해 몰입하는 과정이 고스란히 표현되어 있다.

연필모양을 이용하여 펼쳐지는 이야기는 보는 사람의 창의적 아이디어를 자극하기에 충분하다. 색종이를 이용하여 그림책 속에 나오는 도형 모양을 오려서 이미지를 보고 떠오르는 자신만의 아이디어로 이야기를 만들어 보거나, 집단별로 아이디어를 협력하여 나타내 보고 이를 이용하여 이야기를 만들어 봐도 재미있다.

학교 가는 길

이보나 흐미엘레프스카 글 · 그림(2011). 논장.

페이지마다 발자국을 이용하여 표현된 기발한 아이디어가 눈길을 사로잡는다. 한 발짝 한 발짝 발자국을 따라 움직이다 보면 세상을 향해 나아가는 아이들의 마음이 읽히는 듯하다. 학교 가는 길이라는 아이들의 평범한 일상을 작가만의 독특한 아이디어로 나타내어 풍부한 상상력을 불러일으킨다.

발자국이라는 동일한 모양의 도형을 이용하여, 생각하지 못했던 그림으로 표현한 책 속 아이디어들은 창의적인 상상력을 이끌어 주는 충분한 자극이 된다.

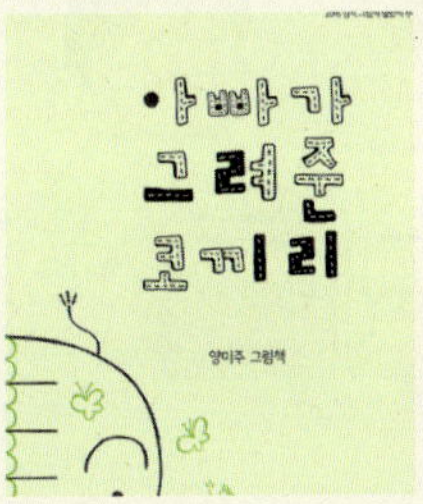

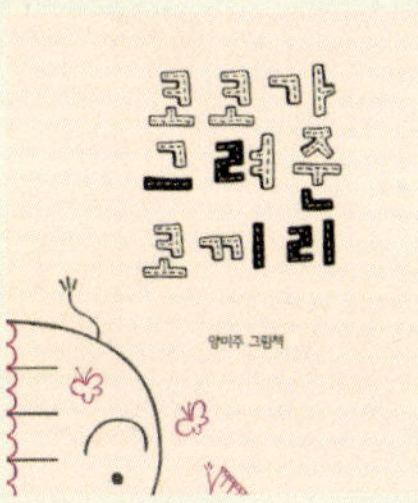

아빠가 그려준 코끼리

양미주 글 · 그림(2017). 북극곰.

두 그림책에서는 선을 이용하여 코끼리를 그리는 과정이 나와 있다. 아빠와 아이가 문답 형태로 진행되면서 코끼리가 완성된다.

둥글게 제시된 선을 이용하여 코끼리 외에도 아주 많은 이미지들이 자연스럽게 연상된다. 제시된 주요 선들을 보고 다양한 그림을 만들어 볼 수 있다. 코끼리가 완성되기 전의 부분 부분의 선을 이용하여 떠오르는 이미지를 연상해 본다면, 재미있는 아이디어를 표현하고자 하는 충분한 동기를 제공하게 될 것이다.

CHAPTER 07

생각의 전환을 돕는 기법들

1. 강제결합법(Forced Relationships)

1) 기본 개념

강제결합법은 화이팅(Whiting, 1974)이 창안한 방법으로, 관계가 없는 사물이나 아이디어를 인위적으로 관계를 맺어 보도록 하는 방법이다. 새로운 아이디어를 얻기 위해서는 사고의 영역을 보다 넓히는 것이 중요하나, 사람들이 아이디어를 찾는 범주는 주어진 문제와 그 상황을 기초로 하여 이루어지므로 의외의 사고를 이끌어 내는 것은 쉽지 않다(주상윤, 2012). 강제결합법은 유사한 아이디어들이 연속되거나, 더 이상 새로운 아이디어가 산출되지 않을 때 강제결합법을 유용하게 적용할 수 있으며, 새로운 아이디어나 독창적인 아이디어를 산출하는 데 촉진제의 역할을 제공한다(박인영, 2018).

2) 진행 과정

① 강제결합법에 이용할 목록을 선택한다.

② 문제 해결의 경우

②-1. 문제를 제시한다.

②-2. 선택한 목록으로 문제해결을 위한 아이디어를 산출한다.

③ 선택한 목록을 서로 결합할 경우

③-1. 선택한 목록을 결합하여 변형할 새로운 아이디어를 고안한다.

③-2. 이를 직접 만들어 보거나 표현해 본다.

④ 산출된 아이디어들을 공유하는 경험을 갖는다.

3) 유의점

강제결합법은 계속하여 비슷한 아이디어가 산출될 때, 새로운 아이디어나 기존과 다른 방향의 아이디어가 필요할 때 강제결합법을 접목하여 사용하면 효과적이다. 처음부터 너무 문제와 동떨어진 목록을 제시하게 되면 아동이 흥미를 잃거나 어렵게 생각할 수 있으므로, 강제결합법 초기에는 연관성을 찾을 수 있는 목록을 제시하도록 하고, 익숙해졌다면 전혀 연관성 없는 목록들을 활용하여 창의적인 아이디어를 산출할 수 있도록 격려한다.

4) 강제결합법의 예시

강제결합법은 여러 대상의 이름이나 그림들을 기록한 메모지를 박스에 모아 넣고 그중 하나를 임의로 선택하는 임의의 강제결합법부터, 목록을 정하여 그 목록을 제시된 문제와 연결시키는 목록표 작성법까지 다양하다. 그뿐만 아니라 주사위의 각 면에 서로 다른 그림을 부착하여 2개의 주사위를 던져서 이를 이용하는 주사위 강제결합법, 다트판을 이용하여 무작위로 사물을 선택하여 아이디어를 산출해 보는 다트 강제결합법 등 흥미롭게 변형할 수 있는 방법들이 무궁무진하다. 강제결합법은 사물을 변형하는 것에 적용되는 것뿐만 아니라 서로 다른 장면을 연결하여 하나의 이야기를 만들어 보는 릴레이 형태로 변형하거나, 서로 연관성 없는 재료들을 이용하여 음식을 만들어 보는 강제결합 요리하기 등 창의적인 변형이 가능한 기법이다. 강제결합법의 예시에서는 다양한 변형법들에 대하여 소개해 보고자 한다.

(1) 임의의 강제결합법

임의의 강제결합법은 무작위로 넣어둔 단어나 그림 카드를 상자에서 임의적으로 꺼내서 강제결합해 보는 방법이다.

- 준비물: 카드가 담긴 임의의 강제결합 상자
- 적용과정 및 흐름

① 다양한 그림이나 단어를 넣어 두는 상자를 마련한다.

② 상자에서 카드를 꺼낸다.

③ 문제 진술 없이 단순하게 카드만 꺼냈다면 꺼낸 A, B 카드의 공통점을 찾아보거나 연결하여 문장 만들기를 할 수 있다.

예 '사과'와 '소화기'의 공통점: 빨갛다, 손으로 잡을 수 있다, 오래되면 사용하지 못한다 등

예 '사과'와 '소화기'로 문장 만들기: 사과를 먹고 있는데, 갑자기 불이 나서 옆에 있던 소화기를 사용했다 등

④ 문제 진술이 있는 경우라면 문제를 알려 주고, 꺼낸 카드와 문제를 연결하여 해결책을 모색해 본다.

예 문제: 동생이 계속 울어요. 어떻게 동생을 달랠 수 있을까요?
해결책: '사과' – 사과를 먹자고 하며 달랜다.

'소화기' – 소방 사이렌 소리를 들려주면서 관심을 다른 곳으로 돌려 울음을 멈추게 한다 등

▶ 창의적 사고를 위한 지원

진행 초기라면 상자의 카드는 서로 연관성이 있는 것이 용이하다. 어느 정도 기법의 적용에 익숙해진 단계라면 서로 연관성 없는 카드를 제시하는 것이 창의적인 아이디어를 더욱 독려하게 된다.

아이디어 예시

임의의 강제결합 상자

카드를 꺼낸다.

꺼낸 카드의 공통점 찾기, 꺼낸 카드를 연결하여 문장 만들기 등을 할 수 있다.
문제 진술이 있는 경우, 문제와 연결시켜 해결책을 모색한다.

(2) 카탈로그 기법

카탈로그 기법은 카탈로그에 서로 연관성이 없는 그림이나 단어들을 나열해 두고, 제시된 문제 해결을 위해 이 카탈로그를 이용하는 방법이다.

▶ 준비물: 카탈로그

▶ 적용과정 및 흐름

① 다양한 그림이나 단어가 있는 카탈로그를 제시한다. 서로 연관성이 없는 것들이 좋다.

② 카탈로그에서 그림이나 단어를 선택한다. 이때 아동의 흥미를 위하여 그림이나 단어를 가려 둔다. 만약 색으로 가려 두었다면 아동은 그림을 보지 않고 색을 선택한다.

③ 문제를 제시하고, 카탈로그에서 선택한 그림이나 단어를 문제와 연결하여 해결책을 모색한다.

▶ 창의적 사고를 위한 지원

카탈로그의 그림이나 단어를 필요에 따라 바꿀 수 있도록 제작한다면 더욱 좋다.

아이디어 예시

카탈로그의 예

흥미 유발을 위하여 카탈로그 그림이나 단어를 가려 둔다.

카탈로그에서 선택한 목록	문제: 소리를 지르는 친구가 있어요. 어떻게 하면 좋을까요?
악기	예쁘게 말하는 목소리가 악기 소리 같다며 칭찬한다.
사탕	소리를 지르지 않고 있을 때, 멋지다며 사탕을 선물한다.
오리	오리가 꽥꽥거리는 소리를 들려주며 다른 사람의 기분을 알게 한다.

선택한 목록을 문제와 연결하여 해결책을 산출한다.

(3) 목록표 작성법

목록표 작성법은 목록을 임의로 선정하여, 제시된 문제와 연결하여 해결책을 모색하는 방법이다.

- 준비물: 목록을 만들 포스트잇 또는 미리 준비된 목록, 목록표
- 적용과정 및 흐름
  ① 목록을 제시한다. 이 경우 아동이 포스트잇 등을 이용하여 무작위로 단어를 적어 직접 목록 카드를 만들게 되면 더욱 흥미롭다.
  ② 해결할 문제를 제시한다.
  ③ 목록과 연결하여 문제 해결에 관한 아이디어를 산출한다.
- 창의적 사고를 위한 지원

참여자인 아동이 목록을 직접 만들었을 때 더 적극성을 갖게 된다. 목록을 만들 때 꼭 포스트잇에 적거나 그려야 하는 것은 아니다. 주변에 다양한 교구나 실물이 있다면 이를 이용하여 목록을 만들 경우 더욱 흥미롭다. 해결해야 할 문제는 목록을 만든 이후에 제시하는 것이 중요하다.

아이디어 예시

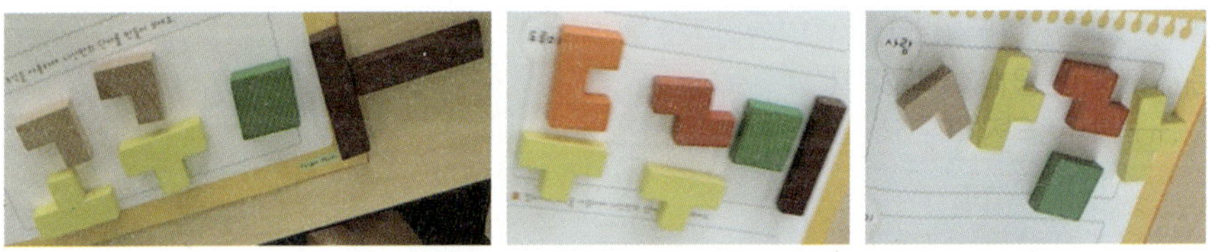

교구를 이용하여 목록을 만든 예

목록을 직접 만들어 본다.

목록이 여러 가지라면 목록을 선택할 수 있다.

목록	문제: 자꾸 약속 시간을 지키지 않는 친구가 있어요. 어떻게 하면 좋을까요?
저금통	약속을 지키지 않을 경우 벌금을 내게 한다.
신발	잘 맞는 신발을 신고, 빨리 걷는 연습을 시킨다.
종	시간에 맞출 수 있도록 미리 벨을 울려 준다.

목록과 문제를 연결하여 해결책을 산출한다.

(4) 주사위 강제결합법

각각 다른 그림이 그려져 있는 주사위를 던져서 문제해결을 위한 아이디어로 사용하거나, 새로운 물건으로 결합 또는 변형할 때 사용하는 방법이다.

▸ 준비물: 각 면에 다른 그림이나 단어가 적힌 주사위 2개

▸ 적용과정 및 흐름

- 문제해결을 할 경우
  ① 해결할 문제를 제시한다.
  ② 주사위를 던진다.
  ③ 주사위에 나온 그림이나 단어를 이용하여 문제를 해결한다. 주사위 면의 그림이나 단어를 필요에 따라 바꿀 수 있는 형태가 좋다.
- 새로운 물건으로 결합하거나 변형할 경우
  ① 주사위를 던진다.
  ② 주사위 면에 나온 2개의 사물을 결합하는 아이디어를 낸다.
  ③ 이를 그림으로 표현하거나, 직접 만들어 본다.

▸ 창의적 사고를 위한 지원

연령에 따라 주사위의 크기를 다양하게 제시하는 것이 좋다. 연령이 어릴 수록 크기가 큰 주사위를 사용하는 것이 효과적이다. 또 주사위의 양을 2개로 제한할 필요는 없다. 처음에는 1개를 사용할 수도 있으며, 경우에 따라서는 각자 주사위를 가지고 이용하는 방법도 있다.

아이디어 예시

- 문제 해결을 할 경우

주사위를 던진다.

나온 사물을 이용하여 문제를 해결한다.

- 새로운 물건으로 결합하거나 변형할 경우

주사위를 던진다.

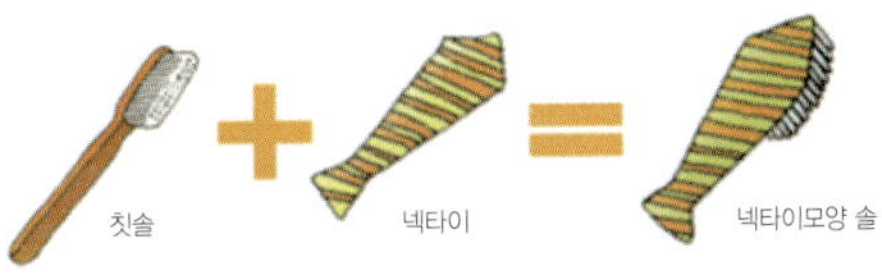

두 개를 결합하는 아이디어를 낸다.

출처: 꼬망세편집부(2002).

(5) 보물찾기 강제결합법

보물찾기라는 상황을 응용하여 흥미롭게 강제결합법을 진행해 보는 방법이다.

- 준비물: 보물찾기를 위한 카드(또는 용지), 다양한 미술재료
- 적용과정 및 흐름

① 보물찾기를 위하여 카드(그림이나 글이 적혀진)를 일정 장소에 숨긴다.

② 보물찾기를 한다.

③ 문제를 제시하고, 자신이 찾은 보물 카드의 단어나 그림을 문제와 연결하

여 해결한다.

④ 사물을 강제결합할 경우에는 참여자가 2인 1조로 협력하여 서로가 찾은 보물 카드의 사물을 강제결합된 아이디어로 표현한다.

▶ 창의적 사고를 위한 지원

교실 상황에서 진행되는 '주제'가 있다면, 이 주제와 관련된 것들을 보물 카드로 숨길 수 있다. 예를 들면 '탈것'에 대한 주제가 진행 중이라면 탈것에 대한 그림을 보물 카드로 숨기고, 이를 찾아서 2인 1조로 협력하여 새로운 탈것을 구상해 보는 방법이다.

아이디어 예시

찾은 단어나 그림을 이용하여 2인 1조를 만든다.

강아지 + 마스크 = 강아지 마스크
서로 결합된 아이디어를 표현한다.

(6) 다트 강제결합법

다트 놀이를 응용하여 강제결합법을 변형하여 진행해 보는 방법이다.

▶ 준비물: 다트판, 다트핀, 그림 카드나 단어 카드들, 다양한 미술재료들

▶ 적용과정 및 흐름

① 다트판에 단어나 그림을 제시한다. 가급적이면 단어나 그림을 교체할 수 있는 형태가 좋다.

② 다트 공(또는 핀)을 던져서, 단어나 그림을 선택한다.

③ 문제를 제시하고, 자신이 선택한 카드의 단어나 그림을 문제와 연결하여 해결한다.

④ 또는 참여자가 2인 1조가 되어 선택한 사물을 결합하는 아이디어를 내고, 이를 협력하여 표현해 본다.

▶ 창의적 사고를 위한 지원

다트를 이용하는 방법 외에 보드게임 형태를 응용할 수도 있고, 제기뽑기 형태를 응용할 수도 있으며 놀이로 즐길 수 있는 다양한 형태로 변형이 가능하다. 성인의 창의성을 발휘하여 적용하는 대상에 적합하게 변형법을 시도해 보는 것이 필요하다.

아이디어 예시

- 다트 형태와 돌림판 형태의 예이다.

공을 던지는 형태의 다트판 예

선택한 사물을 결합한 아이디어를 낸다: 오리 + 배 = 오리배

(7) 비밀 주머니 강제결합법

아동은 종종 아이디어가 떠오르지 않는 상황을 접하게 된다. 이런 경우 '통과'[1)]를 이야기하거나 '아이디어 기부상자[2)]'를 통하여 도움을 받을 수 있지만, 간혹 비밀 주머니 강제결합법을 이용하여 아이디어가 떠오르도록 자극을 받을 수 있다.

- 준비물: 비밀 주머니, 그림 카드들
- 적용과정 및 흐름
  ① 아이디어가 고갈되었을 때 비밀 주머니를 제시한다.
  ② 성인은 미리 제시된 문제와 쉽게 연결하여 해결할 수 있는 그림 카드를 준비해 둔다.
  ③ 아이디어가 고갈된 아동에게 비밀 주머니에서 카드를 뽑게 하여 아이디어를 얻을 수 있도록 돕는다.
  ④ 아동은 뽑은 그림 카드와 연결하여 문제를 해결한다.
- 창의적 사고를 위한 지원
  창의적 사고기법을 활용하여 아동이 아이디어를 자유롭게 발상하도록 돕지만, 이러한 과정에서 참여가 어려운 경우에 어떻게 부드럽게 대처할 것인지에 대한 보완책을 준비하는 성인의 노력과 배려가 필요하다.

아이디어 예시

- 카메라 비밀 주머니 예이다.

카메라 비밀 주머니

미리 그림 카드를 준비하여 넣는다.

아이디어가 떠오르지 않을 때 그림 카드를 이용하여 아이디어를 산출한다.

1) 통과란 아이디어가 떠오르지 않을 경우 '통과'라고 말하도록 하는 방법이다.
2) 아이디어 기부상자란 아이디어가 많은 참여자가 아이디어 기부상자에 자신의 아이디어를 나눠 다른 참여자를 위해 기부하기 위해 만들어진 상자이다(박인영, 2018; 박인영, 송승민, 전경원, 2019).

– 몬스터 비밀 주머니 예이다.

몬스터 비밀 주머니

미리 그림 카드를 준비하여 넣어둔다.

아이디어가 떠오르지 않을 때 그림 카드를 이용하여 아이디어를 산출한다.

(8) 이야기 강제결합법

이야기 강제결합법은 서로 다른 인물이 등장하여 이야기를 릴레이 형태로 펼쳐 보는 방법이다. 다양한 형태로 이야기 강제결합법의 진행이 가능하나, 여기서는 OHP를 이용하여 그림자 인형극 형태로 이야기 강제결합법을 진행한 예시를 소개하고자 한다.

▸ 준비물: OHP, TP용지, 다양한 미술재료

▸ 적용과정 및 흐름

① OHP 용지를 이용하여 자신이 만들고 싶은 등장인물을 만든다. 어떤 등장인물을 만들 것인지 사전에 의논하지 않아도 된다.

② 이야기 강제결합을 진행할 순서를 정한다.

③ 차례대로 인물이 등장하면서 앞 사람과 이어지는 이야기를 릴레이 형태로 짓는다.

④ 하나의 이야기를 완성하여 제목을 지어 본다.

▸ 창의적 사고를 위한 지원

이야기 강제결합법의 경우 아동이 이야기를 말하는 순서만 달리하면, 또다시 전혀 새로운 이야기로 창작되는 흥미로운 점이 있다. 참여자들의 순서에 따라 계속적으로 새로운 이야기를 만드는 과정에서 적극적인 참여가 이루어진다.

아이디어 예시

- OHP를 이용한 예시

등장인물을 자유롭게 만들어 순서를 정한 후, OHP를 이용하여 이야기 릴레이를 하면서 강결합 형태로 스토리를 펼쳐 간다.

- 샌드아트 테이블을 이용한 예이다.

샌드아트용 라이트 테이블이 있다면, 이를 이용하여 순서를 정해 스토리를 추가하면서 강제결합 형태로 이야기를 만들어 간다.

(9) 광고 강제결합법

광고 강제결합법에서 광고할 사물은 아동에게 익숙한 물건도 좋고, 익숙하지 않은 물건도 상관없다. 광고하고 싶은 물건을 선택한 후, 임의로 제시되는 카드의 내용을 활용하여 그 물건을 광고해 보는 방법이다.

▶ 준비물: 다양한 카드, 광고할 물건

▶ 적용과정 및 흐름

① 광고할 사물이나 물건을 준비한다. 실물이라면 더욱 흥미롭다.

② 여러 명이 함께 한다면 광고를 진행할 순서를 정한다.

③ 선택한 사물에 대하여 광고를 시작한다.

④ 나머지 참여자들은 순차적으로 광고와 상관없는 카드를 중간중간 제시한다.

⑤ 광고를 진행하는 아동은 제시되는 카드를 이용하여, 강제적인 연결을 통하여 광고를 한다. 이때 전혀 연관성이 없는 단어나 그림을 제시하여, 그 사물을 광고하도록 할 경우 창의적인 사고가 더 발현된다.

▶창의적 사고를 위한 지원

사물을 광고하는 것에만 적용하기보다는, 교실상황에서 아동이 자신의 작품을 만들어 소개하는 경우가 많이 있다. 이 경우 '광고 강제결합법'을 응용하여 자신의 작품을 창의적인 방법으로 소개해 보는 경험을 갖도록 한다면 유익하다.

아이디어 예시

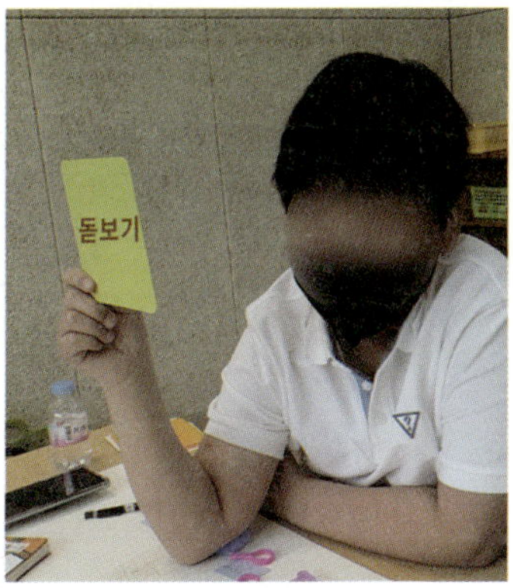

딸기, 돋보기를 이용하여 광고 강제결합을 한다면?

침대를 이용하여 광고 강제결합을 한다면?

 출처: 유가은(2015).	이 점자 스마트 필름은 시각장애인을 위한 발명품으로
광고할 사물을 선택한다.	선택한 사물의 광고를 시작한다.
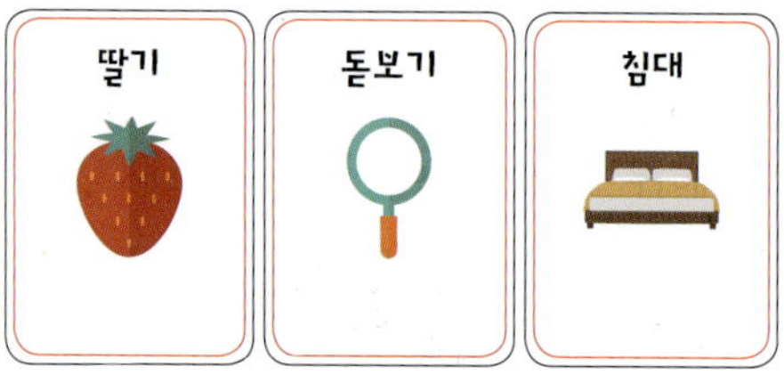 	'딸기'처럼 오돌토돌 느낌이 있어 문자를 보내기 쉽습니다. 마치 '돋보기'처럼 자세한 느낌이 느껴집니다. '침대'에 누워서도 점자가 있어서 편하게 문자를 할 수 있습니다.
참여자들은 연관성 없는 카드를 제시한다.	광고하는 아동은 제시된 카드를 이용해 강제결 합하여 광고를 이어 간다.

(10) 요리 강제결합법

강제결합법을 응용하여 요리해 보는 방법이다. 요리의 재료를 레시피에 따라 선택하는 것이 아니라, 준비된 재료 중에서 무작위로 재료를 선택하여 소집단별로 새로운 레시피를 만들어 요리해 보는 방법이다.

▶ 준비물: 다양한 요리 재료와 요리 도구들

▶ 적용과정 및 흐름

① 요리 재료가 적힌 카드를 비밀 상자에 넣는다. 예를 들면 소스류, 야채류, 토핑류 등과 같이 종류를 구분하여 둘 수 있다. 각 비밀 상자에서 카드를 뽑는다.

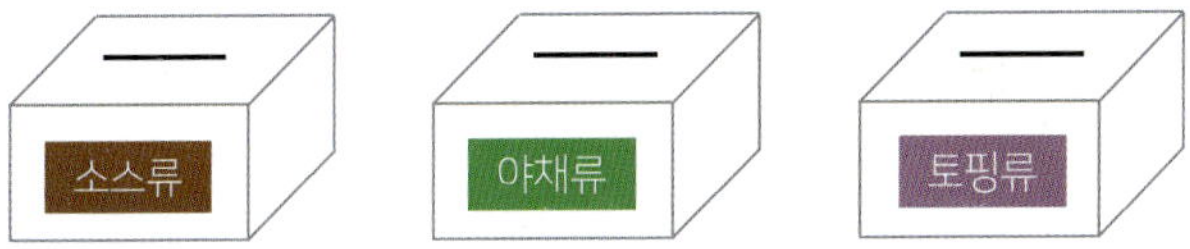

② 실물 요리 재료 중 내가 뽑은 카드에 해당되는 재료를 동일하게 고른 후 살펴본다.

③ 소집단으로 진행할 경우 함께 토의하여 레시피를 정한다.

④ 정한 레시피에 따라 직접 요리를 한 후 요리 제목을 정한다.

⑤ 소개한 후 함께 나눠 먹거나 시식한다.

▶ 창의적 사고를 위한 지원

요리 강제결합법의 경우 교실상황에 따라 샌드위치, 화채, 꼬치와 같이 요리 과정이 단순한 것들에 쉽게 접근할 수 있다. 직접 요리해 본다면 좋지만 이러한 진행이 쉽지 않을 경우, 교구 형태로 만들어 접근해 보는 방법도 있다. 아동의 경우 직접 오감을 발휘하는 실물 재료를 사용하는 것이 가장 흥미롭다.

만두에 넣고 싶은 것들을 넣어서 맛을 보는 놀이를 하는 모습이다.

아이디어 예시

카드를 뽑아서

뽑은 재료로

샌드위치를 만든다.

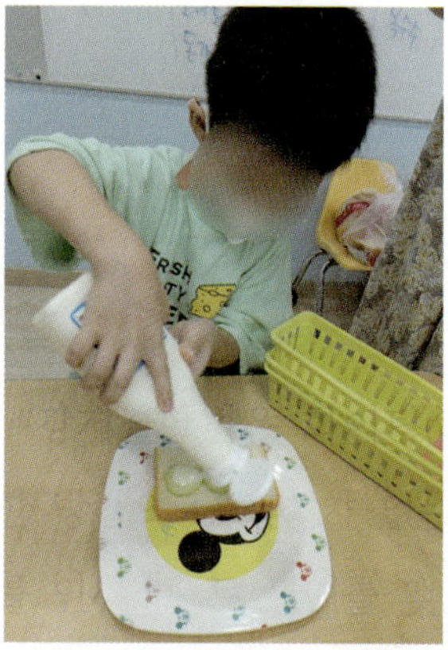

내가 고른 소스를 뿌려보고

내가 고른 것은 생크림

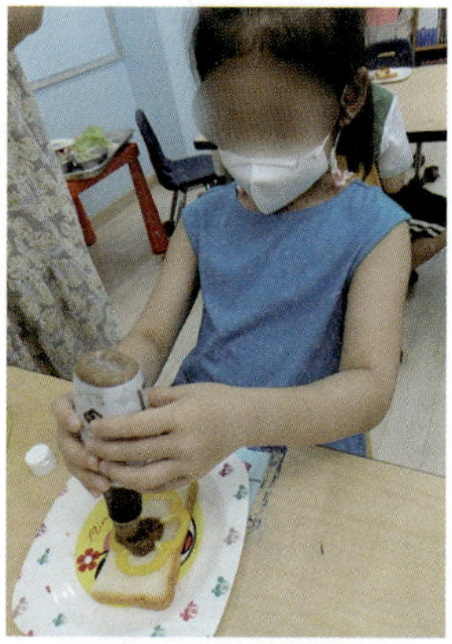

나는 돈가스 소스를 골랐어.

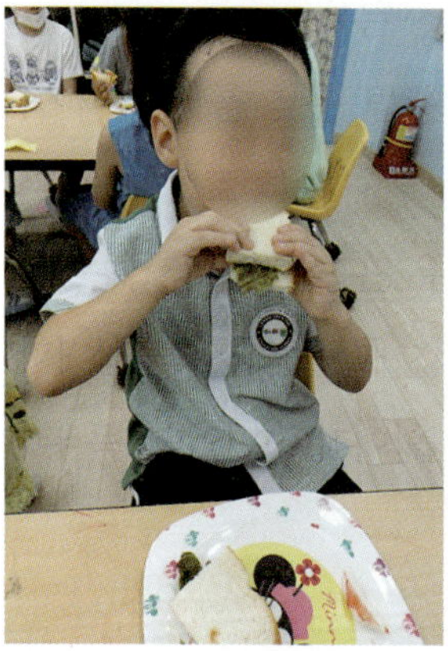

먹으면 어떤 맛일까?

오! 이런 맛^^

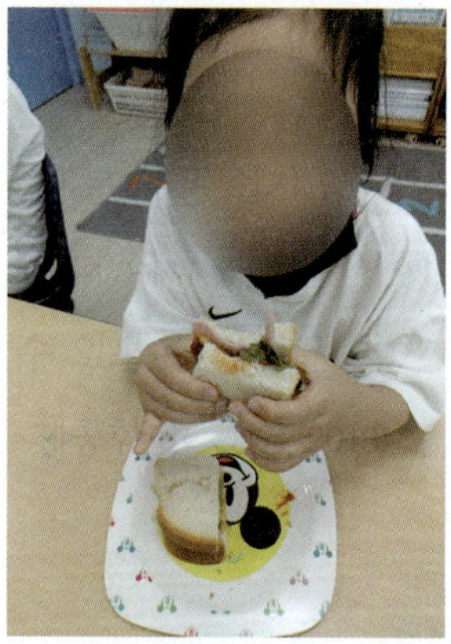

먹을 만하군요.

강제결합법 해 보기 1

♣ 전혀 상관없는 2개의 사물을 활용하여 강제결합 아이디어를 떠올려 보세요.

강제결합법 해 보기 2

♣ '광고 강제결합법'을 이용하여 '나'에 대해 광고해 보세요.

- 준비물: 무작위 카드(카드가 없다면 포스트잇이나 종이 등에 카드 대신 이용할 수 있는 단어를 적어 사용 가능함)
- 참가자들은 순서를 돌아가면서 무작위로 카드를 보여 주고, 주인공은 그 카드를 이용하여 자신을 광고해 보세요. 주인공은 모두 돌아가면서 되어 봅니다.

토의하기

♣ 제시된 것 외에 변형된 강제결합법을 만들어 보세요. 어떤 강제결합법을 만들 수 있을까요?

아이디어 내기를 도와주는 그림책 Tip

강제결합법의 예를 그림책으로 만나보는 것도 흥미롭다. 서로 다른 것들을 결합해 보도록 시도하는 데 흥미로운 아이디어를 제공할 수 있는 그림책들이다.

나무가 자라는 빌딩

윤강미 글 · 그림(2019). 창비.

미세 먼지와 공사장 풍경만이 가득한 창밖 너머 세상을 바라보며, 아이는 문득 그림을 그리기로 마음먹는다. 회색 도시에서는 꽃과 나무가 자라나 건물을 가득 채운다. 뚝딱뚝딱 지어지는 상상의 건물들은 화려한 색채와 변화하는 역동감을 느끼기에 충분하다. 자연과 건축의 아름다운 조화를 담고 있으며, 생태적 상상력을 통해 자연과 인간이 공존하는 세상, 자연의 이치에서 모두가 함께 조화롭게 살아가는 세상을 꿈꾸도록 이끄는 그림책이다.

주인공이 상상하는 빌딩에는 강제결합된 모습들을 볼 수 있다. 온실+코끼리, 장화+건물, 나무+빌딩 등 재미있는 상상의 빌딩이 펼쳐져 있다. 네모난 빌딩들 외에 어떤 모습의 빌딩을 만들어 볼 수 있을까? 강제결합법을 이용한 아이디어를 펼칠 때, 아동의 이해를 도울 수 있는 예시가 될 만한 상상들이 담겨 있다.

밀리의 판타스틱 모자

기타무라 사토시 글 · 그림(2016). 불광출판사.

밀리는 집으로 가는 길에 모자가게를 발견하고, 안으로 들어가서 모자를 써 보다가 아주 특별한 모자를 선물 받게 된다. 상상만으로 척척 변신하는 특별한 모자는 화려한 공작, 케이크, 꽃다발 등이 되기도 한다. 사람들은 다 자기만의 특별한 모자를 쓰고 있기에, 기발한 상상력으로 자신이 쓰고자 하는 모자를 상상해 보도록 격려하는 그림책이다.

모자와 여러 가지가 결합된 강제결합 형태를 접할 수 있는 그림책이다. 모자+공작새, 모자+케이크, 모자+꽃다발, 모자+분수 등 모자와 결합된 재미있는 상상을 펼칠 수 있다. 사물과 다른 것을 강제결합해 보는 데 이해를 제공할 수 있는 그림책이다.

기계일까 동물일까

레티시아 드베르네 지음(2018). 보림.

우리가 알고 있던 동물들이 우리 주변의 탈것으로 변신한다. 과학적 사실, 은유적 표현, 환경에 대한 메시지 등이 기발한 상상력과 결합하여 표현되었다. 고래, 악어, 코끼리 등 다양한 동물들을 각각의 특성에 맞게 모터와 엔진으로 움직이는 탈것에 빗대어 새로운 맥락에서 소개하고 있다.

동물의 특징을 기계를 이용하여 설명하고 있는 그림책의 각 장면들을 살펴보자면, 기계와 동물이 자연스럽게 겹치면서 재미있는 장면들이 연상된다. 예를 들면 소방차라는 명칭으로 소개된 코끼리를 보면서 소방차와 코끼리의 닮은 점을 연상해 보기도 하고, 코끼리 코처럼 세차게 물을 뿜는 소방차 모양이 연상되기도 한다. 각 장면들을 살펴보면서 기계와 해당 동물의 닮을 점을 찾아보아도 좋고, 서로를 결합한 모습을 표현해 보는 것도 흥미롭다.

2. 역발상법(Reverse idea)

1) 기본 개념

역발상이란 일반적인 생각과 반대되는 생각을 뜻하는데, 생각을 전환하여 획기적으로 발상하는 것을 뜻한다. 일반적인 발상에서 벗어나 다른 발상이 필요할 때, 기존의 발상을 뒤집을 무언가가 요구될 때 우리는 역발상을 적용해 볼 수 있다. 기존에 했던 사고를 거꾸로 뒤집어 생각해 보고, 반대로 뒤집어 접근해 보는 방법이다. 현대 사회에서는 더욱더 엉뚱하고 기존의 상식에서 벗어난 접근이 큰 성공을 거두는 경우를 많이 찾아볼 수 있다. 예를 들면 서비스는 돈을 받고 팔아야 한다는 생각을 뒤집고 서비스를 무료로 제공한 구글, 페이스북, 카카오톡은 예상을 뛰어넘는 가치를 창출했다. 종종 우리는 주변에서 논리적이고 합리적인 접근에서 벗어나 거꾸로 시도해 보는 행동에서 더 많은 가치를 낳게 되는 것을 볼 수 있다. 기존의 발상방법에서 새로운 대안을 찾지 못했을 때, 무엇인가 새로운 접근이 필요할 때 역발상적인 사고를 시도해 보자. 거꾸로 사고를 전환해 보는 방법이 역발상법이다.

2) 진행 과정

① 기존에 내가 알고 있는 사실을 거꾸로 생각해 본다.
② 고정된 틀에서 벗어나 반대되는 시각으로 접근해 본다.
③ 거꾸로 접근한 자신의 생각을 표현해 본다.
④ 다른 사람과 공유하는 경험을 갖는다.

3) 유의점

평소 당연히 맞다 또는 당연히 그래야 한다고 인식했던 것에 왜 그래야 하는지 질문을 던져 보는 태도가 필요하다. 다른 방향으로 생각을 바꿔 보는 시도와 도전 의식은 이전에 생각하지 못했던 새로운 명제를 탄생시키며 해결방안을 떠오르게 한다.

4) 역발상법의 예시

역발상법에서는 패러디 그림책을 활용하여 진행한 예시들을 살펴보고자 한다. 특히 명작동화나 전래동화의 경우 바라보는 시각을 조금만 바꿔도 호기심을 불러일으키는 소재들이 다양하다. 시중에 나와 있는 패러디 그림책을 활용하여 역발상법을 진행한 예시이다.

(1) 늑대가 들려주는 아기돼지 삼형제

▸ 준비물: 다양한 미술재료, 그림책 등

▸ 적용과정 및 흐름

① '아기돼지 삼형제'의 패러디 그림책을 들려준다.

예 늑대가 들려주는 아기 돼지 삼 형제 이야기(존 셰스카 글·레인 스미스 그림, 1996, 보림)

예 아기 늑대 세 마리와 못된 돼지(헬린 옥슨버리 글·유진 트리비자스 그림, 2006, 시공주니어)

② '아기돼지 삼형제'를 다른 등장인물의 입장에서 생각해 본다.

③ 진짜 이야기는 어떤 것이었을지 역발상을 해 본다.

④ 자신의 이야기를 표현하고 발표한다.

▶ 창의적 사고를 위한 지원

위에서 예를 든 패러디 그림책 외에도, '아기돼지 삼형제'를 패러디한 다양한 그림책을 찾아볼 수 있다. 서로 다른 시각에서 전개된 스토리들을 아동이 경험해 본다면, 역발상적 사고를 좀 더 수월하게 전개하는 데 도움이 된다.

아이디어 예시

진짜 이야기를 내가 들려줄게.

원래 돼지와 늑대는 옆집에 사는 이웃이었어.

(2) 진짜 헨젤과 그레텔 이야기

▶ 준비물: 다양한 미술재료(예시에서는 스크레치 용지를 부분 활용함), 그림책 등

▶ 적용과정 및 흐름

① 『헨젤과 그레텔』 이야기와 패러디 그림책인 『진짜 헨젤과 그레텔 이야기(브리타 슈바르츠 글·이리스 하르트 그림, 2010, 청어람주니어)』를 비교하면서, 누구의 이야기가 진실로 생각되는지 토의한다.

② 두 그림책에서 나오지 않는, '아빠'의 입장에서는 어떤 이야기가 펼쳐질지 역발상을 진행해 본다.

③ 개인 또는 소집단으로 스토리를 만들어 본다.

④ 새로운 입장에서 만들어진 스토리를 발표하고 공유한다.

▶ 창의적 사고를 위한 지원

아동과 진행 시 헨젤과 그레텔의 아버지에 대하여 의아하다는 반응들을 많이 제기하였다. 새어머니의 입장에서 새로운 이야기를 전개할 수도 있지만, 참여자의 반응에 따라 아버지의 입장에서 진행해 보게 된 예시이다.

아이디어 예시

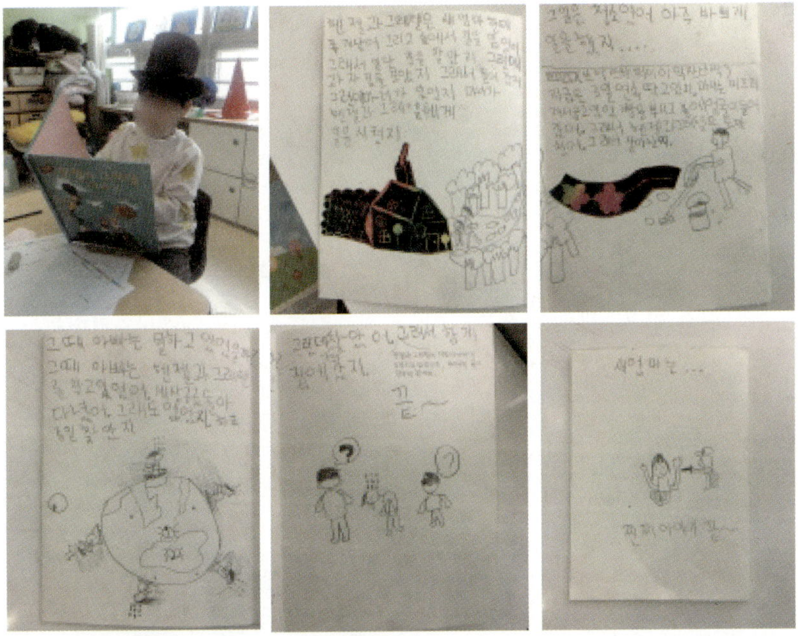

내가 생각한 헨젤과 그레텔의 진짜 이야기는 이렇게 되었을 것 같아.

우리가 만든 '아빠가 들려주는 진짜 헨젤과 그레텔' 이야기야.

(3) 파란 두건 샐마

▶ 준비물: 전지, 다양한 미술재료, 그림책 등

▶ 적용과정 및 흐름

① 『파란두건 샐마(니키 달리 글·그림, 2007, 미세기)』 그림책을 들려준다.

② 빨간 모자와 비교하여 닮은 점과 다른 점을 찾아본다.

③ 모자의 색깔을 바꿔 다른 측면에서 진행해 볼 스토리에 대하여 토의한다.

④ 서로 협력하여 스토리를 전개한다.

⑤ 타인에게 소개하거나 발표할 기회를 갖는다면 더욱 좋다.

▶ 창의적 사고를 위한 지원

적용과정에서 아동들은 모자의 색에 대하여 서로 선호하는 색깔이 달랐는데, 의견을 절충하는 과정에서 빨간색과 파란색을 섞으면 보라색이 되니 서로 혼합된 이야기를 펼쳐 보자면서 보라색을 선택하게 되었다. 참여자들이 서로 협력해서 진행할 경우, 서로의 의견들이 잘 절충되도록 하는 과정을 경험하는 것 또한 중요하다.

아이디어 예시

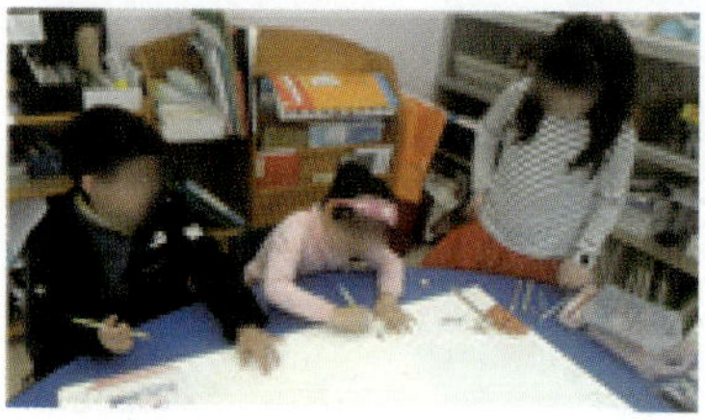

"어떤 모자로 패러디하지?"

빨간 모자+파란 모자=보라 모자 어때?

보라 모자 이야기를 협력하여 펼쳐본다.

(4) 장화 벗은 고양이

▶ 준비물: 다양한 미술재료(예시에서는 그림을 사포 용지를 활용하여 그림), 그림책 등

▶ 적용과정 및 흐름

① 『장화 벗은 고양이(글공작소 글·최민오 그림, 2010, 아름다운사람들)』 그림책을 들려준다.

② 꾀와 거짓말에 대한 차이에 대하여 토의한다.

③ 참여자들이 함께 정리한 가치를 토대로 재해석하게 되는 새로운 이야기를 만들어 본다.

④ 만든 이야기를 다른 사람을 초대하거나, 동생들을 초대하여 들려준다.

⑤ 발표자들은 이야기를 경청해 준 동생들에게, 동생들은 이야기를 들려준 형님들에게 마음을 전한다.

▶ 창의적 사고를 위한 지원

장화 신은 여우, 장화 벗은 강아지, 구두 신은 고양이 등 다양한 형태로 패러디가 가능하므로 충분한 역발상적 사고를 발휘할 수 있도록 격려하는 것이 필요하다.

아이디어 예시

동생들에게 이야기를 들려준다.

우리 이야기를 들어 볼래?

(5) 알라딘과 보통 램프

- 준비물: 다양한 미술재료, 그림책 등
- 적용과정 및 흐름

  ① 『알라딘과 보통램프(글공작소 글·최민오 그림, 2011, 아름다운 사람들)』 그림책을 들려준다.

  ② 『알라딘과 요술램프』를 새로운 시각에서 재해석하여 이야기를 만들어 보거나, 『알라딘과 보통램프』의 뒷이야기 만들기 등을 하면서 자신의 역발상적 시각에서 이야기를 만들어 볼 수 있도록 한다.

  ③ 서로의 이야기를 들어보고 느낌을 공유한다.

- 창의적 사고를 위한 지원

자신의 이야기에 나오는 램프를 입체적으로 만들어 보면서 더욱 흥미가 높았다. 내용을 소개할 때 표지에 부착된 램프를 이용하여 이야기를 전개하는 과정에서 더욱 몰입도가 높았다. 참여자의 아이디어를 충분히 과정에 반영할 수 있도록 하는 것이 중요하다.

아이디어 예시

루피와 진실의 램프

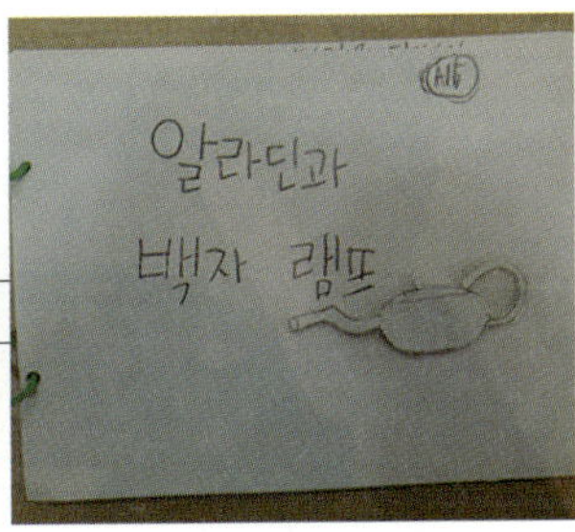

알라딘과 백자 램프

알라딘과 황금 램프

역발상법 해 보기 1

♣ 자라, 토끼, 옥황상제 입장에서 들려주는 『별주부전』의 역발상적 스토리를 전개해 보세요.

천미진 글 · 조은애 그림(2016). **자라가 들려주는 토끼의 간 이야기**. 키즈엠.

역발상법 해 보기 2

♣『토끼와 거북이』에서 토끼와 거북이 모두에게 공정한 경주가 되기 위해서는 어떤 경주가 펼쳐져야 했을지 다른 시각에서 이야기를 전개해 보세요.

장 드 라 퐁텐 글 · 브라이언 와일드스미스 그림(2020). **토끼와 거북이**. 보림.

역발상법 해 보기 3

♣ 그림책의 맨 뒷장에서 앞으로 책장을 넘기며 거꾸로 이야기를 만들어 보세요. 제시된 책 외에 가지고 있는 책을 활용하여도 좋습니다.

안데르센 원작, 김서정 글 · 소윤경 그림(2021). **벌거벗은 임금님**. 웅진주니어.

토의하기

♣ 시중에 다양한 종류의 패러디 그림책(명화, 영화, 광고 등)이 있습니다. 어떤 종류가 있는지 조사해 보세요.

아이디어 내기를 도와주는 그림책 Tip

패러디 그림책 중 몇 가지를 소개하고자 한다. 시중에 나와 있는 패러디 그림책뿐 아니라, 우리가 익히 알고 있는 이야기를 이용하여 역발상을 시도해 보도록 하자.

우체부 아저씨와 비밀편지

앨런 앨버그 글 · 자넷 앨버그 그림(2003). 미래아이.

싱글벙글 우체부 아저씨는 마을을 돌아다니며 편지를 전한다. 금발머리는 곰 세 마리 가족에게 사과 편지를, 마녀에게는 도깨비 공업 주식회사에서 상품광고 카탈로그를, 잭은 거인 아저씨에게 그림엽서를 보냈고, 신데렐라에게는 출판사에서 출판 허락요청 편지를, 빨간모자의 부탁을 받은 변호사 사무실에서는 늑대에게 퇴거 명령서를, 엄마곰은 금발머리에게 생일 축하 카드를 전하는 것을 중심으로 이야기가 펼쳐진다.

우리가 익히 알고 있는 동화 속의 주인공들에게 편지를 쓰는 형태를 빌어 패러디한 그림책이다. 다른 시각으로 상황을 생각해 보는 역발상의 기회를 제공해 준다. 우리에게 친숙한 그림책 속 주인공들에게 다른 시각에서 편지를 써 보면서 사고를 전환해 보자.

슈퍼 거북

유설화 글 · 그림(2014). 책읽는곰.

토끼와 거북이 이야기에서 토끼를 이긴 거북이는 정말 행복했을까? 거북이 꾸물이는 경주에서 토끼를 이긴 후, 슈퍼 거북이라는 별명을 얻게 된다. 온 도시는 슈퍼 거북 열풍이 불지만, 꾸물이는 이웃들이 자신의 본 모습을 알고 실망할까 봐 걱정이 된다. 꾸물이는 진짜 슈퍼 거북이 되기 위해 성실하게 노력하여 이름에 걸맞은 실력을 갖추게 되지만 하나도 행복하지 않다. 예전처럼 느긋하고 여유로운 생활이 그립다. 그런 꾸물이에게 토끼가 다시 도전장을 내미는데… 과연 진짜 행복이란 무엇인지 생각해 보게 하는 토끼와 거북이의 뒷이야기 그림책이다.

토끼와 거북이의 이야기에는 다양한 역발상을 할 수 있는 소재들이 담겨 있다. 아동에게 토끼와 거북이의 이야기를 다른 시각에서 생각하도록 하여 이야기를 전환하거나 뒷이야기를 꾸며 보거나, 또는 앞 이야기를 만들어 볼 수도 있을 것이다.

호랑이가 들려주는 팥죽 할멈과 호랑이 이야기

천미진 글 · 김홍모 그림(2015). 키즈엠.

우리가 알고 있는 팥죽 할멈과 호랑이 이야기를 호랑이의 입장에서 쓴 이야기이다. 호랑이는 할머니의 속임수에 넘어가 못된 호랑이로 인식되었다며, 오히려 자신이 피해자라며 하소연하는데, 그런 호랑이가 참 애처롭게 느껴진다. 과연 호랑이와 할머니 사이에는 어떤 일이 일어난 것일까? 누구의 말이 진실일까?

서로 다른 입장에서 상황을 고려해 보는 것은 역발상의 기본이다. 이야기 속에 등장하는 인물이 서로 다른 입장에서 전개할 수 있는 이야기들을 만들어 본다면 흥미진진할 것이다.

장수탕 선녀님

백희나 글 · 그림(2012). 책 읽는 곰.

이 이상한 할머니가 옛날 옛적 날개옷을 잃어버린 선녀라고? 하지만 할머니의 모습이 어딘가 다소 엉뚱해 보인다. 토끼 귀를 닮은 머리 모양에 깊게 파인 주름, 얼굴엔 초록색 눈 화장을 곱게 하고, 귀에는 보석 귀걸이를 달았다. 우리가 알고 있던 선녀와는 완전 딴판이지만, 이 할머니 냉탕에서 노는 솜씨가 보통이 아니다. 냉탕에서 재미있게 노는 법을 가르쳐 주는 선녀 할머니가 덕지는 점점 좋아진다. 낡은 목욕탕을 배경으로 한 선녀 할머니와 덕지의 가슴 따뜻하고 웃음 가득한 판타지 그림책이다.

장수탕 선녀님처럼 옛이야기 속 주인공을 만나는 엉뚱발랄한 상황을 가정하여, 즐거운 이야기를 만들어 보면서 아동의 역발상적 사고를 격려해 보자.

CHAPTER 08

함께 이해하면 더욱 유익한 기법들

1. 결점열거법과 희망열거법

1) 결점열거법(Bug list)

(1) 기본 개념

결점열거법은 사물의 결점이나 불편한 점을 열거해 봄으로써, 개선된 아이디어를 찾는 사고기법이다(송승민, 박인영, 김미옥, 이순희, 2020). 미국 호르포인트 회사에서 나온 발상법으로, 함께 모여서 제품의 아주 작은 흠이라도 가능한 한 많이 찾아보는 데서 시작되었다. '이런 점이 불편해'와 같이 불편한 점을 생각하다 보면 개선을 위한 아이디어를 떠올리기 용이하며, 다양한 해결책을 생각할 수 있는 아이디어를 모색할 수 있게 된다. 결점을 나열해 보고, 이를 어떻게 제거하면 좋을지 아이디어를 생각해 보는 방법이다(박인영, 2001). 따라서 결점열거법은 문제점을 찾아내어 더 좋은 방법으로 개선하거나, 변화하려는 태도 등을 시도할 수 있도록 격려하는 방법이다(전경원, 2020a; 전경원, 2020b). 결점열거법은 문제점을 개선하는 접근방식이므로 해결책을 실행하기 용이하다는 장점이 있는 반면, 혁신적이고 참신한 아이디어가 나올 가능성은 낮다.

(2) 진행 과정

① 대상을 선정한다. 아동에게 친숙하거나 사용 경험이 있는 대상이면 좋다.

② 대상의 결점을 나열해 본다.

③ 이러한 결점을 효과적으로 개선하거나 결점을 제거할 수 있는 아이디어를 모색한다.

④ 실행할 아이디어를 선택한다.

(3) 유의점

결점을 찾아보기 위해서는 사용해 본 경험이 있어야 한다. 따라서 결점열거법을 진행할 주제는 아동에게 친밀하거나 경험을 가지고 있는 것을 토대로 하는 것이 좋다. 결점열거법의 적용은 사물에 대해서만 가능한 것은 아니며 장소, 상황 등에 대해서도 적용이 가능하다. 결점열거법 진행 시 불편한 점을 발견해 보는 태도를 유지하도록 한다. 자칫 불만을 이야기하거나 비난하는 분위기가 되어서는 안 되므로 선정하는 주제를 잘 고려할 필요가 있으며, 교실 상황에서 진행할 때에는 대상 주제에 대하여 미리 경험할 기회를 제공하는 지원이 필요하다.

(4) 결점열거법 예시

◈ 자전거 도시

▶ 준비물: 자전거, 포스트잇, 전지, 다양한 미술재료, 그림책 등

▶ 적용과정 및 흐름

① 『자전거 도시(앨리슨 파렐 글·그림, 2019, 딸기책방)』 그림책을 보면서 자전거에 대한 흥미를 일으킨다.

② 주변에 자전거가 있다면 실물 자전거를 살펴본다.

③ 자전거에 대하여 결점을 나열한다.

④ 결점을 보완, 개선할 아이디어를 표현한다.

⑤ 아이디어가 반영된 자전거를 표현한다.

▸ 창의적 사고를 위한 지원

자전거에 대한 경험이 없을 경우, 자전거에 대한 경험이 있는 사람에게 구체적인 불편함을 들어 볼 수 있다.

아이디어 예시

주변에서 자전거를 직접 살펴본다.

자전거에 대하여 결점열거법을 진행한다.

결점을 어떻게 보완하거나 개선할 것인지 아이디어를 표현한다.

열거된 결점들이 꼼꼼하게 자전거에 반영되었는지도 살펴본다.
변신한 자전거에 이름을 붙이고, 아이디어를 소개한다.

결점열거법 해 보기

♣ '가방'을 주제로 결점열거법을 진행해 보세요.

♣ '칫솔'에 대한 결점열거법을 진행해 보세요.

2) 희망열거법(Wish list)

(1) 기본 개념

희망열거법은 개선하려는 대상에 대한 소망과 희망 사항을 열거해 봄으로써, 새로운 해결방법이나 아이디어를 찾는 사고기법이다. 문제의 해결책이나 개선책을 낼 때 '이런 것이 있으면 좋겠다', '이렇게 되었으면 좋겠다'를 토대로 현상에서 떨어져 희망 사항을 추구하기 때문에 참신하고 혁식전인 아이디어를 구할 수 있다. 반면 해결책을 직접 실시하는 데는 어려움이 따를 수 있다.

(2) 진행 과정

① 대상을 선정한다.
② 대상에 대한 희망 사항을 나열해 본다.
③ 희망에 따른 아이디어를 직접 표현해 본다면 더욱 흥미롭고 유익하다.

(3) 유의점

희망열거법이 좀 더 구체적으로 이루어지기 위해서는 결점열거법과 연결하여 진행하는 것이 효과적이다. 희망 사항을 열거하기 전에 불편했던 경험을 떠올려 보거나 불편한 점을 찾아본 후, 희망 사항을 나열하게 되면 훨씬 더 구체적이고 다양한 아이디어를 산출하기에 용이하다. 성인은 수용적인 분위기에서 활발하게 아이디어가 일어날 수 있도록 지원해 주고, 희망열거에 따라 산출된 아이디어를 보다 구체적으로 표현해 볼 수 있도록 격려한다.

(4) 희망열거법 예시

◈ 신발 신발 아가씨

▶ 준비물: 여러 종류의 신발, 다양한 미술재료

▶ 적용과정 및 흐름

① 『신발신발 아가씨(버나드 로지 글 · 캐더린 로지 그림, 2005, 한솔수북)』 그림책을 본다.

② 실물 신발을 신어 본다.

③ 신발이 어떤 점이 불편한지 찾아보거나 생각해 보고 결점열거법과 함께 진행한다.

④ 신발이 어떻게 변신했으면 좋을지 생각하며 디자인한다.

⑤ 미술재료를 이용하여 직접 만든다.

⑥ 서로 소개하며, 아이디어를 공유한다.

▶ 창의적 사고를 위한 지원

고무신, 구두, 운동화, 실내화, 오리발, 발레 슈즈 등 다양한 실물 신발을 신어 보고 느껴 보는 경험을 갖는 것이 중요하다.

아이디어 예시

다양한 종류의 신발을 신어 보는 경험을 갖는다.

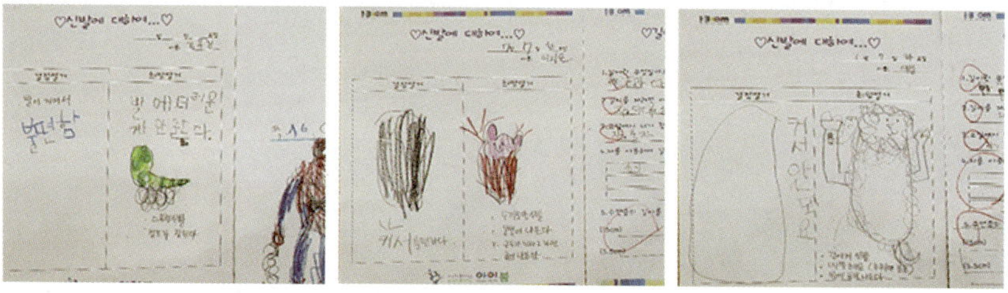

신발에 대한 불편한 점을 토대로, 희망열거를 진행한다.

자신이 생각한 신발에 대한 희망을 직접 표현해서 만들어 본다.

희망열거법 해 보기

♣ '시계'에 대한 희망열거법을 진행해 보세요.

♣ '컵'에 대한 희망열거법을 진행해 보세요.

토의하기

♣ 결점열거법과 희망열거법을 아래의 표에 표현해 보세요.

	결점열거법	희망열거법
공통점 찾기		
차이점 찾기		

아이디어 내기를 도와주는 그림책 Tip

자신이 원하는 희망을 나열해 보자. 만약 그런 일이 일어난다면, 또는 자신이 원하는 희망에는 어떤 것들이 있는가? 실제적인 희망에서 가상적인 희망까지 다양한 상상력을 펼쳐보면서 결점열거법과 희망열거법 적용을 도울 수 있는 그림책이다.

꼬리가 있으면 좋겠어!

정재원 글 · 이혜리 그림(2019). 보림.

만약 우리에게 꼬리가 있다면 어떤 꼬리가 좋을까? 동물들은 꼬리로 무엇을 할까? 아이의 귀여운 공상이 담겨 있다. 폭신한 여우 꼬리, 파리 쫓는 소 꼬리, 힘센 악어 꼬리, 균형 잡는 미어캣 꼬리 등… 저마다 개성 있는 꼬리를 지닌 동물들이 등장한다..

'00가 있으면 좋겠어'라든지, 또는 '00가 있다면'처럼 가상적인 상황을 통해 자신의 희망 사항을 자유롭게 열거해 보도록 유도할 수 있다.

네가 만약

존 버닝햄 글 · 그림(2003). 비룡소.

'어른들은 생각해 보지 않았을 법한 질문들로 가득 차 있다. '만약에 코끼리가 네 목욕물을 마셔 버린다면, 독수리가 네 저녁밥을 빼앗아 먹는다면, 돼지가 네 옷을 입으려 한다면, 하마가 네 침대에서 자고 있으면 어떻게 할 거니?'라고 묻는다. 책의 각 장을 자유롭게 펼쳐 보면서, 펼친 그곳에서부터 자신의 상상력을 발휘해 보는 것도 좋다. 작가의 상상력 가득한 질문에 어떻게 답하느냐에 따라 서로 다른 이야기가 펼쳐지도록 되어 있는 열린 그림책이다.

'네가 만약'에서처럼 엉뚱한 듯하지만, 자신이 해 보고 싶은 것들을 질문을 통해 다양하게 만들어 볼 수 있다. 제한을 두지 말고 다양한 시각에서 희망열거를 떠올려 보자. 가끔은 황당하고 우스꽝스러운 질문들로 유쾌한 상상력을 발휘해 보자.

2. 상상의 여행과 유추법

1) 상상의 여행(what ~ if)

(1) 기본 개념

'상상의 여행'은 아동을 상상의 세계로 초대하는 형태이다. 상상의 여행은 보이지 않는 것을 일정한 형태가 있는 것으로 생각해 보고, 눈을 감고 상상하여 생각을 이미지화하는 기법이다. 가상적 상황으로 아동이 몰입될 수 있도록 편안한 자세로 여행을 떠난다고 가상해 보는 방법이다. 보통은 카펫 같은 곳에 편안하게 눈을 감고 누워, 조명을 낮추고, 상상을 돕는 음악을 활용한다면 더욱 좋다. 상상의 여행을 위한 내레이션을 들려준다. 긴장을 풀고 편안한 분위기에서 눈을 감고 이야기나 장면을 머릿속으로 그려보게 함으로써 아동의 상상력을 자극하게 된다. 만약 '내가 ~라면'과 같은 가상적 상황에 대해서 충분한 상상력을 발휘해 보도록 하는 것이 좋다. 그뿐만 아니라 가정을 통하여 타인의 입장에 대하여 상상해 보는 경험은 다른 사람에 대한 조망능력과 다른 시각에서의 문제해결 방안을 모색해 보는 자극이 된다.

(2) 진행 과정

① 어떤 가상적 상황에 상상의 여행을 떠나도록 안내한다.
② 조명을 낮추고, 음악을 깔아 준 후 누울 수 있다면 더욱 좋다.
③ 내레이션에 따라 아동은 눈을 감고 상상의 여행에 몰입한다.
④ 상상의 여행 후 '만약 내가 00라면'이라는 가상적 상황에 대하여 생각해 본다. 만약 가상적 상황이 문제해결 상황이라면 '내가 만약 00라면 어떻게 문제 상황이 해결되기를 바랄까?'와 같이 가정해 볼 수 있다.
⑤ 상상의 여행 후 자신의 아이디어를 직접 표현해 볼 수도 있다.

(3) 유의점

만약 교실상황에서 상상의 여행을 떠나기에 여의치 않다면, '만약 00라면'이라는 가상적 상황에 대하여 표현해 보는 기회를 갖도록 한다. 때로는 문제 해결 상황에서 이전과 다른 접근을 통하여, 문제를 해결하는 아이디어가 필요한 경우가 있다. 이런 경우 상상의 여행을 통하여 긴장을 이완하면서 그 문제 상황이나 가상적 상황에 몰입할 수 있도록 하는 경험은 아동의 새로운 사고를 자극할 수 있게 된다.

(4) 상상의 여행 예시

◈ 만약 나에게 꼬리가 있다면?

▶ 준비물: 다양한 미술재료, 그림책 등

▶ 적용과정 및 흐름

① 『꼬리가 있으면 좋겠어!(정재원 글·이혜리 그림, 2019, 보림)』 그림책을 본다.

② 상상의 여행을 통해 만약 자신에게 꼬리가 있다면 어떤 꼬리가 있으면 좋을지 가상적 아이디어를 떠올린다.

③ 자신이 상상한 꼬리를 재미있는 방법으로 표현한다.

④ 이러한 꼬리가 있다면 어떨지 '마치~가 된 것처럼' 상상해 본다.

▶ 창의적 사고를 위한 지원

꼬리를 만들 소재를 가정과 연계하여 준비한다면 더욱 효율적이다.

아이디어 예시

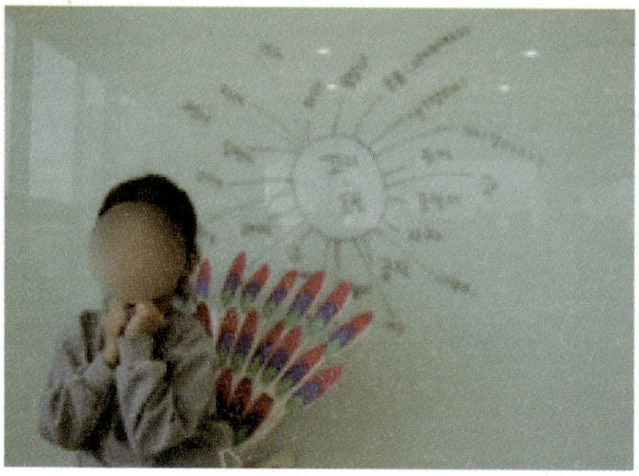

공작 꼬리도 괜찮아

풍선 꼬리도 괜찮아

뱀 꼬리도 괜찮아

알록달록 꼬리도 괜찮아

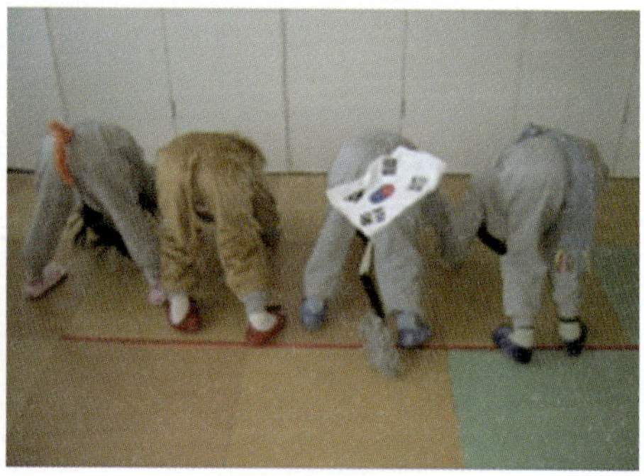

상상의 여행 이후, 꼬리가 있는 자신의 모습으로 변신해 본다.

◈ 만약 하늘에서 00이 내린다면?

▸ 준비물: 다양한 미술재료, 그림책 등

▸ 적용과정 및 흐름

① 『하늘에서 음식이 내린다면(쥬디 바레트 글·론 바레트 그림, 2007, 토토북)』 그림책을 본다.

② '하늘에서 내가 원하는 것이 내린다면'이라는 가상적 상황에 대하여 상상한다.

③ 다양한 표상 방법으로 자신의 상상을 표현한다.

▸ 창의적 사고를 위한 지원

영화 '하늘에서 음식이 내린다면'의 장면을 활용하는 것도 효과적이다.

아이디어 예시

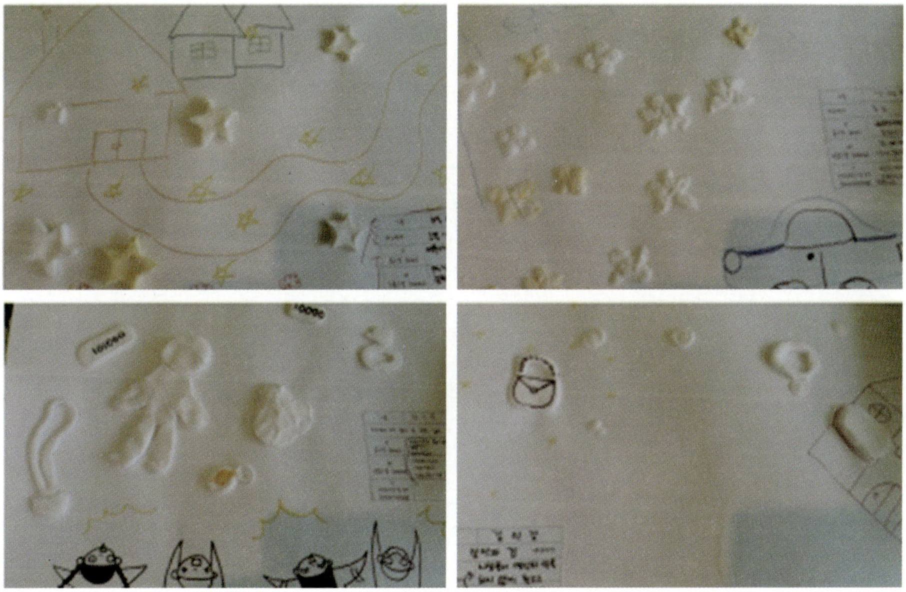

하늘에서 내가 갖고 싶은 것들이 내려온다면?

상상의 여행 해 보기 1

♣내가 책이라면… 책이 어떻게 다뤄지기를 원할까?

쥬제 죠르즈 레트리아 글 · 안드레 레트리아 그림(2012). **내가 책이라면**. 국민서관.

상상의 여행 해 보기 2

♣산타 할아버지가 우리 할아버지라면… 상상의 나래를 펼쳐 보자.

허은미 글 · 이명애 그림(2016). **산타 할아버지가 우리 할아버지라면**. 풀빛.

2) 유추법(analogy)

(1) 기본 개념

유추법은 유사한 관계가 있는 다른 사항들의 속성을 근거로 이것도 같은 속성이 있을 것으로 추리하는 방법으로, 대상과 대상 간의 유사점을 발견하여 추리하는 방식으로 이루어지는 사고기법이다(송승민·박인영·김미옥·이순희, 2020). 유추법 중 가장 잘 알려진 방법은 고든(Gordon, 1961)이 개발한 시네틱스(Synetics)인데, 시네틱스는 서로 다른 두 가지를 비교하여 비슷한 점을 찾아 개선 아이디어를 내는 직접유추, 자신이 주제의 일부라고 가정하고 개선점을 생각해 보는 의인유추, 서로 다른 두 관계를 나타낼 수 있는 상징을 활용하여 새로운 아이디어를 찾는 상징유추, 꿈같이 환상적이거나 공상적인 방법으로 아이디어를 내어 보는 환상유추가 있다. 의인유추나 환상유추는 앞에서 소개한 상상의 여행과 연결하여 생각해 볼 수 있는데 '내가 만약 책이라면, 책은 사람들이 어떻게 다뤄주기를 원할까?', 또는 '내가 만약 책이라면 앞으로 어떻게 변화되기를 바랄까?'와 같은 의인화를 통하여 생각해 보는 것이다. 환상유추는 '만약 스스로 읽어주는 책이 있다면?', '만약 움직이면서 들려주는 책이 있다면?'과 같이 공상적인 방법으로 새로운 아이디어를 구해 보는 방법이다.

유추법에는 여러 가지 방법들이 있겠으나, 여기서는 좀 더 아동에게 접근하기 손쉬운 방법을 근거유추 또는 흔적유추라고 명명하고 소개하고자 한다. 근거유추는 앞뒤의 맥락을 보고 사이에 들어갈 적절한 아이디어를 유추해 보는 방법이다. 즉 제시된 근거를 바탕으로 유추해 보는 방법이다. 흔적유추는 흔적을 보면서 마치 탐정이 된 것처럼 어떤 일이 일어났을지 추리해 보는 방법이다.

(2) 진행방법

① 유추할 상황을 제시한다.

② 제시된 근거 또는 흔적을 살펴보면서 유추해 본다.

③ 다양한 유추와 해석으로 표현해 본다.

(3) 유의점

근거유추나 흔적유추를 진행할 경우, 답을 찾아보는 과정이 아니므로 다양한 가능성을 추리해 보고 접근하는 것이 좋다. 이때 탐정 돋보기 등을 이용하면 더욱 흥미를 유발할 수 있다.

(4) 유추법 예시

◈ 무슨 일이 있었을까?

▶ 준비물: 동물 발자국 도장, 스탬프 패드, 종이, 다양한 미술재료, 그림책 등

▶ 적용과정 및 흐름

① 『누구 발자국일까(밀리센트 엘리스 셀샘 글·마를레너 힐 던리 그림, 1998, 비룡소)』 그림책을 본다.

② 동물들의 발자국 도장을 찍어 보면서 발자국 모양을 살펴본다.

③ 동물들의 발자국 도장을 이용하여 종이에 흔적을 만든다. 4가지 정도의 동물 발자국을 선택하여 스토리 형태로 제시해도 좋다.

④ 타인과 서로 교환하여 발자국 흔적을 보면서 어떤 일이 일어났는지 유추해 본다.

▶ 창의적 사고를 위한 지원

발자국에 대한 다양한 그림책들이 출간되어 있다. 여러 종류의 발자국 그림책을 통하여 흥미를 유발할 수 있다.

아이디어 예시

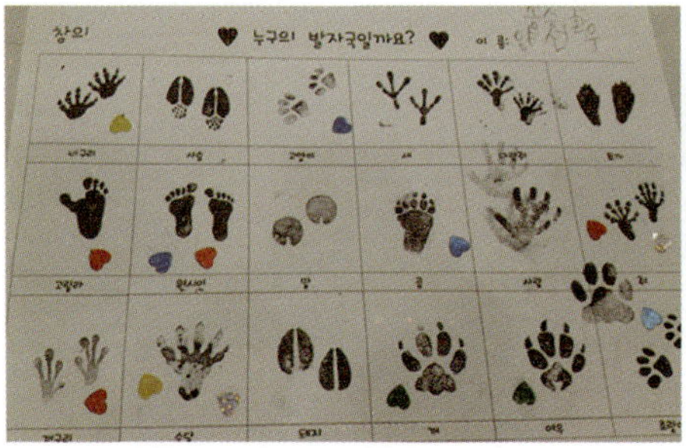

동물의 발자국 모양을 살펴본다.

내가 이용할 동물의 발자국 도장을 선택한다.

발자국 도장을 이용하여 각자 가상의 스토리가 되도록 도장을 찍고,
상황에 어울리는 그림 표현을 추가한다.

이용한 동물의 발자국 주인공을 찾아보도록 하고
흔적들을 살펴보면서 '어떤 일이 일어났을까'
친구들에게 유추해 보도록 한다.

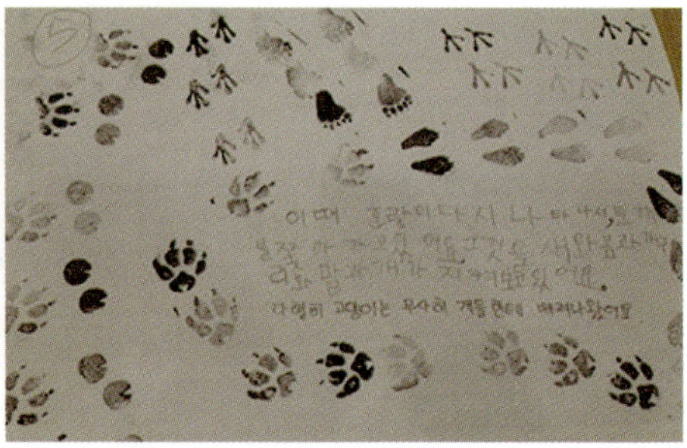

친구들은 발자국 흔적을 자세히 살펴보면서,
어떤 상황이 펼쳐진 것인지
다양한 유추를 발휘해 본다.

◈ 단서를 이용하여 보물지도를 그려라

▶ 준비물: 다양한 미술재료, 그림책

▶ 적용과정 및 흐름

① 『초롱이와 함께 지도 만들기(로렌 리디 글·그림, 2004, 미래아이)』 그림책을 본다.

② 지도 그리기 방법에 대하여 살펴본다.

③ 미리 지도를 유추하여 그릴 수 있는 단서를 작성하여 준비하여 둔다.

④ 단서를 보면서 보물지도를 만든다. 이때 구체물을 이용하여 지도의 형태로 나타내면 더 흥미롭다.

⑤ 단서를 살펴보면서 꼼꼼하게 작성되었는지 확인한다.

▶ 창의적 사고를 위한 지원

그림책 『초롱이와 함께 지도 만들기』를 통하여 지도를 그리는 기초적 방법을 익혀서 나타낸다면 더욱 유익하다.

아이디어 예시

단서를 보면서 보물지도를 만든다

유추해 보기 1

♣ 어떤 일이 있었을지 탐정이 되어 유추해 보세요.

① ______________________________

② ______________________________

③ ______________________________

④ ______________________________

유추해 보기 2

♣ 다음 글을 읽고, 장소가 어디일지 유추해서 지도를 그려 보세요.

오늘은 공원에서 친구와 만나기로 한 날이다. 친구는 장소가 '창의공원'이라고 한 뒤, 정확한 장소는 다음의 내용을 토대로 지도를 그려 유추해 보라고 알림이 왔다.

《알림 내용》

네가 남쪽문으로 들어오면, 남쪽문 정면에는 공원안내판이 세워져 있을거야. 공원을 빙 둘러서 길바닥에는 나무 데크가 깔려 있고, 그 외에는 자연 그대로 흙으로 되어 있어. 우선 왼쪽 길을 따라 오다 보면 갈림길이 나오는데 오른편 갈림길 멀리 아이스크림 가게를 보수하고 있는 것이 보일거야. 아이스크림 가게 앞에는 벽돌이 쌓여 있고, 출입 금지 푯말이 있을거야. 다른 갈림길 쪽으로는 자전거 대여소가 보일 거야. 네가 만약 자전거를 타고 만나는 장소로 오고 싶다면 거기서 자전거를 대여하렴. 갈림길로 가지 말고, 쭉 오던 길 위쪽으로 오다 보면 오른쪽으로 큰 소나무 두 그루가 있을거야. 100년도 넘은 아주 오래된 소나무야. 그 소나무 아래에는 나무가 훼손되지 않도록 보호하고 있는 나무지킴 로봇이 있을 거야. 소나무 주변에서 잠시 나무를 구경해 보고 로봇에게도 말을 걸어 보렴. 아마 상상의 문 비밀번호를 가르쳐 줄 수 있어. 만약 그렇다면 그 번호를 꼭 기억하렴. 다시 길을 따라 올라가면 둥그런 광장이 하나 나올 거야. 광장 중심에는 작은 연못이 있고, 연못에는 형형색색의 비단잉어들이 있단다. 연못을 돌다 보면 네가 오던 길 반대쪽으로 작게 난 오솔길이 보일 거야. 오솔길 양쪽으로 돌담이 쌓여 있고, 돌담 아래에는 작은 꽃들이 심어져 있어. 거긴 막다른 길인데 길 끝에는 상상의 문이 있어. 상상의 문을 구경해 보렴. 만약 로봇이 알려 준 번호를 기억하고 있다면 크게 세 번 외치렴. 문이 열리면 좋겠다. 상상의 문을 구경하고 다시 원래 오던 길로 나와서 쭉 내려오면 왼쪽에 놓인 긴 의자가 보일 거야. 의자 주변에는 자동으로 펼쳐지는 태양열 파라솔이 놓여 있어. 거기가 우리가 만날 장소야.

토의하기

♣ 상상의 여행이나 유추법이 반영된 영화를 조사해 보세요. 어떤 측면에서 선택하였는지, 영화의 장면 및 스토리를 소개해 보세요.

아이디어 내기를 도와주는 그림책 Tip

'만약'이라는 가정을 이용한 상상과 '왜' 또는 '어떻게'하여 그렇게 되었을까 등과 같은 유추를 돕는 그림책이다.

코가 긴 돼지

키스 포크너 글 · 조너선 램버트 그림(2020). 미세기.

원래 돼지는 코끼리처럼 아주 긴 코를 가지고 있었다고 한다. 돼지는 기다란 자신의 코가 아주 마음에 들었고, 여기 저기 우쭐거리며 코 자랑을 하고 다닌다. 털이 북슬북슬한 개미핥기, 코가 뾰족한 청새치, 색이 멋진 큰부리새를 만나 자신의 기다란 분홍코를 뽐낸다. 그렇게 으쓱으쓱 잘난 척을 하다가 코에 가려 앞을 보지 못하고, 그만 꽈당. 나무에 부딪혀 쭈글쭈글 납작코가 되고 만다. 재치 있는 상상력과 겸손에 대한 미덕까지 담고 있는 즐거운 팝업북이다.

코가 긴 돼지를 통하여 우리는 여러 가지 주변 상황이나 사물, 동식물의 변화된 모습에 대하여 유추를 발휘해 볼 수 있다. 현재의 모습과 반대되는 상황을 가정하여, 유추능력을 발휘하여 이야기를 꾸며 보자.

발자국을 따라가 볼까요?

제르다 뮐러 글 · 그림(2007). 파랑새.

"자, 발자국을 따라가 볼까요?"라는 글을 좇아 눈 위에 찍혀 있는 발자국들을 따라가면서, 어떤 일이 일어났을지 유추하며 읽게 되는 발자국 그림책이다. 집 안팎으로 찍혀 있는 발자국의 주인공은 맨 마지막 장에 가서야 등장한다. 우리는 발자국들을 따라가면서 집중하고, 남겨진 발자국 흔적들을 관찰하면서 스토리를 상상하게 된다. 다른 사람의 이야기에 얽매이지 않고, 자신이 유추하고 상상한 대로 이야기를 만들 수 있다.

본문에서 소개한 근거유추, 흔적유추처럼 제시된 발자국의 흔적을 보면서 마치 탐정이 된 것처럼 자세히 관찰하고, 살펴보고, 어떤 일이 일어났는지 유추해 보도록 한다.

3. 마인드맵과 피시본법

1) 마인드맵(Mind map)

(1) 기본 개념

마인드맵은 토니 부잔(Tony Buzan, 1971)이 개발한 방법으로 가지를 뻗어 나가며 아이디어를 분류하고 쉽게 기억하도록 정리하여 생각의 지도를 그려 보는 방법이다. 마인드맵은 아이디어를 유목화하여 나타내는데 유용하고, 배움을 통해 알게 된 것을 잘 기억하도록 정리할 수 있어 다양하게 활용되고 있다. 마인드맵은 생각을 단어와 이미지로 함께 정리하여 나타냄으로써, 한눈에 많은 내용을 일목요연하게 살펴볼 수 있도록 돕는다.

(2) 진행 방법

① A3 종이나 그보다 큰 백지와 색깔이 있는 필기구를 준비하다.

② 종이는 가로로 길게 놓고, 용지의 중심에서 시작한다.

③ 주제에 대한 핵심 이미지를 정한다. 핵심 이미지를 그리거나 쓰는데 적어도 가로, 세로 2~3센티미터를 유지한다. 이미지를 중심으로 가지뻗기를 하기 쉽도록 중심 이미지에 틀을 만들지 않는다.

④ 주된 이미지와 연관된 핵심 단어를 설정한다. 핵심 단어는 마치 책의 각 장의 제목과 같은 역할을 한다. 핵심 단어나 핵심 이미지에서 가지뻗기를 할 때, 선의 굵기는 세부적인 내용을 담은 가지보다 두껍고, 선의 형태는 유선형으로 한다. 선은 단어의 길이와 같게 하는 것이 좋으며 한 단어로 적는다. 주 가지의 색깔은 3가지 이상으로 하는 것이 좋다.

⑤ 두 번째 단계의 생각은 주가지와 연결하여 그리되, 주가지보다 가는 필체로 쓴다. 각 가지마다의 색깔은 동일하게 연결해 가는 것이 좋다. 가지의 단어들과 연관된 이미지를 같이 표현하여 나타내 주는 것도 좋다.

⑥ 세 번째, 네 번째 단계의 단어와 이미지를 가지를 뻗어나가듯 작성하면 된다. 각 가지의 색깔은 동일하게 사용하는 것이 좋다.

⑦ 마무리한 후 가끔은 필요에 따라 마인드맵의 가지를 구분하기 위해 색으로 테두리를 표시하기도 한다.

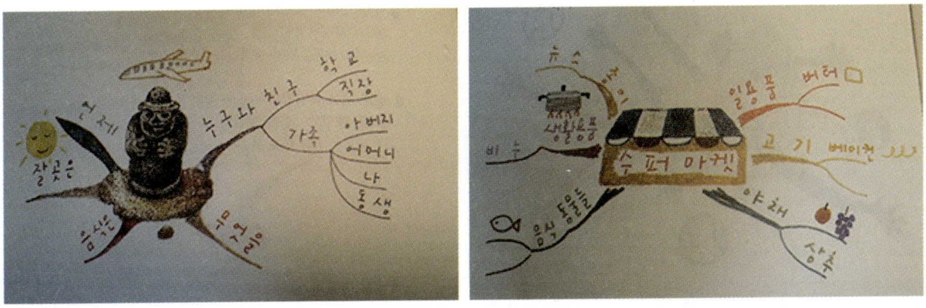

출처: 한국부잔센터(1994).

(3) 유의점

마인드맵을 그릴 때에는 예술적으로, 이미지 감각을 살려 이미지 부호나 상징들을 다양하게 사용하고, 색감 있게 표현하며, 상상력을 동원해서 특별하게 나타낸다면 자신의 생각의 지도를 더 잘 기억하기 쉽다.

(4) 마인드맵 예시

물에 대한 다양한 경험, 지식, 느낌 등을 마인드맵을 이용하여 나타내 보고 있다. 마인드맵을 익히는 초기에 아동이 자신이 나타낼 수 있는 방법으로 표현해 보고 있는 모습이다. 초기 마인드맵을 익히는 과정에서 자유롭게 표현해 보도록 유도하고 있는 상황으로 이해하면 된다.

▸ 준비물: 종이, 색깔펜, 그림책 등

▸ 적용과정 및 흐름

① 『물방울의 모험(마리아 테리코프스카 글 · 보단 부텐코 그림, 2002, 담푸스)』 그림책을 본다.

② 종이 가운데에 핵심 주제를 '물'이라고 적고 핵심 이미지를 그린다.

③ 핵심 단어에 가지뻗기를 하여 아이디어를 적는다.

④ 각 가지는 범주별로 동일한 색상으로 나타낸다.

⑤ 단어에 어울리는 이미지도 함께 나타낸다.

▸ 창의적 사고를 위한 지원

아이디어 예시는 마인드맵을 경험하는 초기에 아동들이 나타낸 예시이다.

아이디어 예시

물에 대한 나의 생각의 지도를 펼쳐 본다.

마인드맵 해 보기 1

♣ 자신의 버킷리스트를 마인드맵으로 나타내 보세요.

마인드맵 해 보기 2

♣ 연화법을 했던 페이지를 펼쳐 보세요(pp. 81-82). 이를 마인드맵으로 나타내 보세요. 만약 연화법을 해 보지 않았다면, 연화법을 먼저 진행한 후 마인드맵으로 나타내 보세요.

2) 피시본법(fishborn diagram)

(1) 기본 개념

피시본이란 생선뼈를 뜻하는 것으로, 이 기법을 통해 정리된 형태가 생선뼈와 닮아 붙여진 이름이다. 피시본법은 주제에 영향을 미치는 중요한 요인을 찾기 위한 기법으로, 개선하고 싶은 문제점들을 파악하고 정리할 때 효과적이다.

(2) 진행 과정

① 주제를 우측 끝에 적는다.

② 주제를 향해 좌측에서 우측으로 화살표를 긋는다. 중심선으로 굵게 그린다. 이를 '큰 뼈 선'이라고 부른다.

③ 큰 뼈선을 사이에 두고 위아래로 비스듬한 몇 개의 화살표를 그린다. 큰 뼈선을 향하게 그리는 '중간 뼈선'이다. 중간 뼈선 끝에는 주제의 주요 요인을 적는다.

④ 이 중간 뼈의 좌우로 수평의 화살표를 몇 개 그린다. 이는 '가는 뼈선'이다. 가는 뼈선에는 각 주요 요소에서 발생되는 요인을 적는다.

⑤ 이러한 과정을 통해 주제를 분석한다.

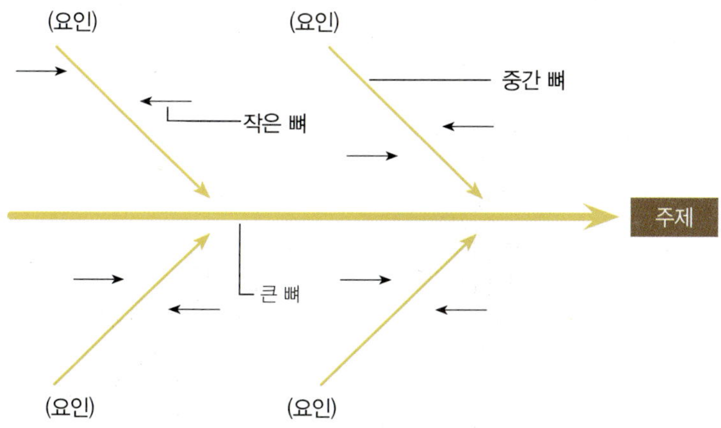

[그림] 피시본법의 생선뼈

출처: 다카하시 마코토(2010).

(3) 유의점

아동의 경우 요인별로 생각하는 것이 쉽지 않으므로 먼저 포스트잇에 주제와 관련된 요인들을 다양하게 떠올려서 적는다. 이를 토대로 주요 요인을 유목화하여 중간 뼈대를 결정한다. 중간 뼈대를 중심으로 포스트잇을 분류하여 가는 뼈에 붙인다. 전체 도식을 잘 분석하여 주요 요인을 찾아내고, 이에 대한 구체적인 해결책을 모색해 보도록 확장한다.

(4) 피시본법 예시

- 준비물: 2절 종이, 다양한 미술재료 등
- 적용과정 및 흐름
  ① '도시문제' 하면 떠오르는 아이디어들을 브레인스토밍하면서 워밍업할 수 있다.
  ② 만약 워밍업을 했다면 어떤 아이디어들이 주로 떠올랐는지 살펴볼 수 있다.
  ③ '도시문제'라는 주제를 오른쪽 끝에 적는다.
  ④ 중간 뼈에 도시문제와 관련된 주요 요인을 적는다.
  ⑤ 작은 뼈에 해당 요인이 발생되는 원인을 생각하여 적는다.
  ⑥ 다른 구성원의 아이디어에 추가할 수 있도록 한다.
- 창의적 사고를 위한 지원
  해당되는 주제의 신문기사 등을 스크랩하여 사전에 관련된 배경지식을 찾아볼 수 있도록 하는 것이 효율적이다.

아이디어 예시

도시문제를 주제로 피시본법을 적용하고 있는 과정이다.

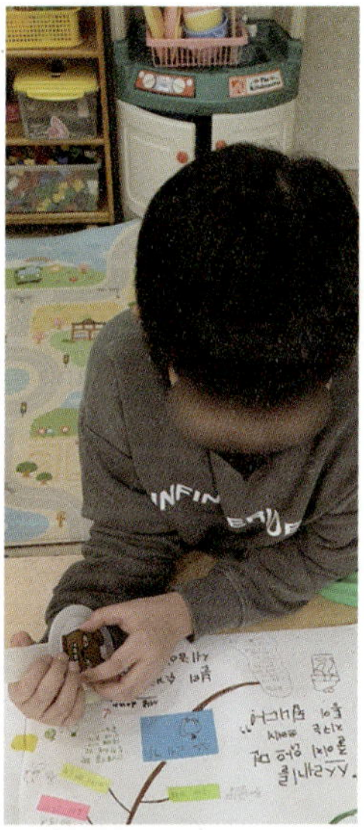

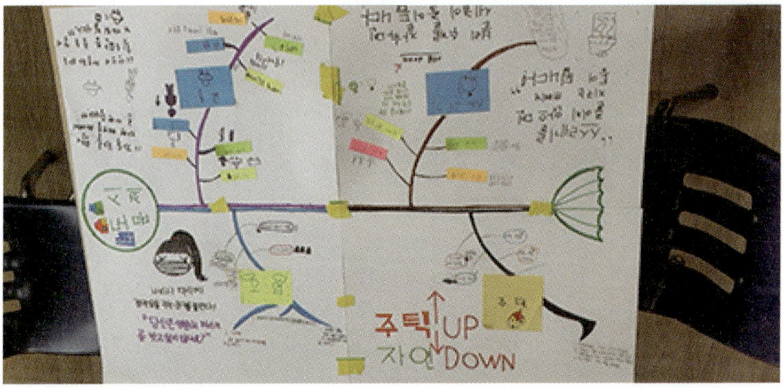

도시문제에 대하여 주된 문제 요인을 주택, 오염, 교통, 쓰레기로 구분하여 나타내고 있다.

피시본법 해 보기 1

♣ 미래 사회의 문제를 피시본법으로 나타내 보세요.

아이디어 내기를 도와주는 그림책 Tip

마인드맵이나 피시본법을 이용하여 진행하기 쉬운 주제를 담고 있는 그림책을 소개하고자 한다. 신문 만드는 방법, 나에 대해 소개해 보기, 이야기 만드는 방법 등을 마인드맵이나 피시본법을 이용하여 나타내 보도록 하자.

털북숭이 신문이 나왔어요: 재미있는 신문 만들기

로렌 리디 글 · 그림(2004). 미래아이.

신문을 보던 큰곰 아저씨는 지역신문을 만들자고 결심하고, 자신이 발행인이 되어 여러 동물들에게 신문을 만들기 위한 역할을 나눠 준다. 신문이 왜, 어떻게 만들어지는지 상세히 안내하는 작가의 지식그림책이다. 소식을 모으고, 기사를 쓰는 뉴스부와 특집부, 풀칠해서 붙이고, 인쇄를 담당하는 제작부, 신문을 팔고 구독하는 사람에게 배달하는 판매부, 신문 지면의 광고면을 파는 광고부로 나뉘어 열심히 신문을 만든다.

신문 만들기에 필요한 과정을 마인드맵을 이용하여 나타낸다면 한눈에 정리하여 살펴볼 수 있다. 또 참여자들은 그림책에서 안내하는 방법에 따라 직접 역할을 나눠 신문을 만들어 본다면 더욱 유익하다.

이게 정말 나일까?

요시타케 신스케 글 · 그림(2015). 주니어김영사.

주인공 지후는 자신을 대신해 줄 가짜 나 역할을 위하여 로봇을 산다. 로봇은 가짜 역할을 하기 위해서는 주인이 어떤 사람인지 알려줘야 한다고 요청한다. 거기서부터 시작되는 주인공의 자기소개는 아주 재미있고 특별하다. 가짜 나 만들기를 통해, 내가 누구인지 돌아보면서 진정한 자신을 찾도록 하는 안내서이다.

그림책에 나온 방법을 토대로 마인드맵을 이용하여 자기소개를 한다면, 한눈에 쉽게 볼 수 있는 자기소개서가 될 것이다. 그림책에서처럼 유머가 넘치는 그림을 함께 나타내어 마인드맵을 그리고, 다른 사람에게 자기를 소개해 보자. 그 과정을 통해 주인공 지후처럼 진짜 자신을 발견하게 될 것이다.

이야기는 어떻게 만들까?

페르닐라 스탈펠트 글 · 그림(2017). 시금치.

이야기는 어떻게 만드는지, 이야기를 구성하는데 있어 생각해야 할 중요한 요소에는 어떤 것들이 있는지, 이야기를 효과적으로 전달하기 위해 어떤 방법을 사용하면 더욱 풍부해지는지 등 이야기 만드는 법을 알려주는 그림책이다. 이야기 만드는 법에 대한 이야기가 한 편의 이야기로 소개되어 있다.

그림책에 나온 방법을 토대로 이야기 만드는 방법을 마인드맵을 이용하여 나타내 보자. 이야기 만드는 과정을 한눈에 파악하여 재미있는 이야기를 만들기에 자신감이 생길 것이다. 어떤 이야기를 만들고 싶은지 계획을 세워 직접 만들어 본다면 더욱 흥미롭다.

4. 여섯색깔 사고모자기법과 PMI

1) 여섯색깔 사고모자기법(Six Thinking Hats)

(1) 기본 개념

여섯색깔 사고모자기법은 드 보노(de Bono, 1986)에 의해 개발되었으며 수형적, 균형적 사고를 돕는 기법이다. 생각하는 방향에 대한 상징으로 모자라는 개념을 사용하여 참석자가 함께해야 할 생각의 방향을 제시해 준다. 색깔별 모자가 갖는 상징에 따라 '이제부터 우리는 00 모자를 쓰고 생각합시다'라고 참석자에게 사고의 방향을 제시하게 되면, 참석자들은 같은 방향으로 사고함으로써 그에 대한 지식, 경험, 지적 능력을 최대한 집중하고 몰입하여 발휘할 수 있도록 돕는다. 모자를 바꿔 씀으로써 생각의 방향을 전환하게 되며, 여섯색깔모자에 부여된 상징성에 따라 골고루 아이디어를 산출하게 되어 수형적, 균형적 사고를 효율적으로 하게 된다. 여섯색깔모자가 갖는 상징성은 표와 같다.

모자 색깔	사고	의미	역할
흰색 모자 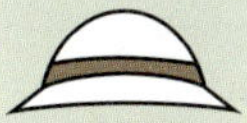	사실, 정보, 중립적, 객관적 사고	정보, 객관적인 사실과 숫자	정확한 정보에 기초하고 이미 검증된 중립적이고 객관적인 사실을 제시
빨간 모자 	직관적, 감정적인 사고	느낌, 직관, 정서, 감정	흰색 사고와는 반대로 자신의 기쁨, 두려움, 직관과 같은 감정을 제시
검은 모자 	부정적인 사고	주의, 경고, 결점, 잠재된 위험, 신중함	부정적이고 비판적인 측면을 제시
노란 모자 	긍정적인 사고	이익, 이점, 가치, 희망적이고 긍정적인 관점	긍정적이고 희망적인 측면을 제시
초록 모자 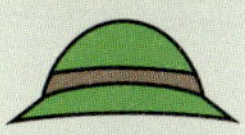	창의적인 사고와 새로운 관점의 대안	창조성, 새로운 아이디어	창의적이고 확산적인 새로운 측면을 제시
파란 모자 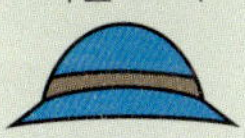	사고과정의 통제	계획 및 순서를 짜는 일, 다른 모자들의 사용을 통제하는 일	사회자나 지휘자처럼 정리, 요약, 결론적인 내용을 제시

여섯색깔모자의 상징

(2) 진행 과정

① 모자의 상징성을 이해하고 규칙을 따르도록 안내한다. 모자의 전환은 오직 사회자만이 할 수 있다. 한 색깔의 모자를 쓰는 것은 짧은 시간 생각을 함께 집중할 수 있도록 제시하는 것이 좋고, 시간에 대한 조절은 사회자가 토의의 흐름을 반영하여 진행하면 된다.

② 주제를 제시한다.

③ 사회자의 안내에 따라 여섯색깔모자를 돌아가면서 쓴다. 모든 모자를 반복해서 사용할 수 있으며, 어떤 모자를 먼저 쓸 것인지에 대한 순서는 제시된 주제에 따라 달라진다. 이때 상징적인 모자를 함께 쓰도록 하는 것이지만, 아동의 경우 직접 모자를 준비하여 사용하면 더욱 효과적이다.

(3) 유의점

모자를 쓰는 순서는 정해져 있는 것은 아니며, 진행하게 되는 주제에 따라 다를 수 있다. 보통 시작은 파란 모자를, 마지막에 다시 파란색 모자를 쓰게 된다. 토의 시 기억해야 할 점은 모자를 각각 쓰고 역할을 분담하거나 구분하지 않도록 하는 것이다. 여섯색깔 사고모자기법은 함께 같은 모자를 쓰고 같은 문제를 해결하기 위해 최대한 집중력을 발휘하여 참여자가 수평적 사고를 하는 데 초점을 두어야 한다.

(4) 여섯색깔 사고모자기법 예시

◈ 모자의 상징을 이해하는 예시

▸ 준비물: 흰색, 빨강, 검정, 노랑, 초록, 파랑 모자

▸ 적용과정 및 흐름

① 여섯색깔 사고모자기법 적용 초기 각 모자에 대한 상징성을 이해하기 위해 직접 모자를 사용해 보는 과정이다.

② 여섯 가지의 모자를 모두 써 보면서 의미를 이해하도록 한다.

③ 주제를 제시한다.

④ 각 색깔의 모자에 어울리는 아이디어를 산출한다.

▸ 창의적 사고를 위한 지원

아동은 모자라는 매개체를 활용하는 것에 대해 흥미를 가지고 있다. 모자는 일상 생활에서 친숙한 물건이기 때문에 어떤 사고를 해보자고 요청하거나 지시하는 것보다, 어떤 모자를 써 보자고 하면 거부감 없이 상당히 자연스럽게 제안을 받아들이기 쉬운 상태가 되도록 돕는 데 적절한 도구이다. 교실 환경에 여섯색깔모자를 걸어 두어 상징성을 익히기 쉽도록 하는 것이 좋고, 색깔별 모자가 없다면 종이접기 등을 통해서 아동들과 직접 만들어도 흥미롭다.

아이디어 예시

우리 함께 흰색 모자를 써 볼까?
사실과 정보를 이야기해 볼까?

우리 함께 빨간 모자를 써 볼까?
느낌, 감정을 이야기해 볼까?

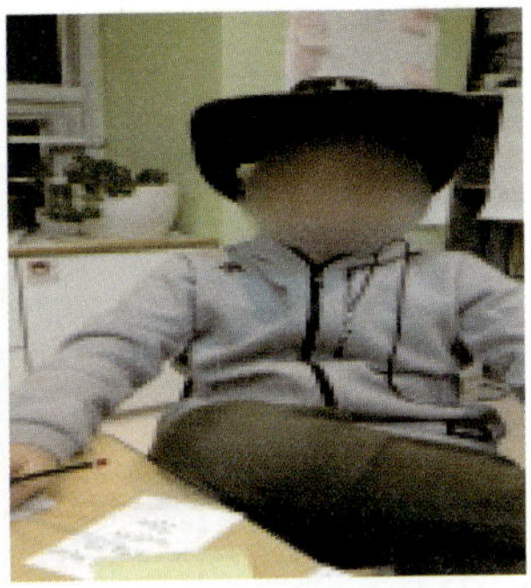

우리 함께 검은 모자를 써 볼까?
문제점을 생각해 볼까?

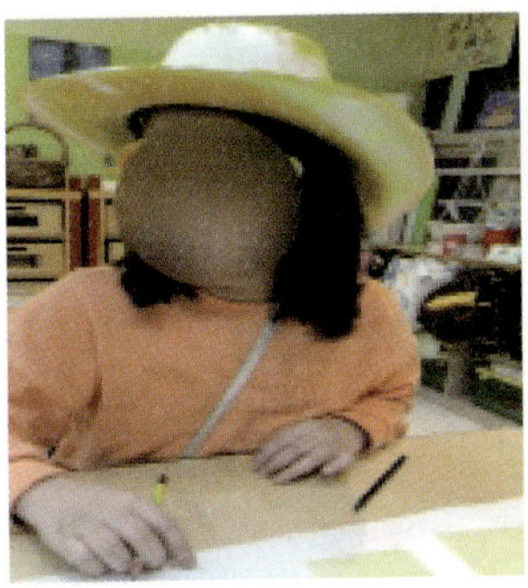

우리 함께 노란 모자를 써 볼까?
좋은 점을 생각해 볼까?

우리 함께 녹색 모자를 써 볼까?
새로운 아이디어를 생각해 볼까?

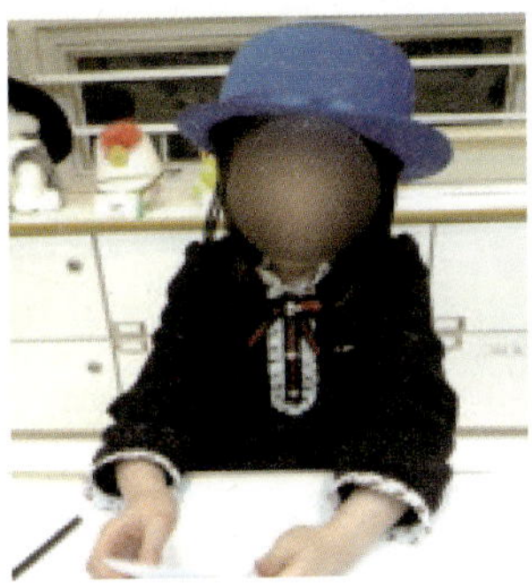

우리 함께 파란 모자를 써 볼까?
토의를 정리하고 요약해 볼까?

여섯색깔 사고모자기법 해 보기

♣ 주 4일 근무제에 대하여 여섯색깔 사고모자기법을 통하여 토의해 보세요.

♣ 아동과 놀이나 활동 후에, 여섯색깔 모자를 쓰고 진행했던 흐름을 되돌아보는 도구로 사용할 수 있다.

- 흰색 모자: 여기서 알게 된 사실에는 무엇이 있었나요?
- 빨간 모자: 함께 참여했을 때 기분은 어땠나요?
- 검은 모자: 함께 참여했을 때 어려움은 무엇이었나요?
- 노란 모자: 함께 참여했을 때 좋았던 점은 무엇이었나요?
- 녹색 모자: 함께 참여했을 때 새로운 점은 무엇이었나요? 다음에 시도해 보고 싶은 점은 무엇인가요?
- 파란 모자: 오늘 했던 것을 바탕으로 다음에는 어떤 놀이(또는 활동)를 해 보고 싶나요?

2) PMI(Plus, Minus, Interest)

(1) 기본 개념

PMI 사고법은 드 보노(de Bono, 1986)가 개발한 CoRT(Cognitive Research Trust) 프로그램에 포함된 사고방법이다. 어떤 판단에 도달하기 전에 그 상황을 다시 자세히 검토하는 것을 도와주는 사고법이다. PMI는 제안된 아이디어에 대해 이익이 되거나 불이익이 되거나 흥미로운 점을 찾아 전면적인 검토를 한 후에, 판단이나 결정을 내리는 것을 돕는 기법이다. PMI의 약자는 아래와 같다.

- P(Plus): 좋은 점, 긍정적인 측면, 이점, 더하고 싶은 점
- M(Minus): 나쁜점, 부정적인 측면, 고칠 점, 빼고 싶은 점
- I(Interest): 아이디어에 관해 흥미로운 발견들, 새로운 점, 기발한 점

(2) 진행 과정

① 주제를 제시한다.
② 주제에 대해 장점이나 좋은 점, 긍정적인 점, 더하고 싶은 점을 찾는다.
③ 주제에 대해 나쁜 점이나 단점, 부정적인 점, 빼고 싶은 점을 찾는다.
④ 2, 3 외에 새롭게 발견한 흥미로운 아이디어를 제시한다.
⑤ P(Plus)에 해당하는 장점을 더욱 살릴 수 있도록 보완한다.
⑥ M(Minus)에 해당하는 점에 대해 보완한다.
⑦ I(Interest)에 해당하는 흥미로운 점을 새로운 대안 도출의 밑거름으로 삼는다.
⑧ 이를 토대로 실행을 위한 판단이나 선택을 한다.

(3) 유의점

아동과 진행 시에는 놀이나 활동 이후 마무리나 평가 시 PMI를 적용해 볼 수 있다. P(좋았던 점), M(어려웠던 점), I(흥미로웠던 점)은 무엇이었나요?

(4) PMI 예시

◈ 새로운 탈것에 대한 PMI

▶ 준비물: 탈것 그림들, 다양한 미술재료, PMI 기록 용지 등

▶ 적용과정 및 흐름

① 서로 다른 탈것의 그림을 2개 뽑는다.

② 서로 결합된 모양을 상상해 보고, 그 모습을 클레이로 만든다.

③ PMI 요소에 따라 내가 만든 새로운 탈것을 분석해 본다.

④ 새로운 탈것은 어디에 이용하게 될지 배경을 그린다.

▶ 창의적 사고를 위한 지원

강제결합법을 적용하여 새로운 탈것을 만든 후, PMI를 통하여 자신의 작품을 소개한 예시이다.

아이디어 예시

하늘을 나는 기차 구급차(기차+구급차) : P) 빨리 날 수 있다. M) 높이 날면 무섭다. I) 사람을 많이 구한다.

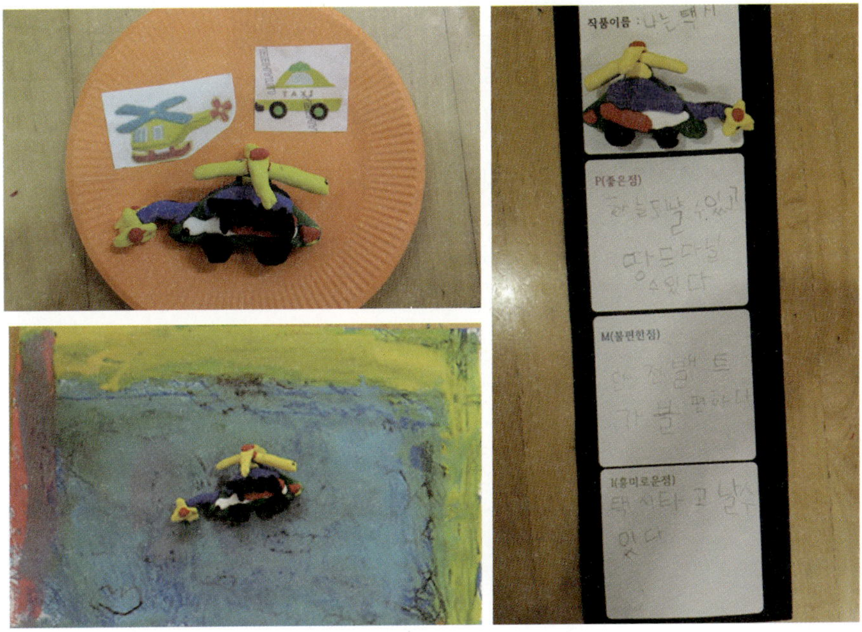

나는 헬리콥터 택시(헬리콥터+택시): P) 하늘을 날 수 있고, 땅도 다닐 수 있다. M) 안전벨트가 불편하다. I) 택시를 타고 날 수 있다.

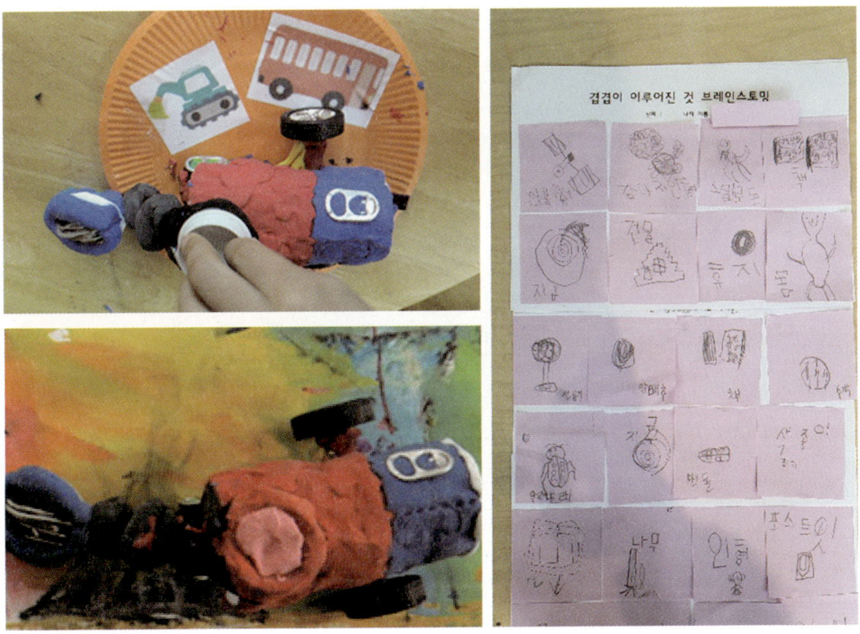

삽버스(포크레인+버스) : P) 땅을 팔 수 있어서 좋다. M) 바퀴가 느리다. I) 멋지다.

PMI 해 보기 1

♣ 내가 이 책에서 익혔던 창의성 사고기법에 대하여 PMI를 적용해 보세요.

P: 내게 가장 도움이 되었던 창의적 사고기법은 어떤 기법인가요?
어떤 측면에서 긍정적이었나요?

M: 내가 가장 이해하기 어려운 창의적 사고기법은 어떤 기법인가요?
어떤 측면에서 어려움이 있었나요?

I: 내게 가장 흥미로웠던 창의적 사고기법은 어떤 기법이었나요?
어떤 측면에서 흥미가 높았나요?

PMI 해 보기 2

♣ 이 책에 대한 자신의 생각을 PMI로 나타내 보세요.

P: 이 책에서 더 첨가하여 다루었으면 좋았다고 생각되는 부분은 어떤 내용일까요?

M: 이 책에서 빼거나 줄여도 좋겠다고 생각되는 부분은 어떤 내용일까요?

I: 이 책을 통하여 자신의 창의적 사고가 어떻게 흥미롭게 변화되었나요?

토의하기

♣ 그동안 우리가 익혔던 창의적 사고기법들을 한눈에 볼 수 있도록 나타내 보세요. 각 기법에서 강조되었던 부분들도 함께 나타내 보세요.

아이디어 내기를 도와주는 그림책 Tip

창의적 사고기법은 제시된 문제 상황을 창의적으로 해결하는 데 유용하게 사용된다. 여기에서는 문제 상황을 담고 있는 그림책들을 소개해 보고자 한다. 여섯색깔 사고모자기법과 PMI를 이용하여 문제 상황을 해결해 보자.

구덩이에서 어떻게 나가지?

기무라 유이치 글 · 다카바타케 준 그림(2011). 북뱅크.

고양이와 쥐가 한 공간에 갇혀 있다면? 여기 구덩이에 빠진 고양이 두 마리와 쥐 세 마리가 있다. 깊은 구덩이에 빠졌기 때문에, 서로 협력해야 구덩이에서 나갈 수 있을 것 같아 머리를 맞댄다. 하지만 고양이가 먼저 나가면 이어 올라오는 쥐를 잡아먹을 것이라며 불안해하고, 쥐가 먼저 나가면 고양이를 내버려 둔 채 그냥 달아나 버릴 거라고 반론을 펼친다. 어떻게 하면 다 같이 밖으로 나갈 수 있을까? 고양이와 쥐들은 무사히 구덩이 밖으로 나갈 수 있을까?

구덩이에 빠진 상황에 대하여 여섯색깔 사고모자기법을 이용하여 사고해 보고, 구덩이에서 나갈 수 있는 창의적인 방안을 고안해 보도록 한다.

쉬잇! 다 생각이 있다고

크리스 호튼 글 · 그림(2017). 비룡소.

네 명의 친구들이 늦은 밤 어디론가 살금살금 움직인다. 새를 잡기 위해 살금살금, 천천히 다가가지만… 새를 잡지 못한다. 새를 발견하고, 누군가는 반갑게 인사하고, 나머지는 주의를 주고, 결국 새를 놓쳐 벌렁 넘어지는 과정의 반복. 쉽고 단순하게 반복된 구조 안에 친절, 포용, 용기에 대한 메시지가 함께 담겨 있다.

스토리를 역할극으로 표현해 본 후, 마치 4명의 등장인물이 여섯색깔 사고모자를 쓰고 토의하는 상황을 가정해 보자.

힘겨루기 대회

델핀 부르네 글 · 그림(2018). 미디어창비.

어느 날 갑자기 우리집 현관에 커다란 돌덩이가 떨어진다면? 상상하기도 싫은 이러한 일이, 어느 날 두더지네 집 현관에 벌어진다. '이건 재앙이라고, 재앙.' 우울해하는 두더지에게 여우가 위로의 말을 건넨다. 악어, 새, 지렁이도 함께 문제를 해결하려고 도전하지만 돌덩이는 꿈쩍도 하지 않는다. 친구 앞에서 힘이 세다고 자랑하기도 하고, 과자를 두고 싸우기도 하고, 하던 일을 잊고 다른 일에 정신을 빼앗기기도 하고, 친구의 어려움을 해결해 주기 위해 힘을 합치는 모습들이 마치 아이들의 모습과 닮아 있다. 과연 돌덩이를 움직일 수 있을까?

여섯색깔 사고모자기법을 이용하여 그림책의 문제 상황에 대한 다각적이고 균형적인 사고를 할 수 있도록 한다.

웅덩이를 건너는 가장 멋진 방법

수산나 이세른 글 · 마리아 히론 그림(2018). 트리앤북.

우리 앞에 몇 개의 웅덩이가 있을까? 동네 한 바퀴를 산책하던 소녀는 자기만의 참신하고 유쾌한 방법으로 웅덩이를 건너게 된다. 아홉 가지의 웅덩이를 건너는 방법은, 어려운 문제에 직면했을 때 문제를 해결하는 우리들의 행동 방식들과 닮아 있다. 어려운 문제를 마주하였을 때 우리는 어떤 문제 해결 방식을 사용하는가? 그동안 익혔던 창의적인 사고기법을 적용하여 문제해결 과정을 즐겨 보자. 웅덩이에 용기 있게 첨벙 들어가, 문제가 무엇인지 탐색하고 해결방법을 적극적으로 찾아보자.

웅덩이를 건너는 가장 멋진 방법들에 대하여 여섯색깔의 사고모자기법을 적용하여, 다양한 측면에서 아이디어를 토의해 보자. 책에서 제시한 9가지 방법 외에 어떤 방법들이 있을지 적극적으로 아이디어를 떠올려 보자. 또 책에 나온 방법과 우리가 생각해 낸 아이디어에 대하여 여섯색깔 사고모자를 쓰고 토의해 보아도 좋다.

PART 04

창의적 사고기법 적용 사례

창의적 사고기법을 적용한 프로그램의 사례를 살펴보고,
적용과정에서 중요한 성인의 역할에 대하여 살펴보고자 한다.

CHAPTER 09

프로그램의 개요와 실제

1. 프로그램의 개요[1]

현대사회를 살아가는 사람들은 항상 새롭게 변화하는 환경에 능동적으로 대처하며 생활해야 하므로, 복잡하고 다양한 문제 해결의 필수 요소인 창의성을 무엇보다 중요하게 인식하고 있다(박인영, 송승민, 전경원, 2019). 그동안 창의성을 신장시키기 위한 다양한 접근들이 제시되었는데, 그중에서도 가장 중요한 접근 중의 하나로 고려되어 온 것은 다양한 창의적 사고기법을 활용한 창의적 사고 능력의 직접적인 개발이다(전경남, 2011). 이러한 창의적 사고기법은 크거나 작은 사적, 공적 문제들을 해결하여 창의적인 태도를 갖도록 하기 위해 사용하는 일종의 창의성 훈련 도구로(김선진, 2015), 인간의 잠재된 창의적 아이디어를 이끌어 내거나 구체화하기 위한 효과적인 방법이다(2018, 박인영).

다양한 창의적 사고기법 중 브레인스토밍(Osborn, 1953), 스캠퍼(Eberle, 1971), 강제결합법(Whiting, 1974)이 유아기의 창의적 증진을 위해서 가장 많이 활용되는 창의적 사고기법으로 보고되었다(전경원, 전경남, 2010). 학술정보서비스에서 창의적 사고

1) 프로그램의 개요는 박인영(2018). 창의성 기법을 활용한 유아의 사회적 창의 증진 프로그램 개발 및 효과. 수원대학교 박사학위 청구논문, pp.24-28에서 발췌함.

기법, 창의성 기법 등으로 검색하여 2010년 이후 국내 유아를 대상으로 적용되는 창의적 사고기법의 종류를 살펴보면 관련 연구들이 꾸준히 이어져 오고 있는 상황이며, 가장 많이 사용된 기법은 전경원, 전경남(2010)의 보고와 동일하다. 이러한 연구들을 분석해 보면 단일 기법을 적용한 연구들로는 브레인스토밍에 대한 연구(김유리, 2010; 이순진, 2011; 조서희, 정재은, 2011), 스캠퍼에 대한 연구(고민영, 2010; 송규운, 조안나, 2014; 천미애, 황희숙, 2015; 정혜윤, 이경화, 2017; 이정인, 장영숙, 2017; 황지아, 2017), 여섯색깔 사고모자기법에 대한 연구(류은주, 황희숙, 2012; 배공민, 황희숙, 2014; 조인영, 2016)들이 주를 이루고 있다. 이외 시네틱스(차현정, 2016), 색다른 용도법(김경숙, 홍혜경, 2012), 트리즈(허수윤, 서현아, 김희정, 2015)가 있다.

반면 2010년 이후 국내 유아를 대상으로 복수의 창의적 사고기법을 혼합하여 적용한 연구(황희정 외, 2011; 임귀자, 김영옥, 2012; 권유선, 최혜진, 2013; 이윤옥, 2014; 김선진, 2015; 이경화, 양혜진, 2015; 박수진, 2016; 석사라, 2016; 이경화, 김정연, 2016; 이유진, 이경화, 2017)에서 자주 적용되는 창의적 사고기법으로는 브레인스토밍(브레인라이팅 포함), 스캠퍼, 강제결합법, 여섯색깔 사고모자기법, 시네틱스가 있고, 희망열거법, 속성열거법, 색다른 용도법, 마인드맵도 있으며. 이외에 유추법, 결점열거법, 연꽃기법, 연상법, 상형문자 기법 등이 있다. 간혹 PMI, 핫스팟, 히츠, 평가 매트릭스와 같은 수렴적 사고를 돕는 기법들도 일부 사용하였으나, 유아에게 적용된 대부분의 창의적 사고기법은 주로 아이디어의 생성과정, 즉 확산적 사고에 초점을 두고 있다.

박인영(2001)은 국내에서 주로 적용되는 확산적 사고를 돕는 창의적 사고기법의 유형을 연상형, 체계형, 분석형, 결합형, 목록형, 이미지형 기법으로 구분하였는데, 이를 관련 문헌을 토대로(전경남, 2011; Michalko, 2006; Miller, 1987) 다시 재조직화하면 〈표 9-1〉과 같이 나타낼 수 있다. 이를 좀 더 자세히 살펴보면 '직관적 기법(intuitve techniques)'은 자유롭게 아이디어를 발상해보는 연상형(발상형) 기법과 제시되거나 떠오르는 심상을 이용하여 아이디어를 발상하는 이미지형(심상형) 기법으로 나타낼 수 있다. '직관적 기법'은 이미지 또는 상징을 이용하여 사고의 도약을 이끌어 내어 창의적인 문제 해결에 필요한 아이디어를 생성해 내는 기법(Miller, 1987)으로 직관과 상상력을 통해 아이디어를 생성하는 기법을 말한다(Michalko, 2006). 국내 연구에 적용된 기법들을 살펴보자면 브레인스토밍, 결점열거법, 희망열거법, 색다른 용도법 등이 이에 속한다. 직관적 기법에 해당하는 기법은 창의적 사고 과정을 의식적으로 만드는 특별한 자극이나 절차 없이 무의식적 연합 과정에 주로 의존하여 아이디어를 생성하는 기법으로 이해할 수 있다(전경남, 2011).

반면에, 절차에 따라 이루어지는 체계형(절차형) 기법과 추론을 통하여 아이디어를 분석하는 유추형(추론형) 기법은 '분석적 기법(analytical techniques)'으로 나타낼 수 있다. '분석적 기법'은 창의적 사고기법이 제시하는 일련의 절차와 단계에 따라 논리적인 사고의 패턴을 생성하고 이를 통해 아이디어를 생각하도록 유도하는 기법(Miller, 1987)으로 기존 정보를 다양한 방법을 통해 조작함으로써 새로운 아이디어를 생성하는 기법을 말한다(Michalko, 2006). 앞서 언급한 국내의 연구에서 적용된 기법들에서는 스캠퍼, 여섯색깔 사고모자기법, 강제결합법 등이 이에 속한다. 분석적 기법에 해당하는 기법들은 창의적 사고의 과정을 의식적으로 만드는 특별한 자극과 절차를 통한 의식적 유추 · 추론 과정을 활성화함으로써 아이디어의 발상이 제시되는 절차와 단계에 의존하는 기법으로 이해할 수 있다(전경남, 2011).

<표 9-1> 확산적 사고를 돕는 창의적 사고기법의 유형 구분

구분	세분화	기법 예시
직관적 기법 (비구조화된)	연상형(발상형)	브레인스토밍, 결점열거법, 희망열거법 등
	이미지형(심상형)	그림자극법, 잉크자극법, 상형문자기법 등
분석적 기법 (구조화된)	체계형(절차형)	스캠퍼, 여섯색깔 사고모자기법 등
	유추형(추론형)	유추법, 시네틱스 등

국내의 유아를 대상으로 적용된 대부분의 창의적 사고기법 유형은 앞에서 살펴본 직관적 기법과 분석적 기법의 2가지 유형으로 구분할 수 있으며, 이를 다르게 표현하면 '비구조화된 창의성(unstructured creativity)'과 '구조화된 창의성(structured creativity)'으로 부를 수 있다(Ward et al, 1999). '비구조화된 창의성'은 임의성에 의해

사고의 변형이 생기고, 이를 통해 평범한 사고의 패턴에서 벗어나는 것을 가능하게 만드는 사고 과정을 말하며, '구조화된 창의성'은 구조화된 과정에 기반을 둔 체계적이고 조직화된 사고 과정을 말한다. 이들은 순차적이거나 상·하위의 개념이 아니며, 적용과정에서 유연하게 응용될 수 있다. 창의적 사고기법은 적용할 문제의 유형과 상황에 따라 동일한 기법이라도 그 효과가 상당히 달라질 수 있기 때문에 창의적 사고기법이 갖는 특성, 적용방법 등에 대한 명확한 이해를 필요로 한다. 나아가 수렴적 사고를 돕는 창의적 사고기법과도 조화롭게 적용할 필요가 있다.

창의적 사고기법은 문제 인식 능력을 길러줄 뿐 아니라 효과적인 문제해결 능력을 길러 주며, 창의적인 능력과 태도를 신장시키고, 사회성 기술 능력을 향상시킨다(박인영, 2001). 그뿐만 아니라 창의적 사고기법은 개별과 집단, 혼용으로의 적용이 가능하며 아이디어 생성과정에서 토의가 이루어지므로 사회적 관계에서의 의사소통을 촉진시킨다. 창의적 사고기법을 적용하는 과정에서 참여하는 사람 간에 아이디어를 제안하는 자유로운 분위기가 확보되므로 자신의 생각이나 느낌을 자유롭게 표현할 수 있고, 또한 아이디어에 대한 수용과 평가유보의 자세를 취함으로써 타인에 대한 존중과 친사회적인 태도를 형성할 수 있다. 본 장의 프로그램에서는 직관적 기법(비구조화된)으로 브레인스토밍, 색다른 용도법, 자유연상법을 적용하였고, 분석적 기법(구조화된)으로 스캠퍼, 강제결합법, 여섯색깔 사고모자기법, 유추법을 적용하였다.

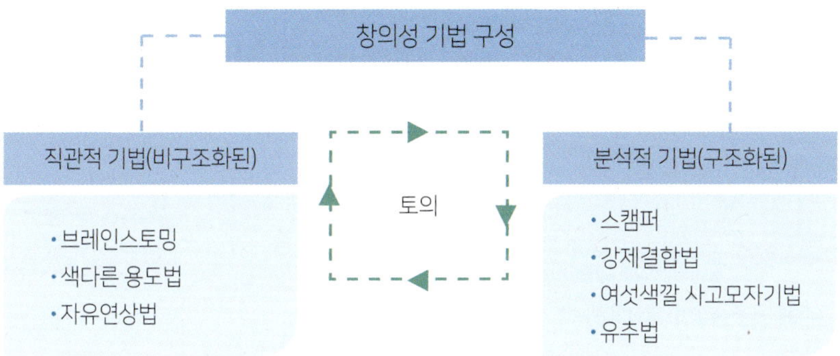

2. 프로그램의 실제[2)]

1) 사례 1

물방울 브레인스토밍

(1) 교육목표

- 물에 대한 다양한 아이디어를 산출한다.
- 경청하기에 대한 태도를 함양한다.

(2) 창의적 사고기법

브레인스토밍, Stop & Go 브레인스토밍

(3) 준비물

기본 준비물(순서깃발, 알림종), 포스트잇(또는 물방울 모양 종이), 유목화할 범주 용지, 전지, 필기구, 5가지 규칙 그림, 색깔스티커, 자신감 마이크, 그림책 등

(4) 적용과정 및 흐름

가. 관심 탐색 규칙인식 관심공유

① 브레인스토밍에 대하여 소개한다.

② 브레인스토밍의 5가지 약속을 손유희로 익힌다. 기초적인 4가지 규칙에 사

2) 프로그램의 실제는 박인영(2018), 창의성 기법을 활용한 유아의 사회적 창의 증진 프로그램 개발 및 효과, 수원대학교 박사학위 청구논문, pp.148-196에서 일부 발췌함.

회적 의사소통을 위하여 **'경청을 한다'**를 추가하여 손유희를 익혀 본다. 5가지 규칙의 의미에 대하여 이야기 나눈다. 이후 '브레인스토밍의 5가지 규칙(약속) 손유희'를 '생각노래'라고 칭한다.

③ 『출랑출랑 물!(이상교 글·이지윤 그림, 2017, 고래가숨쉬는도서관)』 그림책을 읽어 주고, 물에 대한 지식을 공유한다.

나. 협력 확장 토의확장 과정점검

① 소집단으로 나눈다.

② 소집단의 리더를 정한다.

③ 물에 대한 Stop & Go 브레인스토밍을 진행한다. '물' 하면 떠오르는 것은? 포스트잇 1장에 한 가지의 아이디어를 표현하도록 하고, 다양한 생각을 나타낼 수 있도록 격려한다. Stop & Go 브레인스토밍을 통하여 아이디어를 산출한다.

④ 아이디어를 토의할 때는 순서깃발(순서를 알려주는 용도로 돌아가면서 말하는 깃발)을 사용하거나, 자신감 마이크를 이용하여 소집단별로 토의가 이루어지게 한다. 순서를 정해 돌아가면서 이야기하도록 하며, 알림종을 이용하여 토의의 시작과 끝을 알려 준다.

⑤ 브레인스토밍한 아이디어를 유목별로 구분하여 범주를 나눠 본다. 이때 범주의 제목을 정할 때, 서로의 의견을 토의한 후 조율하여 결정하도록 한다. 물의 순환, 물의 쓰임, 물의 오염, 물의 정화, 물을 볼 수 있는 곳 등 다양하게 아이디어를 낼 수 있도록 한다.

⑥ 범주별 아이디어를 살펴보고, 추가로 떠오르는 아이디어를 첨가하기 위하여 추가 브레인스토밍을 한다.

다. 공감수렴 함께공감 평가수렴

① 소집단별 범주화된 아이디어를 벽면에 게시한다.

② 소집단별로 색이 다른 스티커를 나눠 줄 수 있다.

③ 게시된 아이디어를 살펴보면서 함께 관심 갖기를 하고, 우리 팀에 없는 아이디어에 스티커를 붙여 주는 경험을 할 수 있다.

④ 대집단으로 모여 PMI를 통해 활동을 평가한다.

- P(plus): 물에 대해 새롭게 알게 된 점은?
- M(minus): 어려웠던 점은?
- I(interesting): 물에 대해 흥미로웠던 점은?

(5) 창의적 사고를 위한 지원

배경지식을 넓혀 좀 더 다양한 아이디어를 산출할 수 있도록 물과 관련된 자료를 살펴보는 기회를 갖는다. 브레인스토밍한 아이디어를 교실환경에 게시하고 포스트잇을 비치해, 생각나는 아이디어를 자유롭게 추가할 수 있도록 한다.

아이디어 예시

리더의 'stop' 안내에 따라 개별 브레인스토밍으로 자신의 생각을 나타낸다.

리더의 'go' 안내에 따라, 순서에 맞춰 한번에 한 가지씩 돌아가면서 아이디어를 이야기한다.

Stop & Go 브레인스토밍 및 차례를 반복하여 진행하면서 아이디어를 산출한다.

소집단별 전체 아이디어를 살펴보면서 유목을 정하고, 범주별로 제목을 토의하여 조율하면서 정한다.

다른 소집단의 아이디어를 살펴보면서 자신의 소집단에서와 다른 아이디어가 무엇인지 찾아본다. 이러한 과정은 함께 관심 갖기와 아이디어 확장하기를 도와준다.

2) 사례 2

이건 모자가 아니야

(1) 교육목표

- 색다른 용도를 연상해 보는 과정을 통하여 유연하게 생각하는 능력을 기른다.
- 자신의 생각을 다양한 방법으로 나타내는 과정을 통하여 효과적인 의사소통 방법에 대하여 안다.

(2) 창의적 사고기법

색다른 용도법, 브레인스토밍

(3) 준비물

기본 준비물(순서깃발, 알림종), 부채, 선풍기, 모자, 죽부인, 선글라스, 선 캡, 동시 활동판, 플라스틱 연결고리, 미술도구, 그림책 등

(4) 적용과정 및 흐름

가. 관심 탐색 규칙인식 관심공유

① 생각노래를 부른다.

② 우리를 시원하게 해 주는 것에는 무엇이 있을까요?
부채, 모자, 죽부인, 선풍기, 선글라스 등을 보며 이야기 나눈다.
참고도서와 실물을 이용하여 관련된 경험과 지식을 나눈다.

③ 모자의 용도에 대하여 시원하게 해 주는 것뿐만 아니라 보온이나 직업을 나타내 주는 용도, 안전을 위한 용도, 패션 등 다양한 용도를 생각해 볼 수 있도록 한다.

나. 협력 확장 토의확장 과정점검

① 모자의 색다른 용도를 토의한다. 이 과정에서 아이디어 깃발이나 실물 모자를 이용하여 순서를 지켜서 아이디어를 토의한다. 규칙을 이해하고, 순서를 지켜 다양한 아이디어를 내도록 한다.

② 『모자야! 모자야!(김유대 글·그림, 2001, 시공주니어)』의 그림책 일부 장면을 보면 아이디어를 내는 데 도움이 될 수 있다.

③ 소집단별로 브레인스토밍한 색다른 용도 아이디어 중 각자 2개의 아이디어를 골라 그림과 글로 표현한다. 자신이 어떤 아이디어를 골랐는지 친구에게 이야기하며, 서로 겹치는 아이디어를 조율하도록 한다.

예 새 둥지, 벌레 잡기, 사탕 담기, 식물 심기, 창피할 때 가리기 등

④ 아이디어를 연결하여 소집단별로 협동하여 동시를 만든다. 그림으로 표현한 활동판을 고리로 길게 연결하여 동시를 만든다.

(참고도서: 『꼬리가 있었으면 좋겠어!(정재원 글 · 이혜리 그림, 2019, 보림)』 그림책의 플롯 형태를 응용한다)

- 모자가 있으면 좋겠어. / 사탕 담기 좋을 거야.
- 모자가 있으면 좋겠어. / 새집으로 좋을 거야.
- 모자가 있으면 좋겠어. / 식물 심기 좋을 거야.
- 모자가 있으면 좋겠어. / 물고기 잡기 좋을 거야 등

⑤ 동시를 재미있게 발표할 수 있는 방법을 소집단별로 의논한다. 신체를 이용하여 발표함을 알리고 발표의 방법과 순서를 의논한다.

다. 공감수렴 함께공감 평가수렴

① 소집단별로 동시를 발표한다. 대집단으로 모여서 함께한 소집단별로 발표를 진행한다. 이때 아이디어를 '몸으로 말해요' 형태로 진행하여, 발표자의 동작을 보고 다른 친구들이 **타인의 의도를 이해하고 관심을** 갖도록 한다.

② 기분과 느낌을 나눈다.

③ PMI를 통해 활동을 평가한다.

- P(plus): 우리 팀에서 생각하지 못했던 아이디어는?
- M(minus): 우리 팀만 생각한 아이디어는?
- I(interesting): 가장 흥미로웠던 점은?

(5) 창의적 사고를 위한 지원

배경지식을 넓혀 좀 더 다양한 아이디어를 산출할 수 있도록 모자와 관련된 자료를 살펴보는 기회를 갖는다. 동기유발을 위하여 다양한 종류의 실물 모자, 세계 여러 나라의 모자를 준비한다면 더욱 흥미롭다.

아이디어 예시

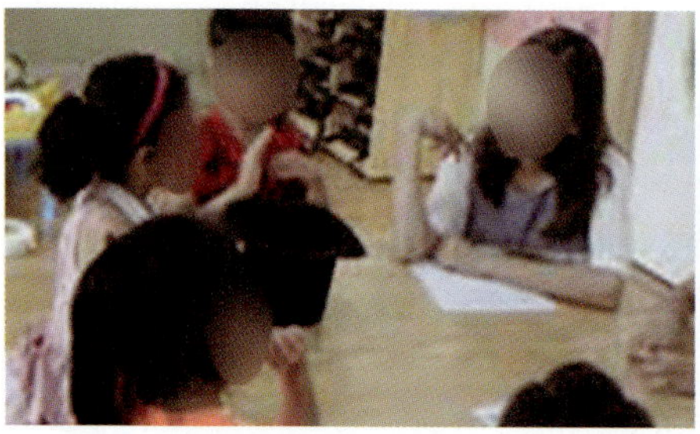

말하기 순서에 맞춰 모자를 돌려가며 자신의 생각을 표현하기.
이때 모두 아이디어를 평가 없이 수용하는 자세가 중요하다.

아이스크림 받침하기 좋을 거야,
화분하기 좋을 거야.

거북이 등을 하기 좋을 거야,
전등 갓을 하기 좋을 거야 .

3) 사례 3

연상놀이 튜브

(1) 교육목표

- 타인의 아이디어를 존중하는 태도를 기른다.
- 타인의 관점에서 이해하고 조망하는 태도를 기른다.

(2) 창의적 사고기법

자유연상법, 유추법

(3) 준비물

기본 준비물(순서깃발, 알림종), 연상 튜브 활동판, 연상 제시 단어 카드(물놀이, 땀, 물총, 수영장, 수영 등), 비밀 상자, 퀴즈 주머니, 포스트잇, 필기구, 그림책 등

(4) 적용과정 및 흐름

가. 관심 탐색 규칙인식 관심공유

① 생각노래를 부른다.

② 『여름 숲 모뽀리 소리(우종용 글·함명곤 그림, 2014, 파란자전거)』 그림책을 본다. QR코드를 통해 책에 실린 노래도 들어 보면 더욱 좋다.

③ '여름하면 생각나는 것'에 대하여 함께 연상하기를 한다. 이때 활동의 이해를 돕기 위해서 연상하기의 중간쯤은 교사 생각을 물음표(?)

로 나타낸다.

예 여름→수박→빨갛다→ ? →뜨겁다→땀→냄새…

④ 중간에 생각 하나는 물음표로 제시하되 포스트잇에 적어 퀴즈로 가지고 있는다.

⑤ 앞뒤의 단어를 이용하여 퀴즈로 빈 곳의 단어를 유추해 보도록 한다.

나. 협력 확장 토의확장 과정점검

① 연상하기와 유추하기 방법에 대해 이해를 도운 후, 소집단으로 앉는다.

② 연상하기 주제어(자극어) 카드를 비밀 상자에서 소집단별로 하나씩 뽑는다.

물놀이 -〉 -〉 -〉 -〉 -〉

③ 소집단별로 연상하기 릴레이를 진행한다.

④ 연상하기 릴레이를 진행한 아이디어 중 한 곳을 가리고 다른 팀에게 퀴즈로 제시한다. 퀴즈 주머니를 만들어, 그곳에 단어를 넣을 수 있는데 소집단 참여자와 토의하여 결정하도록 한다.

⑤ 소집단별로 퀴즈 주머니에 단어를 넣었다면, 다른 소집단에게 연상 튜브 활동판을 전달하여 퀴즈 주머니 속에 들어 있을 만한 단어를 유추해 본다. 이때 그 단어를 맞추는 데 초점을 두지 않고, 앞과 뒤의 단어를 보고 다양하게 유추해 볼 수 있도록 하는 것이 중요하다.

⑥ 일정한 시간을 주어 소집단별로 각각 연상튜브 활동판을 돌려 가며 퀴즈 주머니 속 단어를 유추해 본다.

다. 공감수렴 함께공감 평가수렴

① 대집단으로 모여 퀴즈 주머니 속에 들어 있는 단어를 살펴본다. 이때 어느 팀에서 퀴즈 주머니의 단어를 맞추었는지에 초점을 두는 것이 아니라, 어떤 생각들을 유추하였는지 살펴본다.

② 서로의 생각이 어떻게 비슷하고 다른지, 또 퀴즈 주머니 속에 다른 단어가 들어간다면 어떤 단어가 좋을지도 이야기 나눈다.

③ PMI를 통해 활동을 평가한다.

- P(plus): 활동을 하면서 즐거웠던 점은?
- M(minus): 활동을 하면서 어려웠던 점은?
- I(interesting): 활동을 하면서 흥미로웠던 점은?

(4) 창의적 사고를 위한 지원

자유연상법이란 어떤 말이나 그림을 주고 곧 생각나는 말을 반응시키는 방법으로, 처음에 주어진 말을 '자극어', 연상한 말을 '반응어'라고 하며 자신이 떠오르는 것을 자유롭게 이야기 하도록 하는 방법이다(박인영, 2018). 자유연상법과 유추법의 접목과 좀 더 흥미로운 접근을 하기 위하여 튜브 형태의 판을 만들어 실시하는 것이 유익하다.

아이디어 예시

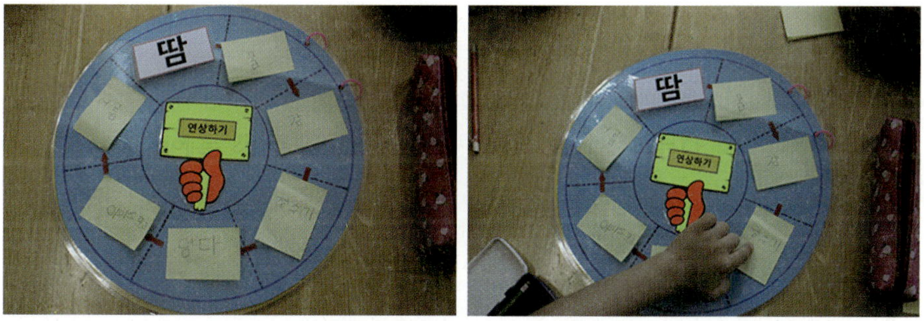

소집단별로 연상하기를 위한 제시카드(예-땀)를 뽑은 후 연상 튜브 활동판에 붙이고, 소집단 참여자와 순서를 정하여 돌아가면서 아이디어 연상하기를 진행한 후 하나의 단어를 협의하여 선택한 후 퀴즈 주머니에 넣는다.

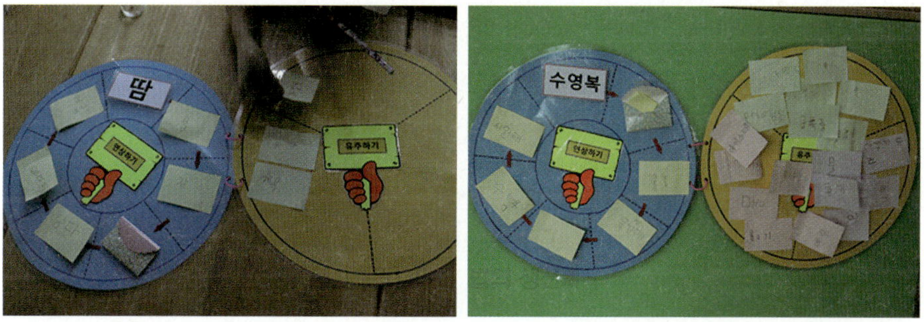

다른 소집단에 연상 튜브 활동판을 제시하면, 이를 받은 소집단에서는 연상하기에 관심을 갖고 살펴본 후, 퀴즈 주머니에 들어갈 만한 단어를 유추하여 적고 노란색 판에 붙인다.

4) 사례 4

이래서 그렇대요

(1) 교육목표

- 생명체에 대하여 관심을 갖고 자세하게 관찰하며 호기심을 발휘한다.
- 타인과 협력하는 과정에서 자신의 감정을 조절하는 태도를 기른다.

(2) 창의적 사고기법

유추법, 상상의 여행

(3) 준비물

기본 준비물, 고등어, 꽃게, 오징어, 새우, 활동지, 필기구, 그림책 등

(4) 적용과정 및 흐름

가. 관심 탐색 규칙인식 관심공유

① 생각노래를 부른다.

② 바다에서 볼 수 있는 여러 가지 생물들에 대해 이야기 나눈다.

- 나는 누구일까요? 나는 다리가 많아요. 그중 2개의 다리는 길어요. 왜냐하면 먹이를 잡아먹거든요. 삼각형 모양의 지느러미를 가지고 있어요. 나는 적이 오면 까만색 물을 뿜어요.
- 나는 몸이 딱딱해요. 나는 2개의 커다란 집게발이 있어요. 나는 보통 옆으로 걸어요. 나는 수컷과 암컷의 배가 다르게 생겼어요.

나. 협력 확장 토의확장 과정점검

① 소집단으로 구분하여, 탐정 돋보기 등을 이용하여 자세하게 볼 수 있도록 한다. 관찰을 통하여 새롭게 발견한 사실들을 공유한다.

- 주인공들이 직접 어떻게 생겼는지 자세하게 살펴볼 거예요.

②『이래서 그렇대요(이경혜 글·신가영 그림, 1997, 보림)』 그림책을 들려준다.

③ 관찰한 각 생물의 특징과 관련하여 유추와 상상을 해 볼 수 있도록 한다.

- 새우등은 왜 굽어졌을까요?
- 오징어 다리는 왜 2개만 길어졌을까요?
- 고등어(또는 꽁치) 등은 왜 파랗게 되었을까요?
- 꽃게는 왜 옆으로 걷게 되었을까요?

④ 소집단별로 '왜 그렇게 되었을까' 토의해 본다. 먼저 시작하는 참여자의 이야기를 듣고 릴레이로 이야기를 만들어 간다.

⑤ 소그룹별 앞 참여자의 이야기를 잘 경청한 후, 이에 연결하여 이야기를 구성한다. 이때 어떻게 하여 그렇게 되었을지에 초점을 두어 상상을 통한 유추를 하도록 격려한다.

⑥ 소집단별로 만들어진 이야기를 연결하여 어떤 스토리가 되었는지 살펴보고, 제목을 결정한다.

다. 공감수렴 함께공감 평가수렴

① 대집단으로 모여, 소집단의 이야기를 들려주며 공유한다.

② 소집단의 발표를 듣고, 궁금한 점이 있다면 질문하며 소통한다.

③ PMI를 통해 활동을 평가한다.

- P(plus): 이야기를 만들면서 즐거웠던 점은?
- M(minus): 이야기를 만들면서 어려웠던 점은?
- I(interesting): 이야기를 만들면서 흥미로웠던 점은?

(5) 창의적 사고를 위한 지원

특징이 있는 다양한 종류의 바다생물을 준비하고 '탐정 돋보기'를 이용하여 흥미롭게 관찰할 수 있도록 격려하는 것이 중요하다. 스토리를 만들 때 현재의 모습과 반대되는 상황(예 – 새우 등은 무척이나 반듯했대요)에서 시작할 수 있도록 안내한다. 어떤 특징의 모습을 선택할 것인지는 소집단의 토의를 통하여 자율적으로 결정할 수 있도록 한다.

아이디어 예시

준비된 바다생물을 '탐정 돋보기'를 이용하여 자세하게 관찰하면서, 발견된 사실을 공유한다.

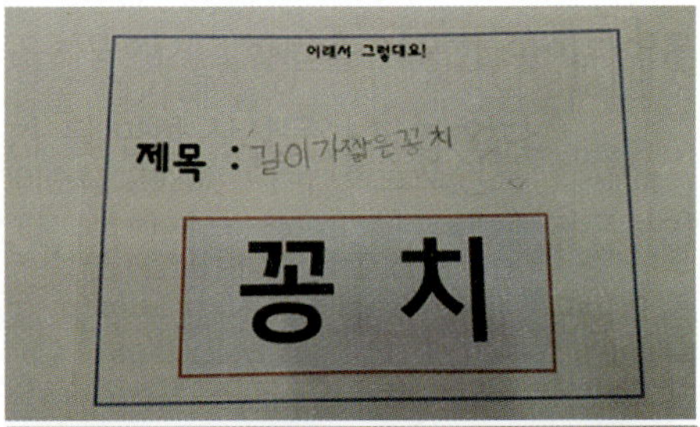

관찰을 마친 후, 하나의 생물을 골라 소집단별로 돌아가면서 이야기 릴레이를 한 후 그에 맞는 이야기 장면을 표현한다.

5) 사례 5

물총 아이디어 기부통

(1) 교육목표

- 아이디어 기부에 대하여 이해한다.
- 스캠퍼에 맞춰 물총에 대한 적절한 아이디어를 산출한다.

(2) 창의적 사고기법

스캠퍼

(3) 준비물

기본 준비물(순서깃발, 알림종), 기부상자, 스캠퍼 알파벳과 의미 단어, 사진 또는 그림자료(고래·물총새·수박·우산·얼음·물총), 스캠퍼 아이디어를 나타낼 수 있는 라벨지(책 만들기에 용이하도록 라벨지에 진행함), 병풍책 색지

(4) 적용과정 및 흐름

가. 관심 탐색 규칙인식 관심공유

① 생각노래를 부른다.

② 고래, 물총고기, 수박, 우산, 얼음, 물총의 그림을 준비한다.

③ 비밀 상자에 그림을 넣고 뽑아서 둘(예를 들면 고래와 물총) 또는 셋(고래, 물총새, 물총)의 닮은 점을 생각해 보도록 한다.

④ 물총 놀이 경험에 대하여 이야기를 나눈다.
물총 놀이를 한 경험이 있었나요? 어떤 점이 재미있었나요? 어떤 점이 불편하였나요?

나. 협력 확장 토의확장 과정점검

① 물총을 주제로 스캠퍼를 진행함을 이야기한다.

② 기부상자를 보여 준다. 『기부를 하면 무엇이 좋을까요?(앰버 하우시 글·데니스 클레멘센 그림, 2015, 별숲)』 그림책을 본다.

③ 기부에 대하여 이야기 나눈다.

④ 기부상자를 보여 주며 생각을 서로에게 기부해 보는 것임을 안내한다.

⑤ 소집단별로 스캠퍼 약자를 뽑아 기부상자에 부착한다.

⑥ 각 소집단이 뽑은 아이디어를 산출한다. 이 과정에서 아이디어가 고갈된 친구를 위하여 기부상자를 활용한다. 단, 아이디어가 없는 친구더라도 아이디어 기부통을 이용할 수 있는 횟수를 제한하여 자신의 생각을 갖고 좀 더 적극적으로 토의에 참여할 수 있도록 격려한다.

S(대치하기): 물총을 대신할 수 있는 것은?

C(결합하기): 물총과 결합된다면?

예) 물총이 방패와 결합되면 좋을 거야

A(순응하기): 문제를 해결한다면?

예) 물총이 무거워?

M(수정하기): 모양, 크기, 색깔 등을 바꾼다면?

예) 물총이 커진다면, 작아진다면?

P(다른 용도): 다른 용도는?

예) 물총의 다른 용도는?

E(삭제하기): 제거한다면?

예) 물총에서 삭제한다면?

R(거꾸로 한다면): 물총의 배열을 바꾼다면?

⑦ 산출한 아이디어를 정리하여 소집단별로 병풍책을 만든다.

다. 공감수렴 함께공감 평가수렴

① 소집단별로 발표하고, 서로의 발표를 경청한 후 격려를 주고받는다.

② PMI를 통해 활동을 평가한다.

- P(plus): 물총 스캠퍼를 하면서 즐거웠던 점은?
- M(minus): 물총 스캠퍼를 하면서 어려웠던 점은?
- I(interesting): 물총 스캠퍼를 하면서 흥미로웠던 점은?

(5) 창의적 사고를 위한 지원

적용 연령에 따라 스캠퍼에 대한 이해 정도가 다를 수 있으므로, 유연하게 접근할 필요성이 있다. 스캠퍼의 모든 요소를 한꺼번에 적용하기보다는, 각 요소를 소집단으로 나누어 진행하면서 친숙해질 수 있도록 하는 과정이 필요하다.

아이디어 예시

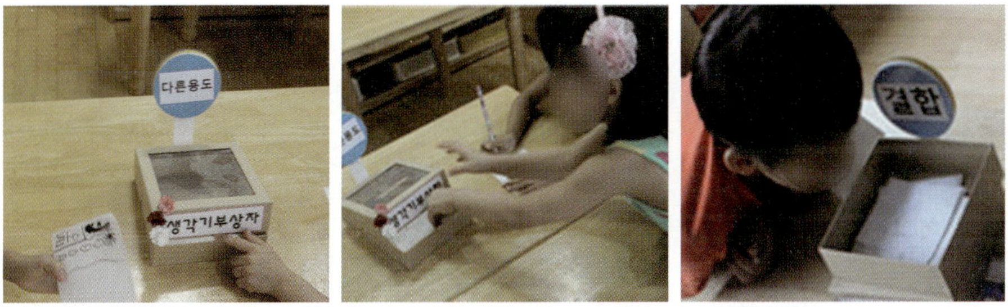

순서를 정하여 돌아가면서 스캠퍼 요소에 맞춰 아이디어를 산출한다.
이 과정에서 아이디어가 고갈된 친구를 위하여 기부통에 아이디어를 기부한다.

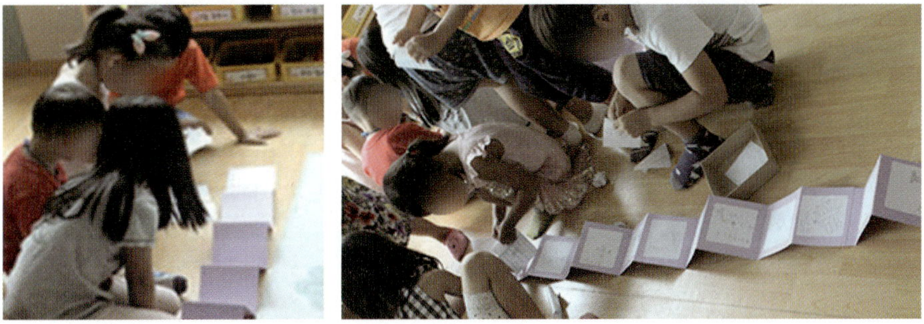

정해진 시간 동안 아이디어를 산출한 후,이를 살펴보면서 병풍책을 만들어 아이디어를 점검한다.

6) 사례 6

바퀴 브레인스토밍

(1) 교육목표

- 바퀴가 달린 것에 대하여 관심을 갖고 다양한 아이디어를 산출한다.
- 토의를 통하여 협력하고 조율하는 과정에 대한 긍정적인 태도를 기른다.

(2) 창의적 사고기법:

Stop & Go 브레인스토밍, 마인드맵

(3) 준비물

기본 준비물(순서깃발, 알림종), 다양한 종류의 실물 바퀴, 대집단 활동지, 포스트잇, 필기구, 그림책 등

(4) 적용과정 및 흐름

가. 관심 탐색 규칙인식 관심공유

① 생각노래를 부른다.

② 『동글동글 바퀴(박정선 글·이윤우 그림, 2017, 비룡소)』 그림책을 들려준다.

③ 몇 가지의 서로 다른 실물 바퀴를 준비하여 보여 주며, 바퀴의 특징과 같은 점 및 다른 점들을 관찰하여 발견된 정보를 공유한다.

예 장난감 자동차 바퀴, 인라인 바퀴 등

나. 협력 확장 토의확장 과정점검

① 소집단으로 나누어 앉는다.

② 포스트잇에 개별 브레인스토밍을 하면서 '바퀴' 하면 떠오르는 것들에 대한 아이디어를 산출한다.

③ 정해진 시간 동안 아이디어를 각자 산출하였다면, 순서깃발을 돌려 가며 자신이 생각한 아이디어를 집단별로 발표한다. 형태는 Stop & Go 브레인스토밍 형태이다.

④ 다시 개별 브레인스토밍을 진행하여 위 2, 3의 과정을 교차로 진행한다.

⑤ 대집단 활동지를 바닥에 놓고, 그 활동지를 중심으로 유아들이 모여 앉는다.

⑥ 순서깃발을 돌려 가며 자신의 아이디어를 발표한다.

⑦ 아이디어를 모아, 어떤 범주로 아이디어를 구분하여 유목화하면 좋을지 토의한다.

⑧ 기준에 따라 아이디어를 분류하고 협동하여 붙일 수 있도록 한다.

다. 공감수렴 함께공감 평가수렴

① 바퀴에 대한 전체적인 아이디어를 살펴본다.

② 대집단 활동지를 정리하여 환경에 게시한다.

③ 이후 바퀴에 대하여 더 생각나는 것을 자유롭게 추가 브레인스토밍할 수 있도록 안내한다.

④ PMI를 통해 활동을 평가한다.

- P(plus): 바퀴 브레인스토밍을 하면서 즐거웠던 점은?
- M(minus): 바퀴 브레인스토밍을 하면서 어려웠던 점은?
- I(interesting): 바퀴 브레인스토밍을 하면서 흥미로웠던 점은?

(5) 창의적 사고를 위한 지원

탈것과 관련된 바퀴뿐만 아니라 시계 속 톱니바퀴, 의자 밑 바퀴, 문 아래 달린 바퀴 등 다양한 바퀴의 쓰임에 대하여 주변을 관찰할 수 있는 기회를 갖는 것이 필요하다.

아이디어 예시

소집단으로 나눠서 바퀴에 대한 Stop& Go 브레인스토밍을 진행한다.

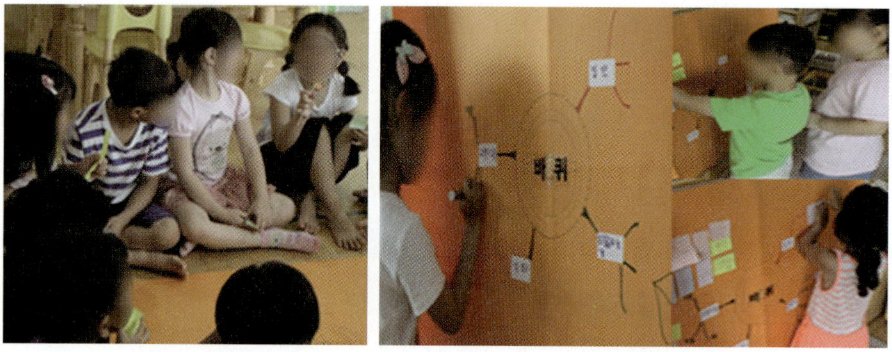

대집단으로 모여서 나온 아이디어를 돌아가면서 함께 이야기 나누고, 범주를 어떻게 유목화할 것인지 토의한 다음,그에 따라 아이디어를 구분하여 붙인다.

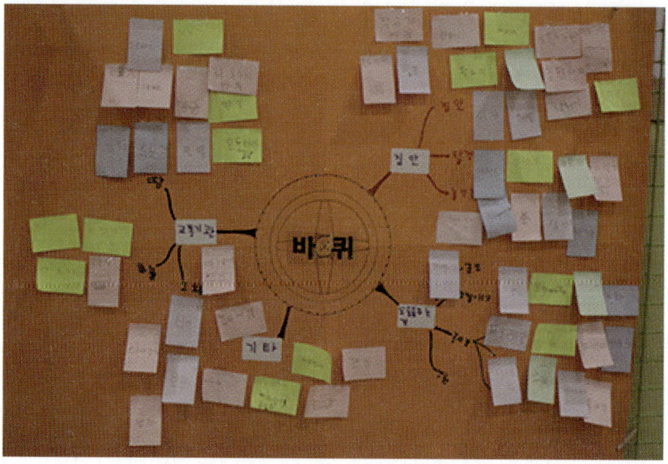

전체 아이디어를 살펴보면서 바퀴에 대한 아이디어를 정리해 보고,
환경에 게시하여 추후 더 생각나는 아이디어를 추가한다.

7) 사례 7

무슨 일이 있었을까?

(1) 교육목표

- 소리를 듣고 유추하는 과정에서 확산과 수렴을 통한 균형적 사고능력을 기른다.
- 또래와 협력하는 태도를 향상한다.

(2) 창의적 사고기법

유추법, 강제결합법

(3) 준비물

기본 준비물(순서깃발, 알림종), 녹음기, 여러 탈것 관련 소리들이 녹음된 자료, 만들기 재료, 그림책 등

(4) 적용과정 및 흐름

가. 관심 탐색 규칙인식 관심공유

① 생각노래를 부른다.

② 『소리나는 그림책 (탈것)(예림당 편집부 글·그림, 1995, 예림당)』을 통하여 탈것의 소리를 민감하게 듣는다.

③ 탈것들의 소리를 흉내내 본다.

나. 협력 확장 토의확장 과정점검

① 불특정한 그림책 1권의 표지를 보여 준다. 그림책의 내용을 모를수록 좋다.

② 이 그림책의 내용을 소리 동화로 담아 왔다고 안내한다.

- 이 그림책에서 들을 수 있는 소리들을 녹음해 왔어요. 자, 어떤 소리들이 들리는지 한번 들어 볼까요?

③ 몇 가지의 음향 효과를 들려준다. 예를 들면 경찰차 사이렌 소리, 테이프 감기는 소리, 땅콩 깨무는 소리, 스프링클러 소리, 뱃고동 소리 등 불특정한 소리들이 섞이는 것이 좋다.

④ 소집단별로 앉는다.

⑤ 소리들을 듣고 어떤 일이 일어난 상황인지 유추하며 협력하여 토의한다.

⑥ 스토리의 장면을 그리거나 막대인형, 그림동화 등 다양한 방법으로 만들어서, 들었던 소리들을 이용하여 하나의 이야기를 만들기 위해 협동한다.

⑦ 소집단별로 소리를 듣고 유추한 이야기를 전개해 본다.

다. 공감수렴 함께공감 평가수렴

① 대집단으로 모여 발표하며 공유한다.

② PMI를 통해 활동을 평가한다.

- P(plus): 소리를 듣고 동화 만들기를 하면서 즐거웠던 점은?
- M(minus): 소리를 듣고 동화 만들기를 하면서 어려웠던 점은?
- I(interesting): 소리를 듣고 동화 만들기를 하면서 흥미로웠던 점은?

(5) 창의적 사고를 위한 지원

소리를 들려주는 과정에서 명확한 소리보다는 불특정한 소리가 효과적이다. 다양한 소리를 듣고 어떤 일이 일어났는지 유추해 볼 수 있도록 하며, 소리의 순서에는 상관이 없다. 이때 다른 사람의 생각을 수용하고 경청하며, 자신이 유추한 내용과 융합하여 하나의 스토리를 만들어 내려고 노력하는 과정에 초점을 둔다.

아이디어 예시

제목: 모험을 떠나요

여행을 하다 도둑을 만나 가지고 있던 것을 모두 잃어버렸어요.

울고 있는데 저쪽에 불이 났어요. 나는 불을 끄는 것을 도와줬어요. 그랬더니 상으로 배를 탈 수 있게 해 줬어요.

그래서 배를 타고 모험을 하게 됐어요

하마터면 상어한테 잡아 먹힐 뻔했어요

8) 사례 8

새로운 교통수단

(1) 교육목표

- 궁금한 것을 묻고 답하는 과정을 통해 효율적인 의사소통 능력을 기른다.
- 나와 다른 관점에 대하여 이해하고 공감하는 태도를 기른다.

(2) 창의적 사고기법

브레인스토밍, 강제결합법, 상상의 여행

(3) 준비물

기본 준비물(순서깃발, 알림종), 교통수단 그림 자료, 비밀 상자, 개별적으로 뽑을 탈 것 그림 카드(빈 카드 포함), 색깔별 클레이, 종이 접시, 모형 바퀴, 그림책 등

(4) 적용과정 및 흐름

가. 관심 탐색 규칙인식 관심공유

① 생각노래를 부른다.

② 교통수단에 대한 그림 자료를 이용하여 여러 가지 교통수단에 대하여 이야기를 나눈다. 이때 『탈 것은 다 다르고 특별해!(셰리 새프런 글·그림, 2007, 미세기)』를 통하여 이야기를 나눌 수도 있다.

나. 협력 확장 토의확장 과정점검

① 비밀 상자에 넣어둔 탈것 그림 카드를 개별적으로 1장씩 뽑는다. 대부분 탈것 그림이 그려져 있는 카드이지만, 간혹은 아무것도 그려져 있지 않은 비어 있는 카드도 있다. 비어 있는 경우 자신이 원하는 탈것을 그려 넣는 조커 카드와 같은 형태라 그려 넣으면 된다.

② 카드를 뽑은 후 1장씩 꺼낸 탈것 카드를 가지고, 2인 1조로 짝을 짓는다.

③ 서로 다른 탈것을 강제결합하여 어떤 새로운 탈것으로 만들지 의논한다. 두 명의 아이디어가 함께 반영되도록 충분히 의사소통을 할 수 있도록 한다.

④ 의논한 내용들을 토대로 그림으로 간단하게 표현해 본다.

⑤ 이를 바탕으로 짝꿍과 협동하여 클레이로 새로운 탈것의 모양을 만든다. 클레이뿐 아니라 필요하다면 바퀴나 다양한 미술재료 등을 사용한다. 이때 바퀴 4개를 달아 일반적인 자동차 모양으로 표현하지 않고, 다양하게 상상하여 나타내 볼 수 있도록 격려한다.

⑥ 종이 접시에 1장씩 뽑았던 활동 카드를 각각 붙이고, 짝꿍과 만든 작품을 종이 접시 위에 놓는다. 활동 카드를 붙이는 이유는 어떤 탈것들이 강제결합되었는지 쉽게 이해할 수 있도록 하기 위함이다.

다. 공감수렴 함께공감 평가수렴

① 2인 1조로 의논한 아이디어들이 작품에 잘 반영되었는지 살펴본다.

② PMI를 통해 활동을 평가한다.

- P(plus): 탈것 강제결합을 하면서 좋았던 점은?
- M(minus): 탈것 강제결합을 하면서 어려웠던 점은?
- I(interesting): 탈것 강제결합을 하면서 흥미로웠던 점은?

(5) 창의적 사고를 위한 지원

2인 1조로 완성한 탈것의 특징을 자세히 생각해 보도록 하는 것이 좋다. 이때 PMI 기법을 활용하여 P(좋은 점), M(불편한 점), I(흥미로운 점)를 생각해 볼 수 있다.

또한 새로운 탈것이 움직이는 공간이 어떤 곳일지에 대해서도 협동하여 나타내 본다면 더욱 흥미롭다. 발표하는 팀과 설명하는 팀으로 구분하여 자유롭게 돌아 보면서 궁금한 점들을 질문하고 소통하는 시간을 갖도록 한다.

아이디어 예시

탈것 그림 카드를 하나씩 비밀 상자에서 뽑아 2인 1조로 짝을 지어 내가 선택한 카드+친구가 선택한 카드=?에 대하여 의논한 후, 새로운 탈것의 형태를 점토를 이용하여 표현한다.

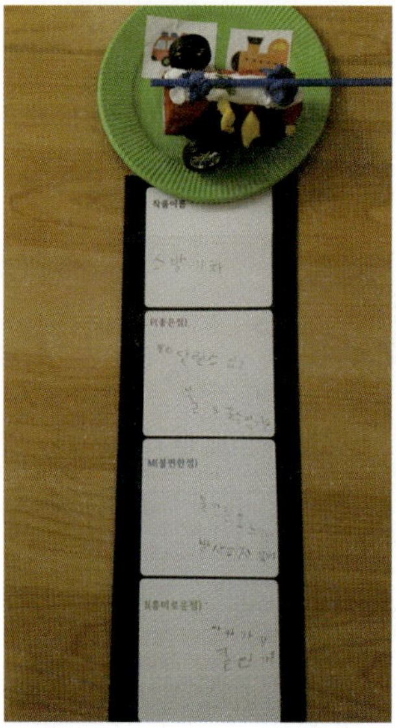

만든 탈것에 대한 작품 설명서를 PMI를 이용하여 의논하여 나타낸다. 탈것에 어울리는 배경 그림을 협동하여 꾸민다. 친구들의 작품을 둘러보면서 설명을 경청하고, 궁금한 것들을 질문하면서 충분한 의사소통의 기회를 경험한다.

9) 사례 9

여섯색깔 사고모자 신호등

(1) 교육목표

- 여섯색깔 사고모자에 따라 균형적 사고 능력을 발휘한다.
- 다른 사람들과의 관계에서 자신의 생각을 자신감 있게 표현하는 태도를 기른다.

(2) 창의적 사고기법

여섯색깔 사고모자기법

(3) 준비자료

기본 준비물(순서깃발, 알림종), 여섯색깔(흰색, 검정, 빨강, 노랑, 녹색, 파랑) 모자, 여섯색깔 모자 모양 활동지, 여섯색깔 사고모자 안내자료, 격려 모자[3], 신호등 모형 등

(4) 적용과정 및 흐름

가. 관심 탐색 규칙인식 관심공유

① 생각노래를 부른다.

② 신호등 모형을 보여 주며 신호등에 대한 이야기를 나눈다.

③ 세계의 여러 신호등 그림 자료를 보여 주며 특징에 대하여 공유한다.

3) 격려 모자란 여섯색깔 사고모자기법에 하나의 모자를 더 추가하여, 토의가 모두 마무리 된 후에 사용하는 모자로 함께 진행했던 참석자들에게 격려의 말을 해 주기 위한 모자이다(박인영, 2018).

나. 협력 확장 토의확장 과정점검

① 여섯색깔 사고모자기법에 대하여 흥미를 유발한다.

② 각 색깔 모자를 쓰고 모자의 의미에 대해 이야기를 나눈다.

③ 신호등을 주제로 소집단별로 각 색깔 모자를 쓰고 아이디어를 산출한다. 여기서 '모자를 쓴다'는 의미는 상징적인 의미로 책상 가운데에 놓여 있는 모자를 보고 다 같이 그 주제에 대하여 생각해 보는 것을 의미한다. 각 색깔 모자별로 아이디어를 산출하여 대집단 활동지에 산출된 아이디어를 나와서 붙이면서, 각 모자별 아이디어를 발표하는 형식이다.

예 오늘은 우리가 여섯색깔의 모자를 쓰고 신호등에 대하여 생각해 보려고 해요. 책상 가운데 놓여 있는 흰색 모자는 사실을 이야기해 주는 모자예요. 우리 모두 흰색 모자를 한번 써 볼까요? 흰색 모자를 쓰고 신호등에 대한 사실에는 어떤 것들이 있는지 포스트잇에 표현해 보세요.

- 흰색(사실): "신호등에 대해 알고 있는 사실을 포스트잇에 나타내 보세요. 그런 다음 소집단별로 아이디어를 소개해 보세요. 겹치지 않은 아이디어를 가지고 나와서 '대집단 흰색 모자 활동지'에 붙여 주면서 다른 친구들이 들을 수 있도록 큰소리로 아이디어를 이야기해 주세요." 이하 다른 모자도 흰색 모자와 같은 방법으로 진행한다.
- 빨강(직관): 신호등하면 생각나는 느낌이나 감정은 무엇인가요?
- 노랑(긍정): 신호등의 좋은 점은 무엇이 있을까요?
- 검정(부정): 신호등의 불편한 점은 무엇이 있을까요?
- 녹색(창의): 좀 더 새로운 신호등으로 바꾼다면?

④ 위에서 5가지 색깔의 모자를 쓰고 생각해 낸 아이디어를 바탕으로 고안한 신호등을 디자인하여 그린다.

- 파랑(평가): 흰색, 빨강, 노랑, 검정, 녹색 모자를 쓰고 신호등에 대하여 생각해 보았어요. 그 아이디어를 바탕으로 자신이 생각한 새로운 신호등을 디자인해 보세요.

⑤ 먼저 소집단 구성원에게 디자인한 신호등을 소개한다.

⑥ 격려 모자를 모두 쓰게 한 후, 참여한 소집단 구성원에게 칭찬이나 격려의 말을 한다.

다. 공감수렴 함께공감 평가수렴

① 대집단으로 모여 소집단별로 새롭게 디자인한 신호등 아이디어를 발표하며 공유한다.

② PMI를 통해 활동을 평가한다.

- P(plus): 여섯색깔 사고모자 신호등을 하면서 즐거웠던 점은?
- M(minus): 여섯색깔 사고모자 신호등을 하면서 어려웠던 점은?
- I(interesting): 여섯색깔 사고모자 신호등을 하면서 흥미로웠던 점은?

(5) 창의적 사고를 위한 지원

여섯색깔모자에 격려모자를 더하여, 활동의 마지막 과정에서 격려모자를 쓰고 서로에게 긍정적인 피드백을 하는 모자로 사용하도록 한다면 더욱 부드러운 분위기를 형성할 수 있다.

아이디어 예시

여섯색깔 사고모자기법에 따라 소집단별로 선택한 모자의 색에 맞는 아이디어를 토의한다.

소집단별 산출한 아이디어 활동지를 다른 팀에게 건네며 살펴본 후,
떠오르는 아이디어에 대하여 추가적으로 아이디어를 낸다.

모자를 쓰고 소집단 구성원과 협력하여 토의한다.

여섯색깔 사고모자기법을 토대로 새롭게 생각한 신호등에 대한 아이디어를 정리해 본다.
다른 친구들에게 소개할 1개의 아이디어를 구체화하여 나타낸 후 1차적으로 소집단 구성원과 공유한다.

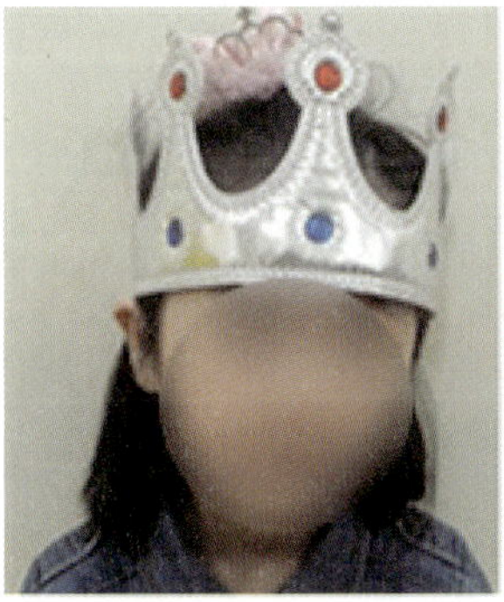 

격려 모자를 쓰고 토의 과정에 대하여 격려를 나눈다.

CHAPTER 10

성인의 역할

창의성 교육에서 성인의 역할[1)]은 구체적인 안내자, 중립적인 촉진자, 참여하는 격려자, 심리적 · 물리적 환경 구성자, 관찰하는 평가자의 역할이 수행되어야 한다.

첫째, 성인은 아동의 발달과 흥미에 적합한 방법으로 창의적 사고기법을 활용할 수 있는 구체적인 안내자(교수자) 역할을 해야 한다. 이때 성인은 지시 방향의 구체성이 있어야 한다. 창의성 활동에서 지시 방향의 구체성에 따라 수행이 달라진다는 연구들을 살펴보면(Chen et al, 2005; Nusbaum, Silva, & Beaty, 2014; O' Hara & Sternberg, 2001; Runco, Illies, & Reiter-Palmon, 2005) 성인의 안내 방향에 따라 창의성을 발현하는 과정에서 어느 정도 사고를 조절할 수 있으며, 어떤 방식이 창의적일 것인지에 대하여 조절할 수 있음을 보고하고 있어서 지시 방향의 구체성이 창의성 활동에서 중요함을 알 수 있다. 특히 아동기 아이디어의 특징은 유사연상 반응을 보이는 성질이 있으므로, 제시된 상황에 부합된 아이디어를 산출하기 위해서는 지시 방향의 구체성이 필요하다. 성인은 주제에 대하여 흥미롭게 안내하고, 시작과 마무리 시간에 대해서도 안내하여 아동이 활동의 진행을 예측할 수 있도록 해야 한다.

둘째, 아이디어를 토의하는 과정에서 협력이 원활하게 이루어지도록 중립적인

1) 성인의 역할에 대한 내용은 박인영, 송승민, 전경원(2019). 창의성 기법을 활용한 유아의 사회적 창의증진 프로그램 개발. 창의력교육연구, 19(1), p. 21-54과 박인영, 송승민, 김미옥, 이순희(2017). 유아교사의 창의성에 대한 의미 해석과 접근에 대한 탐색. 창의력교육연구 16(1), 내용의 일부를 발췌함.

촉진자 역할을 해야 한다. 개개인 모두가 효과적인 참여자가 될 수 있도록 격려하며, 자기중심적인 사고에서 벗어나 다른 사람의 관점을 이해하고, 또래와 협력하는 긍정적인 상황들을 충분히 경험할 수 있도록 격려한다. 이때 격려는 긍정적인 태도를 유지하되, 성인은 평가나 판단이 제외된 중립을 유지하도록 하여 중립적인 촉진자가 되어야 한다.

셋째, 성인은 참여하는 격려자의 역할을 해야 한다. 특히 성인은 진행과정에서 좋은 모델링이 되어 줄 수 있어야 한다. 성인은 아동의 의견을 잘 경청하고, 공감을 표현하며, 긍정적인 방식으로 생각과 느낌을 표현하는 모습을 보여 줌으로써 아동에게 바람직한 의사소통의 모델링이 되어야 한다. 또 엉뚱한 생각에 대한 주의환기, 소극적인 아동의 참여회복, 경쟁에 대한 지혜로운 완화, 아이디어 고갈이나 편중 시 참여자로서의 역할 등이 필요하므로 성인은 참여하는 격려자가 되어야 한다. 또한 성인은 사전에 아이디어의 다양성을 고려하여 충분히 가능한 아이디어들을 모색한 후, 활동과정에서 편중된 아이디어가 산출될 때 새로운 범주의 아이디어를 제시해 주는 참여자가 되어 아동의 사고를 자극하는 역할을 수행하여야 한다. 아동에게서 산출된 아이디어를 유목화해 봄으로써 편중된 아이디어에 대하여 점검해 보는 기회를 갖도록 한다.

넷째, 성인은 심리적 · 물리적으로 적절한 환경 구성자의 역할을 해야 한다. 심리적인 환경을 위하여 성인은 무엇보다 편안하고 자유롭게 서로의 의견을 교환할 수 있는 분위기를 조성하는 것이 중요하다. 개방적이고 부드러운 분위기를 형성하고 모든 아동에게 골고루 기회를 제공하여 참여할 수 있도록 한다. 아동이 소집단을 지어 활동하는 경우라면 보통 4~6명으로 소집단을 구성하는 것이 적당하며, 아동의 인원수는 의사결정 상황이 포함된 경우에는 홀수가 좋고, 짝을 짓는 활동이 포함된 경우에는 짝수가 좋다. 소집단을 구성할 때 아동이 아이디어를 내는 특성을 고려하여 편성하는 것이 필요한데, 아동의 성별뿐 아니라 관심분야, 주제에 따른 이해 정도 등을 평소 관찰하여 골고루 집단의 구성원들이 섞이도록 하여 아이디어의 산출이 좀 더 원활하게 이루어질 수 있도록 구성한다. 소집단 활동 시에는 서로 마주보고 둥글게 앉을 수 있도록 하는 것이 좋은데, 둥근 형태로 앉아서 진행하게 되면 친밀한 거리(intimate distance)에서 아동이 서로의 얼굴을 보고 있기 때문에 언어적 · 비언어적 의사소통이 촉진된다. 또 아동에게 내적 동기와 흥미를 제공하기 위하여 다양한 교수자료 준비가 이루어져야 한다. 이때 실물이 가능한 부분은 실물을 준비하여 관찰, 탐색할 수 있는 기회를 제공하고, 실물이 없을 경우에는 사진, 그림 자료, 책 등을 다양하게 준비한다. 무엇보다 시간에 너무 쫓겨 급하게 진행되지 않도록, 충분한 시간을 확보하는 것이 필요하다. 아동이 자신의 생각을 정리하고 표현할 수 있도록 성인은 충분한 시간적 여유를 아동에게 제공해 줘야 한다. 또한 활동의 결과물을 아동들이 쉽게 볼 수 있도록 게시하여 생활 속에서 지속적이고 습관적인 관심을 형성할 수 있도록 도와야 한다.

다섯째, 성인은 아동이 참여하는 과정과 결과에 대하여 충분히 모니터링하면서, 창의적 사고의 변화에 대한 평가자의 역할을 해야 한다. 이를 토대로 교수-학습 활동을 보완하고 개선하는 역할을 수행하며, 아동에게 적합한 피드백을 줄 수 있어야 한다.

교수과정에서 창의성을 격려하는 요인과 방해하는 요인

1) 격려하는 요인

유아교사는 교수과정에서 유아의 창의성을 격려하는 첫 번째 요인이 반응과 발문이라고 하였다. 긍정 · 수용 · 인정 · 공감하는 반응, 격려와 칭찬, 유아가 생각을 자유롭게 표현하고 활동을 확장할 수 있는 발문이다. 두 번째 요인으로는 유아와 교사의 상호작용이었는데 교사와 유아와의 많은 대화, 다양한 표현을 할 수 있도록 유도하는 개별적인 상호작용, 관찰자로서 민감한 반응, 또래 간의 상호작용의 빈도가 많을 때이다. 세 번째 격려 요인으로는 학급의 수용적인 분위기와 교사의 태도라고 하였는데 수용적인 분위기를 형성하여 자유롭게 생각을 표현할 수 있도록 하고, 유아의 반응에 함께 신나하고 즐거워하는 교사의 태도이다. 마지막 네 번째 격려 요인으로는 전시나 소개, 모방이 될 수 있는 모델링, 다양하고 풍부한 자료 제시(그림자료, 그림책, 멀티자료 포함), 재활용품의 자유로운 사용, 오감을 통한 직접적인 경험과 이를 가능하게 하는 실물 자료 사용이라고 하였다.

성급하게 마무리하기보다는 기다리죠. 너가 뭔가를 더 발전해 나가리라 믿으며 기다리죠. 또 뭔가 탐색하는 것이 돌이라면 여러 가지 돌을 제시해 주고 관련된 흙, 모래, 진흙 이런 것들을 제시해 줘서 그런 부분에 대해서는 탐색해 보고 만져 볼 수 있게 해요. (연구참여자 4)

아이들과 송편 빚기를 했는데 송편을 빚다가 "나는 그렇게 안 만들고 싶어."라고 하더라구요. "그래, 어떻게 만들고 싶은데? 만들고 싶은 모양대로 만들어 볼까?"했더니 하트 모양을 두 개 만들어서 샌드위치처럼 겹치고 가운데에 소를 넣더라구요. 익반죽이라 다른 아이들도 이걸 보고 동물도 만들고, 쌓아서도 만들고 여러 가지 자신만의 모양으로 재미있게 만들면서 너무 즐거워하더라구요. (연구참여자 8)

2) 방해하는 요인

유아교사는 교수과정에서 유아의 창의성을 방해하는 첫 번째 요인은 제한이라고 하였다. 교사들이 언급한 제한은 유아들과 활동 시 약속이나 규칙을 지켜야 한다고 제한하는 것, 정형화된 결과물이나 과정을 요청하며 제한하는 것, 친사회적 행동이 아니라고 제한하거나 장소의 범위를 제한하는 것, 유아들에게 기다리라는 말을 사용하여 상황을 지연하는 것이다. 두 번째 방해 요인으로는 단답형 질문, 급급한 상호작용, 정답이 정해진 질문을 하는 것, 특정 아이디어에 대한 성급한 지지를 보임으로써 확장을 제한하는 교사의 반응이라고 하였다. 세 번째 방해 요인으로는 교사의 태도이다. 귀찮음, 교사의 주관적 판단이나 해석, 방관자적 태도, 경청하지 않는 태도, 수용적이지 않은 분위기, 엉뚱한 생각에 대한 편견이라고 하였다. 네 번째 방해 요인으로는 다양한 업무로 집중 못하는 업무환경이나 충분한 상호작용이 어렵도록 정해진 촉박한 하루 일과, 글쓰기나 선긋기와 같은 학습지 유형의 활동형태, 학습적인 분위기 선호, 인원수에 부족한 교구나 재료, 높은 유아 교사의 비율 등이라고 하였다.

어, 선생님! 잠깐만, 선생님! 잠깐만… 정말 '잠깐만' 소리를 제일 많이 하죠. '안 돼'가 아니라 잠깐만, 선생님. 잠깐만 하고 (화장실 가는 유아) 도와주고 와서, '어 뭔데?' 하고 흐름을 살짝 깨거나… 본의 아니게 흐름을 깨고 얘기를 하거나 도와주거나…. 저쪽 친구가 더 급하다면 도와주러 가야 되고…. (연구참여자 4)

"어 그런 생각도 할 수 있구나"하고 해 줬어야하는데 저도 모르게 "어 그거 좋은 생각인 것 같아." 이렇게 반응해 버리더라구요. 제가 생각하지 못했던 이야기를 아이가 했을 때… 너무 제가 앞선 반응을 보이면 아이들이 '아 좋은 답변이구나' 하고 따라 해요… 또 교사가 자신이 아는 부분만 준비한 것을 전달하기에 급급하면 창의성을 저해하는 것 같아요. (연구참여자 1)

시간적인거… 시간적인 여유도 있고 하루가 아닌 이틀 연속적으로 할 수 있는 그렇게 조금 여유로운 게 필요한데, 아무래도 하루 일과가 정해져 있고 다른 하루 일과가 계획되어 있기 때문에 조금 시간적으로 재촉하다 보니까 그런 부분에 있어서 아이들이 더 마음껏 표현하기가 어려운 것 같아요. (연구참여자 2)

출처: 박인영, 송승민, 김미옥, 이순희(2017).

창의적인 교수과정에서의 곤란한 상황과 대처 경험

1) 소극적인 유아: 지혜로운 격려자 되기

창의적인 교수과정에서 소극적인 유아들에게의 접근은 어려운데 그 대처방법으로는 먼저 교사와 유아가 공감대를 형성하고, 기다려 주고, 힌트를 제공해 주는 등의 긍정적인 관계와 격려라고 하였다. 창의적인 아이디어를 표현하게 하기보다는 경험 위주로 표현하거나 참여할 수 있는 기회를 주고, 대집단보다는 소집단활동을 할 수 있도록 하여 교사와 유아의 상호작용 즉, 격려의 시간을 많이 만드는 것이라고 하였으며, 이러한 교사의 격려 분위기는 또래 간의 격려로 옮겨진다고 하였다.

물어보면 소극적인 친구들은 묻지 말라고 안 하겠다고 꺼려하는 그런 제스처를 많이 하거든요. '그럼 생각해 보고 이따가 물어볼테니 대답해 줘' 하고 좀 있다 다시 물어보면 대답을 안 할 때도 있고 소극적인 친구들은 어려운 거 같아요. 그래서 창의적인 표현보다는 자기가 경험한 거 위주로 말할 수 있도록 해요. 참여를 했을 때는 좀 과하게 반응을 해주고 격려해주는데…. (연구참여자 1)

그 친구들은 일단 안아 줘요. 그리고 계속 지지해 줘요. 이 친구와 관계를 형성시켜요. 마음 공감대가 먼저 형성 되는 게 중요하더라고요. 무슨 말이라도 하면 '네가 이렇게 해 주니까 진짜 선생님 기분이 좋아' 그랬더니 그 친구가 그렇게 하는 횟수가 점점 늘더라고요. (연구참여자 4)

제가 좀 수시로 발문을 많이 해 주려고 노력해요. '이 상황에서 이렇게 하면 어떨까. 이건 어떨까?' 하는 형태로 힌트를 준다고 해야 하나. 그렇게 해서 아이가 생각을 조금 표출할 수 있게끔 도와주고 있어요. 또 대집단으로 했을 때는 부끄러워서 못하는 아이들이 있어요. 그런 아이들은 소집단으로 나눠졌을 때 제가 가죠. 관심을 갖고 상호작용을 하다보면 충분히 올라오거든요. (연구참여자 10)

즉, 유아교사들은 소극적 유아의 참여를 위하여 다각적 접근을 통해 격려자되기를 시도하고 있다. 이러한 창의적인 교수과정에 대한 교사 자신의 직접적인 경험을 통하여 유아의 반응이나 참여 및 흥미가 어떠한지를 느끼면서 교사 자신도 더욱 자신감 있고 창의적인 시도들을 하게 된다. 이 과정에서 유아뿐 아니라 교사도 창의적으로 변화되는 직접적 경험을 갖는 것은 교사의 효능감을 더욱 증진시킨다.

2) 엉뚱한 반응의 유아: 너그러운 수용가 되기

엉뚱한 반응과 주제와 상관없는 아이디어를 내는 유아들에게 대처하는 방법이 힘들다고 하였는데, 엉뚱한 아이디어를 내는 유아에 대하여 교사는 활동에 집중할 수 있도록 주위를 환기, 무시, 참여 유도, 주제 재언급, 기록 거부 등의 방법을 사용기도 하며, 수업과정을 위해 단호하게 대처하거나 맞대응 형태의 반응을 보인다고 하였다. 반면 창의성과 연관되어 엉뚱한 반응이 나오는 것이라 생각하여 수용하거나 호응하거나 격려해 주는 반응도 보인다고 하였다.

엉뚱한 반응은 사실 교사로서 그렇게 반갑지는 않은 반응이기는 해요. 왜냐하면 그 친구로 인해서 잘 들어갔던 깊이 있는 주제가 나올 수 있으니까 아무래도 반갑지는 않아요. (연구참여자 7)

일단 공감, 경청은 해 주고, 지금은 00에 대해서 이야기하니까 00이가 말한 것을 이따가 다시 얘기해 볼까. 또는 전환을 위해서 손유희를 하거나, 목소리 톤을 크게 했다가 작게 했다가 하면서 엉뚱한 반응에 대한 관심을 다른 쪽으로 유도해요. (연구참여자 3)

이러한 엉뚱한 생각에 대한 유아교사의 태도와 행동은 교실 내 심리적 환경에 미치는 중요한 요소가 되므로, 유아교사는 좀 더 수용적인 태도를 보여 줌으로써 일반적인 아이디어에서 벗어나서 무엇인가 새로운 생각을 하려는 창의적인 도전을 할 수 있도록 격려하는 것이 필요하다. 수용적인 분위기의 형성은 창의적인 교수과정에서 가장 필수적인 요소이다.'

3) 허용과 제한의 모호함: 현명한 중립자 되기

유아교사들은 창의적 교수를 실천하는 데 있어서 유아의 반응을 어디까지 허용할 것인지, 창의적인 표현과 그렇지 않은 표현 사이에 구분이 어렵고, 규칙에서 벗어나는 행동에 대한 제지와 장난과 호기심 사이에 애매모호한 표현이나 교사의 판단을 어떻게 발휘할 것인지에 대해 모호하고, 원활한 유도가 어렵다고 하였다.

'아이들이 이 정도는 할 수 있겠다' 해서 제공했는데 제 생각대로 되지 않고 나무가 아니라 이상한 걸 그린다든가… 저는 나무를 원했는데 다른 이상한 걸 그린다든가 동물을 그린다든가… '이럴 때 어떻게 해야 되지? 내가 원하는 방향으로 아이들을 끌어가는게 맞나? 자신이 원하는 것을 그리고 싶어 하는 아이들의 마음을 헤아려서 해야 되나?' 싶고…. (연구참여자 10)

어떤 친구들이 창의력이 발현되고 어떤 형태로 창의성이 나오는지 잘 모르겠어요. 사실 생각이 자유로운 친구들은 잘 하는데, 그 생각이 자유롭기까지 어떻게 이끌어야 하는지 사실 잘 모르겠어요. (연구참여자 11)

즉 유아교사는 창의적 교수과정에서 자신이 적절하게 진행하고 있는지에 대한 확신이 없고 진행과정이 혼란스러우며, 경험 미숙이라고 느끼고 있다. 즉 창의적 교수과정을 수행하는 초기 교사의 경우 활동 진행에 대한 불분명한 것에 대한 불안, 특히 자신이 활동 수행을 창의적으로 진행하고 있는 것인지에 대한 혼란, 유아의 반응에 대한 대처의 모호함 등으로 인하여 더욱 수행 곤란을 경험하고 있다. 따라서 유아교사는 자신과 유아에 대한 판단이나 평가를 유보하고 유아가 활동에 대한 이해를 충분히 하였는지 관찰하고, 결과보다는 참여과정에 초점을 두도록 한다.

출처: 박인영, 송승민, 김미옥, 이순희(2017).

나만의 창의적 사고기법 만들어 보기

♣ 지금까지 익혀 본 창의적 사고기법 외에도 다양한 창의적 사고기법들이 존재합니다. 어떤 기법들이 있을지 찾아서 1가지씩 소개해 보세요.

♣ 지금까지 익혀 본 창의적 사고기법을 토대로 나만의 창의적 사고기법을 만들어 보세요.

아이디어를 도와주는 Tip

♣ 본 서에 소개된 창의성 기법 외에 다양한 창의적 사고기법이 있는데 그중 더블 버블맵과 서클맵의 예입니다. 이처럼 소개되지 않은 창의적 사고기법을 찾아보세요.

- 더블 버블맵(Duble bubble map): 차이점과 공통점을 보기 쉽게 구분하여 아이디어를 도식화해 보는 방법

- 서클맵(Circle map): 주제를 가운데에 적고, 떠오르는 단어나 아이디어를 주변에 나타내면서 자신의 생각을 표현해 보는 방법

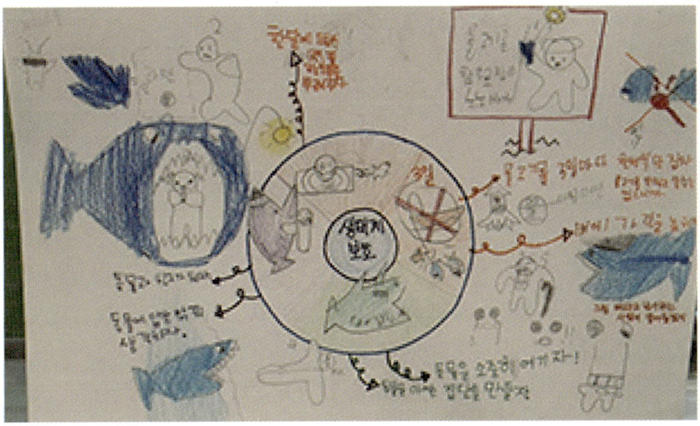

아이디어를 도와주는 Tip

♣ 다음은 나만의 창의적 사고기법에 대한 아이디어 내기를 도와주는 예시입니다.

♣ 손가락 기법

손가락 기법은 손가락의 엄지, 검지, 중지, 약지, 소지의 첫 글자를 활용하여 생각하기(T), 공유하기(I), 표시하기(M), 수정하기(R), 계속하기(L)의 순서로 창의적인 아이디어를 발명하는 것이다. 진행방법은 먼저 소집단으로 앉아 손가락 기법 노래로 워밍업을 한다. 그 후 아이디어를 산출할 물건을 한 가지 고르고 선택된 물건을 어떻게 더 발전시키고 싶은지 생각해 보고 소집단마다 나눠 준 종이에 각자 자신의 아이디어를 적는다. 그리고 그 종이를 집단끼리 돌려 가며 읽는다. 창출된 아이디어 중 더 이야기 나누고 싶은 아이디어가 있다면 ♡ 스티커로 표시하고 가장 많이 ♡ 스티커가 붙은 아이디어를 다 함께 수정해 본다. ♡ 스티커가 붙은 아이디어가 없어질 때까지 계속 이야기를 한다면 무수히 많은 아이디어가 나오게 될 것이다. 이 기법을 사용할 때 유의점은 인원을 10~12명 정도로 하여 2~3팀으로 구성하는 것이 좋다. 만일 인원이 많다면 집단별 아이디어의 수를 제한해 시간이 너무 오래 걸려 따분함을 느끼지 않도록 한다. 모든 아동의 아이디어가 존중받아야 하므로 수정, 보완하고 싶은 아이디어는 긍정적인 표시의 스티커를 붙이도록 한다.

- 2021년 2학기 창의성과 인성교육 수강학생 광주대학교 문0현

♣ 초성 기법

초성 기법은 초성을 보고 생각 나는 단어를 모두 적은 후 제시된 주제에 맞게 단어를 사용하여 문장을 만드는 기법이다. 예를 들어 성인이 'ㄷㅂ'이라는 초성을 제시했을 때 아동이 도보, 두부, 달빛, 달밤, 동백, 등불 등 생각나는 단어를 적어 본다. 이후, 성인이 '어떻게 하면 친구와 사이좋게 지낼 수 있을까?'라는 주제를 제시하고 생각했던 단어를 사용하여 문장을 만들어 본다. 예를 들어, '두부같이 부드러운 말투로 친구를 대한다', '친구에게 등불과 같은 존재가 되어 준다' 등과 같은 문장을 만들어 낼 수 있다.

초성 기법을 활용할 수 있는 다른 방법에 대한 설명이다. 기본적으로 초성 기법은 무작위로 초성을 제시하여 단어를 생각해 낸다. 하지만, 계속해서 무작위로 제시했을 경우 아동들이 흥미를 느끼지 못할 수도 있기에 단어를 뽑는 방법을 사용할 수 있다. 두 개 정도의 상자를 준비한 후 그 안에 초성을 종이에 적어 넣어 놓는다.

아동이 두 개의 상자에서 각각 한 개씩 종이를 뽑고, 적힌 초성을 보고 단어를 생각한다. 이 방법은 성인이 어떤 초성을 제시했는지 기억이 잘 나지 않을 때, 아동의 흥미가 조금은 떨어졌을 때, 아동이 직접 초성을 뽑는 방법으로 이 기법을 진행한다면 성인도 매번 초성을 생각하는 번거로움을 줄일 수 있고, 아동도 흥미를 느끼고 참여할 수 있을 것이다.

- 2021년 2학기 창의성과 인성교육 수강학생 광주대학교 박0연

♣ 오징어 게임 기법

오징어 게임 기법이란 넷플릭스 드라마 '오징어 게임' 로고에 있는 도형을 활용하여 만든 기법으로, 도형의 그림을 보고 사물을 상상하는 기법이다. 일상 생활에서 친숙하게 보는 도형을 보고 새로운 사물을 지정된 시간 안에 최대한 많이 상상하는 것이다. 오징어 게임 기법의 진행 방법으로는 첫째, 다양한 도형(원, 삼각형, 사각형 등)이 그려진 그림 카드를 뽑는다. 둘째, 첫 번째 차례에는 그림 카드를 한 개만 뽑고, 뽑은 도형을 보고 도형이 포함된 사물이나 생각나는 사물을 그림으로 표현한다. 셋째, 두 번째 차례에는 그림 카드를 두 개씩, 세 번째 차례에는 그림 카드를 세 개씩 뽑고 두 개, 세 개의 도형이 모두 포함된 사물을 제시하여 그림으로 표현한다. 마지막으로 그림이 완성되면 다른 친구들이 그린 그림을 보고 평가한다. 오징어 게임 기법의 유의점으로는 첫째, 도형을 보고 사물을 떠올릴 때 제한 없이 상상이 가능하지만, 도형과 아무 관련이 없는 상상은 불가하다. 둘째, 그림 카드를 뽑을 때는 같은 도형을 뽑을 수 있다. 다시 말해, 원이 그려진 그림 카드를 2개 선택 가능하며, 원이 2개가 있는 사물을 상상하여 그림으로 표현하는 것이다. 셋째, 한 번의 차례마다 지정된 시간 안에 많이 상상한 후, 상상한 여러 가지 그림을 모두 그릴 수 있다. 넷째, 개인마다 다른 그림 카드를 뽑아야 하므로 시간 절약을 위해 조를 구성하여 진행하고 개인 한 명당 돌아 가며 3분씩 시간을 지정해 준다.

- 2021년 2학기 창의성과 인성교육 수강학생 광주대학교 신0희

♣ 주인공 기법

주인공 기법이란 다양한 영화를 감상해 보고 영화 속에 등장하는 다양한 갈등상황이나 문제상황에서 만약 자신이 주인공이 된다면 어떻게 문제를 해결해 나갈지, 자신만의 창의적인 방법을 생각해 보고 팀원과 이야기 나누어 보며 상상력을 발휘하고 사고를 확장해 나가는 방법이다.

이 기법을 생각해 낸 계기는 평소 다양한 등장인물, 주인공이 나오는 영화, 만화 등을 보는 것을 좋아해서 내가 만약 주인공이었다면 어땠을지 생각해 보게 되었다.

그 과정에서 풍부한 상상력이 요구되는 것을 알게 되었고, 나의 생각과 타인의 생각을 공유해 보면서 다양한 사고를 할 수 있게 되어 이 기법을 만들게 되었다.

이 기법의 진행방법은 먼저 영화를 선정한다. 이때 아동들이 이해하기 쉽고 흥미가 갈 만한 만화영화나 아동의 상상력을 자극시킬 수 있는 영화로 선정한다. 그 다음에는 팀을 나눈다. 팀을 나눈 뒤, 영화를 감상한다. 영화를 함께 감상하고 나서는 조원끼리 영화를 본 소감에 대해 이야기 나눈다. 조별로 영화 속 주인공에 대한 생각을 나누고, 조별로 생각해 본 하나의 주인공을 만들어 볼 수 있도록 한다. 조별로 생각해 낸 주인공의 말과 행동을 그림이나 만들기, 역할극으로 표현해 보며 작품을 만든다. 마지막으로 조별로 만들고 구상한 작품을 다른 친구들과도 공유하고 전시해 본다.

주인공 기법을 진행할 때 유의해야 할 점은 다음과 같다. 먼저 영화를 선정할 때는 아동의 흥미와 상상력을 자극시킬 수 있는 영화로 선정한다. 아동들이 긴 시간 집중하기에는 어려움이 있으므로 적절한 시간의 영화를 선정한다. 평소 아동들의 관심거리나 흥미를 잘 파악하여 동화를 선정하는 것도 좋은 방법이다. 함께 영화를 감상할 때는 다른 친구들에게 방해가 되지 않도록 함께 규칙과 약속을 정할 수 있도록 한다. 아동들이 조원끼리 이야기 나눌 때는 경청하는 자세를 가질 수 있도록 하고, 자신의 생각을 자유롭게 표현할 수 있도록 성인이 적절하게 개입한다. 성인은 아동들의 생각을 표현할 수 있는 풍부하고 다양한 재료를 제공한다. 또한 진행과정에서 성인은 소외된 아동이 없는지 전반적으로 잘 관찰하면서 진행한다.

- 2021년 2학기 창의성과 인성교육 수강학생 광주대학교 김O희

부록

본 부록은 학술연구정보서비스 RISS에서 '창의 기법', '창의성 기법' 용어로 검색한 국내학술자료들을 중심으로 연령별, 가나다순으로 정리한 자료이다.

1. 유아

고민영(2010). 애니메이션 비디오 감상을 활용한 스캠퍼 기법이 유아의 창의성에 미치는 영향. 한국유아교육연구, 12, 33-55.

고성희·이경화·김정연(2018). 두줄쓰기 창의기법 적용 동시짓기 활동이 유아의 창의적 능력과 창의적 성격 향상에 미치는 효과. 예술인문사회융합멀티미디어논문지, 8(3), 69-78.

구성수·김형재·유호열·김혜지·마성은·박현진·임유진·전현정(2014). 광고제작을 통한 유아의 창의·인성 프로그램 개발. 한국산학기술학회 학술대회, 493-495.

권유선·최혜진(2013). 창의성 기법을 적용한 유아 예술프로그램이 유아의 창의성과 사회성에 미치는 영향. 유아교육학논집, 17(3), 55-78.

권혜진(2015). 창의적 발상기법을 활용한 유아 교수-학습 방법. 특수영재교육저널, 2(1), 27-42.

김경미(2005). 온/오프라인 통합 유아창의성교육 프로그램 개발. 사고개발, 1(1), 111-131.

김미옥·송승민(2020). 음악 활동을 통한 유아 창의인성교육 프로그램의 개발 및 효과. 한국보육지원학회지, 16(6), 123-153.

김체희·김빛내·황희숙(2013). CoRT 사고기법을 활용한 창의성 훈련이 유아의 창의성 및 자연친화적 태도에 미치는 효과. 수산해양교육연구, 25(6), 1263-1272.

김희정·허수윤·서현아(2016). 유아용 TRIZ 프로그램의 창의성 증진 효과검증. 창조와 혁신, 9(1), 69-88.

남병애(1998). CoRT 사고기법에 기초한 사고활동 프로그램이 유아의 창의성 증진에 미치는 효과 연구. 아동연구, 3, 105-111.

류은주·황희숙(2012). 육색사고모 기법을 활용한 명화감상 활동이 유아의 창의성, 언어 표현력 및 미술 감상능력에 미치는 효과. 미래유아교육학회지, 19(1), 435-459.

박이심(2005). 유아의 창의성 증진을 위한 생활주제별 SCAMPER 프로그램의 타당화 연구. 부산교육학연구, 18(1), 97-123.

박이심(2007). 유치원 생활주제별 SCAMPER 프로그램이 유아의 창의성에 미치는 효과. 부산교육학연구, 20(1), 37-54.

박인영·송승민(2019). 창의성 기법을 활용한 유아의 사회적 창의 증진 프로그램의 효과. 창의력교육연구, 19(2), 49-76.

박인영·송승민·전경원(2019). 창의성 기법을 활용한 유아의 사회적 창의 증진 프로그램 개발 -창의성과 사회적 의사소통의 균형적 접근을 중심으로. 창의력교육연구, 19(1), 21-54.

박혜경·유연옥(2017). CoRT 기법을 활용한 유아 사고교육 프로그램을 통한 유아의 상위수준 사고의 변화. 사고개발, 13(2), 21-43.

박혜경 · 유연옥(2017). CoRT 기법을 활용한 유아 사고교육 프로그램의 개발 및 상위수준 사고에 미치는 효과. 정기학술대회 논문집, 2017, 170-170.

박희순 · 유연옥(2005). SCAMPER 활동이 유아의 창의성 증진에 미치는 효과. 사고개발, 1(2), 31-50.

배공민 · 황희숙(2014). 창의적 사고기법을 활용한 이야기 나누기 활동이 유아의 창의성 및 언어표현력에 미치는 효과. 동북아시아문학학회 국제학술대회 발표자료집, 2014(05), 318-323.

배공민 · 황희숙(2015). 육색사고모 기법을 활용한 이야기나누기 활동이 유아의 창의성 및 언어표현력에 미치는 영향. 인지발달중재학회지, 6(1), 19-33.

송규운 · 조안나(2014). SCAMPER 기법을 적용한 동화재구성 활동이 유아의 창의성에 미치는 영향. 한국육아지원학회 학술대회지, 2014(4), 199-201.

송민서 · 홍순옥(2019). 창의성 증진을 위한 예술통합유아과학교육 프로그램 개발. 열린유아교육연구, 24(1), 425-449.

유경훈(2019). 유아의 창의 · 정서 함양을 위한 통합 프로그램 개발. 교육과학연구, 21(2), 327-343.

이경화 · 김정연(2016). 창의사고기법 활용 프로그램이 유아의 창의적 능력 및 창의적 성격에 미치는 영향. 유아교육학논집, 20(2), 299-321.

이경화 · 양혜진(2015). 창의적 사고기법 활용 프로젝트 수업이 유아의 창의성 향상에 미치는 효과. 창의력교육연구, 15(2), 33-47.

이유진 · 이경화(2017). 'Cre-Up 유아 창의프로그램'의 프로젝트 활동이 유아의 언어 및 도형 창의성 향상에 미치는 효과. 영재와 영재교육, 16(3), 5-22.

이윤영 · 유영의(2018). SCAMPER 기법을 적용한 미술 활동이 만 5세 유아의 창의성에 미치는 영향. 한국유아교육연구, 20(3), 271-301.

이윤옥(2004). 명화를 활용한 브레인스토밍 활동이 유아의 정서지능에 미치는 효과. 열린유아교육연구, 9(3), 49-72.

이윤옥(2014). 동화를 활용한 창의적 사고기법 연계 감정코칭 문제해결 활동이 유아의 창의성에 미치는 영향. 유아교육학논집, 18(6), 363-381.

이은빈, 유연옥(2008). CPS 활동과 BS 활동이 유아의 창의성에 미치는 영향. 열린유아교육연구, 13(3), 477-495.

이정인, 장영숙(2017). SCAMPER 기법을 활용한 이야기 나누기 활동이 유아의 창의성과 언어능력에 미치는 영향. 열린부모교육연구, 9(4), 347-366.

임귀자, 김영옥(2012). 창의성기법을 활용한 유아과학교육 프로그램 개발 및 효과. 유아교육학논집, 16(1), 523-549.

임홍재 · 황보영란(2007). SCAMPER기법을 이용한 교사의 질문이 유아의 창의성 증진에 미치는 영향. 유아교육논총, 16(2), 1-21.

정혜윤 · 이경화(2015). SCAMPER를 활용한 교사의 발문이 유아의 창의성 증진에 미치는 효과. 창의력교육연구, 17(1), 47-62.

정혜윤 · 이경화(2015). 포스터 발표: SCAMPER 기법을 활용한 교사 발문이 유아의 창의성 향상에 미치는 영향. 정기학술대회 논문집, 2015, 582-582.

조인영(2016). 여섯색깔사고모자 기법을 활용한 그림책 중심의 배려교육이 유아의 배려적 사고에 미치는 영향. 한국유아교육연구, 18(1), 83-110.

조희숙 · 함진주(2001). 유아의 창의성 증진을 위한 집단별 브레인스토밍 훈련효과. 영유아보육연구, 7, 99-116.

천미애 · 황희숙(2015). SCAMPER 기법을 활용한 창의성 활동이 유아의 창의성 및 가상적 내러티브 구성능력에 미치는 효과. 인지발달중재학회지, 6(3), 23-37.

최미숙 · 김미영 · 민순옥(2009). 브레인스토밍을 통한 동시 짓기 활동이유아의 이야기 구성력 및 창의성에 미치는 영향. 유아교육 · 보육복지연구, 13(1), 131-152.

최병연(2013). 창의성 신장 기법을 활용한 문제중심학습(PBL)에서 초등영재의 학습 경험에 관한 질적 연구. 영재와 영재교육, 12(1), 163-188.

최윤희 · 김훈희(2011). 취학 전 아동을 위한 OTSM-TRIZ 기반의 창의적 문제해결력 신장. 한국콘텐츠학회논문지, 11(3), 496-504.

최정빈 · 최인수(2008). 명화를 활용한 브레인스토밍이 유아의 창의성과 자기조절능력에 미치는 영향: 소집단 중심으로. 생활과학(Journal of human life sciences), 11, 125-138.

허수윤 · 서현아 · 김희정,(2015). 유아의 창의적 문제해결력 증진을 위한 TRIZ 프로그램개발 - 누리과정을 중심으로. 창의력교육연구, 15(2), 1-16.

황희정, 장유진, 박천호(2011). 창의성 기법을 적용한 원예활동 프로그램이 유아의 창의성에 미치는 효과. 인간식물환경학회지, 14(3), 155-162.

2. 초등

강경아 · 윤지현 · 강성주(2015). 초등학생의 창의성 계발을 위한 방안으로서 아이디어 생성 및 검토 단계에 창의적 사고기법을 도입한 문제 해결 프로그램의 가능성 탐색. 초등과학교육, 34(1), 95-108.

강호감 · 최선영(2002). 창의력을 계발하기 위한 과학과 교수 · 학습 방법. 과학교육논총, 14, 1-16.

김민정 · 임희정(2017). 창의적 사고기법 활용 과업중심 초등영어 말하기 수업의 효과. 언어연구(Journal of studies in language), 32(4), 645-664.

김민정·정혜영(2016). 창의성 기법을 기반으로 한 교육연극이 초등학습자의 영어 말하기, 듣기 능력 및 정의적 태도에 미치는 영향. 학습자중심교과교육연구, 16(1), 169-188.

김성경·한광래(2015). 초등학교 발명교실에서 창의적 발상기법의 적용과 효과. 한국초등과학교육학회 학술대회, 68, 166-166.

김유정·강미선·홍영식(2015). 스캠퍼(SCAMPER) 기법을 활용한 악기 발명 교육 프로그램개발 및 적용. 한국초등교육, 26(2), 105-122.

김은영·이성은(2009). 언어적 창의성 향상을 위한 SCAMPER 발상기법 프로그램 개발. 한국초등국어교육, 39, 93-122.

김정선·손승현(2008). SCAMPER 기법을 활용한 창의적 글쓰기 지도 효과. 한국초등국어교육, 38, 105-134.

김정심(2002). 여섯 색깔 사고모 기법 프로그램이 초등학생의 창의성 및 사회적 문제해결력 향상에 미치는 효과. 대한사고개발학회 학술발표대회 발표논문집, 161-174.

김종훈·김종진·이면재(2004). 창의적인 아이디어 개발방법. 초등교육연구, 9, 133-146.

김준희·문성환(2009). 초등학생의 발명 흥미도 신장을 위한 TRIZ기법 적용 실과 교육 프로그램 개발. 한국실과교육학회지, 22(1), 93-114.

김희필·남승권·이한규·계광선·이주호·임병웅·송경욱·정수정(2007). 초등학생의 창의성 교육을 위한 TRIZ 발명 교육 프로그램의 개발 및 적용 효과. 한국실과교육학회지, 20(2), 1-20.

남현욱·이종범·백건우(2007). NFTM-TRIZ를 적용한 초등학생 창의적 문제해결 교육 프로그램의 개발 및 효과성 검증. 실과교육연구, 13(4), 171-190.

노희정(2013). 창의적 사고기술 함양을 위한 초등 도덕교육. 윤리교육연구, (29), 95-114.

류성림(2018). 연꽃기법을 적용한 수학수업이 초등학생의 수학적 창의성 및 성향에 미치는 효과. 과학·수학교육연구, 41, 37-55.

문상용(2009). 아동의 창의성 개발을 위한 디자인 교육에 대한 연구-브레인 스토밍 발상방법을 중심으로. 한국디자인포럼, 22, 59-66.

문성환·김오범(2011). 초등학생의 창의성 신장을 위한 슬기로운 생활 교과 활용 발명교육 프로그램 개발. 교과교육학연구, 15(2), 333-351.

박아름·이동원(2018). 초등학생의 발명태도 신장을 위한 역할극 활용 발명교육 프로그램 개발 및 효과. 한국실과교육학회지, 31(1), 45-68.

배진호·강우석·소금현(2012). 창의기법을 활용한 초등과학수업이 학생들의 과학 학습동기와 과학 학업 성취도에 미치는 영향. 초등과학교육, 31(2), 243-252.

심향·강호감(2015). 초등과학과에서 창의력 계발을 위한 창의사고기법 활용방안. 교육논총, 35(1), 97-110.

유경훈(2020). 초등 저학년 학생의 창의·정서 함양을 위한 통합 프로그램 개발. 한국산학기술학회논문지, 21(5), 551-558.

윤용찬·양용칠(2003). 마인드맵 기법을 활용한 초등학생의 글쓰기 학습에 관한 사례 연구. 교육학연구, 41(3), 371-398.

윤주혁·김경태(2018). 초등학교 발명교육에 적합한 TRIZ 발명원리 선정 및 교육적 접근 방안. 한국실과교육학회지, 31(1), 69-87.

이경애(2014). 식생활을 소재로 한 초등학교 발명교육 프로그램 개발. 한국실과교육학회지, 27(4), 249-270.

이경화·유경훈·한윤영(2016). TRIZ를 활용한 DHA-I 프로그램이 초등저학년 아동의 창의성과 융합문제해결력에 미치는 효과. 창의력교육연구, 16(3), 97-111.

이민혜·이경애(2020). 초등 교육과정 연계형 TRIZ 발명교육프로그램이 발명핵심역량에 미치는 영향에 관한 사례연구. 한국실과교육학회지, 33(2), 19-40.

이세은·김정희(2012). 창의성 기법을 활용한 독서 프로그램이 초등학생의 언어 창의성에 미치는 영향. 영재와 영재교육, 11(3), 5-22.

이은정·류상희(2019). 육색사고모 기법을 적용한 발명 아이디어 프로그램이 초등학생의 창의성에 미치는 효과. 교육논총, 39(2), 73-93.

이정우·이철현(2015). TRIZ키트를 활용한 발명교육이 초등학생들의 창의적 특성에 미치는 효과. 한국실과교육학회 학술대회논문집, 2015(2), 299-299.

임경진·정진현(2015). TRIZ 기법을 활용한 초등학교 발명교육 학습자료 개발. 한국실과교육학회지, 28(1), 143-162.

임혜진(2012). 초등학생의 창의성 신장을 위한 TRIZ 프로그램 개발 및 적용 효과 분석. 영재교육연구, 22(2), 467-482.

정동훈·김경태·문대영(2016). 초등 현직교사와 예비교사가 인식하는 창의적 사고기법 중요도와 수행도 분석. 한국실과교육학회지, 29(2), 93-107.

정수민·김용권(2015). 창의적 사고기법을 활용한 과학수업이 학업성취도와 과학적 태도에 미치는 영향. 한국초등과학교육학회 학술대회, 69, 99-99.

최석민(2013). 창의, 인성교육의 실태: 초등 도덕과 사고기법 활용 실태를 중심으로. 초등도덕교육, (43), 365-388.

최선혜·모화숙·하대현(2014). SCAMPER 기법을 활용한 종이접기 수업이 아동의 창의성과 공간능력에 미치는 효과. 열린교육연구, 22(1), 113-137.

최종봉·김성일(2000). 초기 청소년을 위한 창의성 증진 프로그램의 효과. 청소년학연구, 7(1), 1-29.

추병완(2011). 초등 도덕과에서 창의적 사고기법의 활용. 초등도덕교육, (35), 211-242.

홍광표·정주영(2018). 초등학생의 발명역량 증진을 위한 트리즈(TRIZ) 기반 학습모형

개발. 학습자중심교과교육연구, 18(6), 807-827.

홍기대(2009). 초등 지리수업에서 사고기법을 통한 창의적 사고력의 신장방안. 사회과교육, 48(4), 161-173.

홍기대(2010). 초등사회과 수업에서 브레인스토밍 기법을 통한 창의적 사고력 신장의 방안. 초등교육연구, 24(2).

3. 중고등

강혜인(2018). 창의성 사고기법을 활용한 한국음악사 교육방법 개발 연구. 음악과 민족, 55, 323-354.

고종걸(2005). 수학과 교수ㆍ학습 과정에서의 창의성 사고기법의 활용. 대한사고개발학회 학술발표대회 발표논문집, 55-68.

김선미(2011). 스캠퍼 기법을 활용한 창의적인 가창수업 지도방안 연구. 음악교육공학, 13, 79-93.

김홍일(2007). 창의적 사고기법을 활용한 국어과 수업 전략. 대한사고개발학회 학술발표대회 발표논문집, 143-148.

노희정(2018). 트리즈 원리를 활용한 도덕적 창의성 신장 교육. 윤리교육연구, (47), 155-180.

민세기 · 최유현(2009). 직관적 및 체계적 자유연상기법이 개념설계과정에서 고등학생 집단의 창의성 향상에 미치는 효과. 대한공업교육학회지, 34(1), 129-154.

윤일로 · 김비룡 · 이규녀 · 김소연(2020). 협동학습에 기반한 NFTM-TRIZ교수 · 학습모형 적용이 창의성과 수업만족도에 미치는 효과. 대한공업교육학회지, 45(1), 20-41.

윤현정 · 강순희(2015). 통합형 마인드맵 활동이 중학교 2학년 학생들의 창의적 사고력에 미치는 영향. 대한화학회지, 59(2), 164-178.

이경화 · 김은경 · 태진미(2017). DHA 창의력 증진 프로그램이 중학생의 창의성에 미치는 영향. 영재와 영재교육, 16(1), 69-85.

이미숙 · 김수진 · 한혜란 · 권용경(2019). 마인드맵 활용 수업의 효과: 창의적 사고, 기억력, 학업효능감에 대한 질적분석을 중심으로. 영재와 영재교육, 18(3), 5-25.

이용섭 · 강정문(2014). 육색사고기법을 활용한 과학수업이 창의성 및 과학 학업성취도에 미치는 효과. 대한지구과학교육학회지, 7(1), 34-42.

이하나 · 김경민(2018). 창의적 사고기법과 토론법을 적용한 가정교과 논리 및 논술 교과목 개발과 평가. 교과교육학연구, 22(2), 126-138.

장화선(2008). 창의적 사고기법을 활용한 도덕과 수업 전략. 대한사고개발학회 학술발표대회 발표논문집, 207-210.

최혜경 · 김용권(2013). 창의성과 과학에 대한 태도 함양을 위한 창의적 사고기법 적용 효과. 대한지구과학교육학회지, 6(3), 221-234.

한신·김형범·이창환(2020). 창의적 사고기법을 활용한 창의교육 수업프로그램 개발 및 적용. 대한지구과학교육학회지, 13(2), 162-174.

황석근·임석훈·김익표·김애숙(2004). 창의적 사고기법 적용을 통한 문제해결력 함양. 중등교육연구, 52(1), 383-396.

4. 대학생 및 일반

김정배(2017). TRIZ 기법을 활용한 글쓰기 교육. 차세대융합기술학회논문지, 1(4), 161-164.

김정배(2020). SIT 5가지 사고도구를 활용한 창의적 글쓰기 방법 연구. 열린정신 인문학연구, 21(2), 203-224.

김형민·유봉현(2001). 브레인스토밍 기법 훈련이 창의적 사고력에 미치는 영향에 관한 연구. 한국언어문화, 19, 25-44.

김훈희·최윤희(2015). 창의수업활동이 대학생의 학업동기 및 진로성숙도에 미치는 영향: NFTM-TRIZ 창의 교육 모형을 기반으로. 디지털융복합연구, 13(9), 277-286.

안미리·박인심(2017). 창의적 사고기법 적용 수업이 대학생의 창의적 성향과 학습 특성에 미치는 영향. 한국문화융합학회 전국학술대회, 2017(12), 69-72.

안미리·박인심·변현정(2017). 창의적 사고기법에 관한 사례연구: 창의적 사고기법 적용 수업이 영어쓰기능력과 창의적 성향에 미치는 영향. 문화와 융합, 39(6), 235-266.

유봉현(2000). 브레인스토밍 기법이 창의적 사고력에 미치는 영향. 연세교육연구, 13(1), 207-234.

이상운·이경원·김원식(2005). 창의성: 조직의 창의성 향상 방법, 여섯 색깔 모자 방법(회의 기법)과 기술 혁신 방법, 트리즈. 지식경영 학술심포지움, 14, 45-62.

이상진·이민영·황근호·최훈주·김근배(2019). 브레인스토밍에서 아이디어의 창출기법 활용이 창의성에 미치는 영향. 대한경영학회지, 32(1), 1-26.

정진현(2012). 교육대학교 학생의 실과 아이디어 구상 활동에서 TRIZ기법의 활용 효과. 한국실과교육학회지, 25(3), 97-114.

한종임·오혜진·김영숙(2013). 한국 영어학습자의 창의성 신장을 위한 창의성 교육기법 기반 영어 교수·학습 활동 개발. Foreign languages education(외국어교육), 20(4), 175-210.

5. 기타

곽혜란 · 장유진 · 지혜리(2013). 창의 · 인성교육 요소와 사고기법을 도입한 원예교육 프로그램 개발 및 선호도 분석. 인간식물환경학회지, 16(5), 327-337.

곽혜란 · 지혜리(2013). 창의 · 인성 교육적 요소 및 사고기법을 도입한 생태 원예 체험활동 프로그램 개발. 한국실과교육학회 학술대회논문집, 2013(1), 45-68.

김건(1972). 創意性開發에 관한 硏究: 兒童의 創意性 敎育을 中心으로. 학술지, 14(1), 371-395.

김경선(2013). 발상기법에 의한 창의적 발상과 표현의 교육사례. 한국디자인포럼, 40, 145-154.

김벽동(1995). 주제발표 3: 창의성 교육의 기법적 접근에 대한 토론 1. 열린교육연구, 3(2), 49-55.

김태운(2015). 트리즈의 모순분석를 활용한 창의적 문제해결 실습과정. 공학교육연구, 18(3), 39-45.

김효준 · 정세호(2004). TRIZ를 이용한 창의적 문제해결: 창의적 사고기법으로서 트리즈의 타당성. 지식경영 학술심포지움, 13, 135-143.

김훈희(2013). NFTM-TRIZ에 근거한 지속적인 창의 · 인성 교육을 위한 수업설계모형 구안. 한국콘텐츠학회논문지, 13(8), 474-481.

남승권 · 최완식(2006). 트리즈 40가지 발명 원리 적용이 학습자의 창의성 신장에 미치는 영향. 대한공업교육학회지, 31(2), 203-232.

문대영(2006). 기술과 교육에서 TRIZ(창의적 문제해결 이론)의 적용 방안 탐색. 대한공업교육학회지, 31(2), 155-176.

박수홍 · 홍광표(2009). 트리즈 원리를 이용한 사회과 창의적 문제해결 교수설계모형의 개념적 모형 구안. 교육공학연구, 25(1), 235-265.

박영태(2012). 창의인성 함양을 위한 MeFOT 모형과 질문생성기법. MeFOT창의인성연구, 1(1), 5-26.

박형빈(2016). 학습자 중심 수업과 창의적 사고기법을 활용한 도덕과 수업 모듈 개발. 도덕윤리과교육, (51), 101-143.

송용원(2015). [Special Edition 3] 창의교육을 위한 TRIZ의 활용. ie 매거진(Industrial engineering magazine), 22(3), 23-27.

오기성(2009). 통일교육에서 창의성 신장 기법의 활용. 통일문제연구, 21(2), 359-393.

이상연(2015). 창의적 발상기법의 디자인 다양성 교육을 위한 연구. 커뮤니케이션 디자인학연구, 53, 299-311.

이선희 · 송기호(2011). 학술연구 : TRIZ를 적용한 논술 수업이 창의력 신장에 미치는 효과에 관한 연구. 디지틀 도서관, 63, 47-64.

이용운(2014). 교사의 역발상 주제가 학습자의 창의성 신장에 미치는 효과. 교육방법연구, 26(3), 435-462.

이헌성(2007). 창의성 학습기법 적용으로 창의력을 길러요. 대한사고개발학회 학술발표대회 발표논문집, 155-160.

이화식·황은선(2009). 창의성 계발 기법과 창의적 문제 해결법과의 관계 - 미술과를 중심으로. 한국조형교육학회, (33), 485-515.

장재윤(2000). 전자 브레인스토밍: 집단 창의성 기법으로서의 허와 실. 한국심리학회지 사회 및 성격, 14(3), 79-108.

전경남(2011). 창의적 사고기법의 분류 체계에 관한 문헌 고찰. 영재와 영재교육, 10(3), 133-157.

전경원(1997). 브레인스토밍에 관한 문헌 고찰. 창의력교육연구, 1(1), 29-64.

전경원(1997). 브레인스토밍의 문제점과 해결방안에 관한 연구(Ⅰ). 열린유아교육연구, 2(2), 1-23.

전경원(2000). 사상체질 분류에 의한 브레인스토밍 집단 구성 연구. 사상체질의학회지, 12(1), 48-62.

조승호·정종완·유승현(2006). TRIZ(트리즈)를 활용한 발명교육프로그램 개발. 한국CAD/CAM학회학회지(CAD/CAM review), 12(1), 69-76.

최병연, 강봉남(2010). 문제중심학습을 통한 창의성 신장 방안. 창의력교육연구, 10(2), 27-44.

최옥경·이경호(2006). 새 과학교육과정의 내용 구성 : 포스터 발표 ; 트리즈 이론의 학교발명수업에 적용 방안 연구. 한국과학교육학회 학술발표 및 세미나집, 154-155.

하수연(2019). 마음-몸 연결기법과 생각자석을 활용한 창의인성 함양 방안. 인문사회21, 10(2), 1615-1626.

홍기칠(2013). 브레인스토밍 유형이 초등학생과 대학생의 집단 창의성에 미치는 효과. 사고개발, 9(2), 175-193.

황혜정·허윤정(2020). 스캠퍼 기법을 활용한 제품 디자인 수업의 발상 효과. 한국융합학회논문지, 11(4), 133-141.

황희정·김미현·고덕순·박천호(2010). 창의성 기법을 적용한 원예활동 프로그램이 유아의 창의성에 미치는 효과. 인간식물환경학회 학술대회, 2010(추계), 47-48.

참고문헌

참고문헌

고민영(2010). 애니메이션 비디오 감상을 활용한 스캠퍼 기법이 유아의 창의성에 미치는 영향. 한국교원대학교 대학원 석사학위논문.

권유선, 최혜진(2013). 창의성 기법을 적용한 유아 예술프로그램이 유아의 창의성과 사회성에 미치는 영향. 유아교육학논집, 17(3), 55-78.

김경숙, 홍혜경(2012). 색다른 용도법을 활용한 표상활동이 유아의 창의성에 미치는 효과. 창의력 교육연구, 12(3), 3-12.

김선진(2015). 유아의 창의 · 인성 함양을 위한 창의적 문제해결 프로그램 개발 및 효과. 성균관대학교 일반대학원 박사학위 청구논문.

김영채(2007). 창의력의 이론과 개발. 서울: 교육과학사.

김유리(2010). 창의적 사고기법을 통한 표현력 향상에 관한 연구 : 브레인스토밍을 중심으로. 이화여자대학교 교육대학원 석사학위논문.

꼬망세편집부(2002). 꼬망세: 창의성 길라잡이. 서울:꼬망세.

다카하시 마코토(2010). (송수영 옮김). 브레인라이팅. 서울: 이아소.

류은주, 황희숙(2012). 육색사고모자기법을 활용한 명화감상 활동이 유아의 창의성, 언어 표현력 및 미술 감상능력에 미치는 효과. 미래유아교육학회지, 19(1).

박수진(2016). 창의적 사고기법을 활용 유아 프로그램이 유아의 창의성 및 창의적 리더십에 미치는 효과. 숭실대학교 교육대학원 석사학위논문.

박인영(2001). 창의성 기법의 적용실태와 문제점에 대한 효과적인 적용방안: 창의성 연수를 경험한 유아교사집단을 중심으로. 한국외국어대학교 교육대학원 석사학위논문.

박인영(2018). 창의성 기법을 활용한 유아의 사회적 창의 증진 프로그램 개발 및 효과. 수원대학교 박사학위논문.

박인영, 송승민, 김미옥, 이순희(2017). 유아교사의 창의성에 대한 의미 해석과 접근에 대한 탐색. 창의력교육연구, 17(1), 85-110.

박인영, 송승민, 전경원(2019). 창의성 기법을 활용한 유아의 사회적 창의 증진 프로그램 개발 -창의성과 사회적 의사소통의 균형적 접근을 중심으로-. 창의력교육연구, 19(1), 21-54.

배공민, 황희숙(2014). 육색사고모 기법을 활용한 이야기나누기 활동이 유아의 창의성 및 언어표현력에 미치는 영향. 인지발달중재학회지, 6(1), 19-33.

석사라(2016). 창의성 기법을 활용한 이야기나누기 활동이 유아의 창의성에 미치는 영향. 서울교육대학교 교육전문대학원 석사학위논문.

송규운, 조안나(2014). SCPMER 기법을 적용한 동화재구성 활동이 유아의 창의성에 미치는 영향. 한국육아지원학회 학술대회지, 4, 199-201.

송승민, 박인영, 김미옥, 이순희(2020). 유아중심 · 경험중심 놀이지도. 고양:공동체.

유가경(2016). 수원시 학생과학발명품경진대회. 수원시교육지원청.

유가은(2015). 디스플레이 첼린지 공모전. 한국디스플레이산업협회.

이경화, 김정연(2016). 창의사고기법 활용 프로그램이 유아의 창의적 능력 및 창의적 성격에 미치는 영향. 한국영유아교원교육학회, 20(2), 299-321

이경화, 양혜진(2015). 창의적 사고기법 활용 프로젝트 수업이 유아의 창의성 향상에 미치는 효과. 창의력교육연구, 15(2), 33-47.

이순진(2011). 브레인스토밍 기법을 활용한 6-7세 유아 창작무용 프로그램 개발. 원광대학교 교육대학원 석사학위논문.

이유진, 이경화(2017). 'Cre-Up 유아 창의프로그램의 프로젝트 활동이 유아의 언어 및 도형 창의성 향상에 미치는 효과. 영재와 영재교육, 16(3), 5-22.

이윤옥(2014). 그림책 활용 또래중재 문제해결 토의활동이 유아의 배려적 사고에 미치는 영향. 어린이문학교육연구, 15(4), 313-334.

이정인, 장영숙(2017). SCAMPER 기법을 활용한 이야기 나누기 활동이 유아의 창의성과 언어능력에 미치는 영향. 열린부모교육연구, 9(4), 347-366.

임귀자, 김영옥(2012). 창의성기법을 활용한 유아과학교육프로그램 개발 및 효과. 유아교육학논집, 16(1).

전경남(2011). 창의적 사고기법의 분류체계에 관한 문헌 고찰, 영재와 영재교육, 10(3), 133-157.

전경원(1997). 창의력교육연구, 브레인스토밍에 관한 문헌 고찰, 1(1), 29-64.

전경원(2001). 유아 도형창의성검사 전문가 지침서. 학지사심리검사연구소.

전경원(2001). 창의성을 중심으로 한 유아과학교육. 서울: 학문사

전경원(2010). 창의력 측정: 행복한 생존을 위한 창의력. 서울: 창지사.

전경원(2020a). 창의성 교육의 이론과 실제(3판). 서울: 창지사.

전경원(2020b). 교육심리. 서울: 창지사.

전경원, 박인영, 김경숙, 오한나(2020). 발문을 중심으로 한 유아창의성교육. 서울: 정민사.

전경원, 오한나(2021). 2007-2019년까지 유아 창의성 교육에 관한 연구 동향 분석. 창의력교육연구, 20(1), 1-22.

전경원, 전경남(2008). 초등 도형 창의성 검사. 학지사 심리검사 연구소.

전경원, 전경남(2010). 유아교육에서 창의성 개발 방안 : 교사들에게 행복한 창의성 교육. 한국열린유아교육학회 추계학술대회 자료집, 27-46. 전북: 한국열린유아교육학회.

정혜윤, 이경화(2017). SCAMPER를 활용한 교사의 발문이 유아의 창의성 증진에 미치는 연구. 창의력교육연구, 17(1), 47-62.

조서희, 정재은(2011). 브레인스토밍에 기초한 그리기표상활동 프로그램 개발 및 효과. 한국교육문제연구, 29(2), 231-256.

조인영(2016). 여섯색깔사고모자 기법을 활용한 그림책 중심의 배려교육이 유아의 배려적 사고에 미치는 영향. 한국유아교육연구, 18(1), 83-110.

주상윤(2012). 창의적 발상의 원리와 기법. UUP.

차현정(2016). 시네틱스 기법을 활용한 그리기 활동이 유아의 미술 표현력에 미치는 영향. 한국교원대학교 대학원 석사학위논문.

천미애, 황희숙(2015). SCAMPER 기법을 활용한 창의성 활동이 유아의 창의성 및 가상적 내러티브 구성능력에 미치는 효과. 인지발달중재학회지, 6(3), 23-37.

허수윤, 서현아, 김희정(2015). 유아의 창의적 문제해결력 증진을 위한 트리즈 프로그램 개발 - 누리과정을 중심으로 -. 창의력교육연구, 15(2), 1-16.

황지아(2017). SCAMPER 기법 활용 스토리텔링 수학활동이 유아의 창의성 증진에 미치는 효과. 숭실대학교 교육대학원 석사학위논문.

황희정, 장유진, 박천호(2011). 창의성 기법을 적용한 원예활동 프로그램이 유아의 창의성에 미치는 효과. 한국인간 · 식물 · 환경학회지, 14(3), 155-162.

Baer, J. (1991). *Creative teachers, creative students*. Allyn and Bacon. 전경원 편역(2001), 창의적인 교사, 창의적인 학생. 서울: 창지사.

Chen. C. Kasof. J. Himsel. A. Dmitrieva. J. Dong. Q. & Xue. G. (2005). Effects of explicit instruction to "be creative" across domains and cultures. *Journal of Creative Behavior, 39*, 89-110

De Bono, E. (1993). *Serious creativity*. London: Harper Collins.

Hennessey, B. A., &Amabile, T. M. (1998). Reality, intrinsic motivation, and creativity. *American Psychologist, 53*(6), 674 - 675.

Kilgour, M. & Koslow, S. (2009). Why and how the creative thinking techniques work? Trading off originality and appropriateness to make more creative advertising. Journal Acad. Mark. Sci.37, 298-309.

Lau, K. W., NG, M. C. F., & Lee, P. Y. (2009). Rethinking the creativity training in design education: a study of creativethinking tools for facilitating creativity development of design students. *Art, Design & Communication in Higher Education, 8*(1), 71-84.

McFadzean, E. S. (2000). Techniques to enhance creative thinking. *Team Performance Management: An International Journal, 6*(3/4), 62-72.

Michalko, M. (2006). *Thinkertoys: A handbook of creative thinking techniques*. Ten Speed Press.

Michalko, M.(2001). *Cracking creativity: The secrets of creative genius.* Berkerley: CA. Ten Speed Press.

Miller, W. (1987). *The creative edge. Reading.* MA: Addison-Wesley.

Nusbaum, E. C., Silvia, P. J., & Beaty, R. E. (2014). Ready, set, create: What instructing people to "be creative" reveals about the meaning and mechanisms of divergent thinking. *Psychology of Aesthetics, Creativity, and the Arts, 8*(4), 423-432.

O'Hara, L. A., & Sternberg, R. J. (2001). It doesn't hurt to ask: Effects of instructions to be creative, practical, or analytical on essay-writing performance and their interaction with students' thinking styles. *Creativity Research Journal, 13*(2), 197-210.

Rhodes, M. (1961). An analysis of creativity. *Phi Delta Kappan, 42*, 305-310.

Ross, V. E. (2006). A model of inventive ideation. *Thinking Skills and Creativity, 1*, 120-129.

Runco, M. A., Illies, J. J., & Reiter-Palmon, R. (2005). Explicit instructions to be creative and original: A comparison of strategies and criteria as targets with three types of divergent thinking tests. *Korean Journal of Thinking & Problem Solving, 15*, 5-15.

Starkweather, E. K. (1971). Creativity research instruments designed for use with preschool children. *Journal of Creative Behavior, 5*, 245-255.

Sternberg, R. J., & Lubart, T. I. (1991). An investment theory of creativity and itsdevelopment. *Human Development, 34*, 1-31.

Taylor, C. W.(1988). Various approahes and definitions of creativity. In R. J. Sternberg (Ed.), *The nature of creativity*. (pp. 99-121). New York: Cambridge University Press.

Torrance, E.P.(1966). Tests of Creative Thinking. Lexingon. MA: Personnal Press.

Treffinger, D.J.(1980). *Encouraging creative learning for the gifted and talented.* Ventura, CA: Ventura County Schools, LTI Publications.

Van Gundy, A. (1987). Organizational creativity and innovation. In S.G. Isaksen(Ed.), *Frontiers and creativity research: Beyond the basics*. (pp. 358-379). Buffalo, NY: Bearly Limited.

Wise, B. (1991). The boom in creativity training. Across the Board, 28, 38-40, 42, 65.

Ward, T. B., Smith, S. M, & Finke, R. A.(1999). Creative cognition. In R. J.

Sternberg(Ed), *Handbook of creativity* (pp. 189-212). New York, NY: Cambridge University Press.

http://www.mycoted.com/Category:Creativity_Techniques

그림책 목록

글공작소 글, 최민오 그림 (2010). 장화 벗은 고양이. 아름다운사람들.

글공작소 글, 최민오 그림 (2011). 알라딘과 보통램프. 아름다운사람들.

기무라 유이치 글, 다카바타케 준 그림(2011). 구덩이에서 어떻게 나가지?. 북뱅크.

기타무라 사토시 글, 기타무라 사토시 그림(2016). 밀리의 판타스틱 모자. 불광출판사.

김유대 글 · 그림(2001). 모자야! 모자야!. 시공주니어.

김현주 글, 김현주 그림(2013). 우산과 미꾸라지. 아르볼.

김효정 글, 김효정 그림(2016). 우린 모두모두 친구야. 머스트비.

니키 달리 글 · 그림(2007). 파란두건 샐마. 미세기

델핀 부르네 글, 델핀 부르네 그림(2018). 힘겨루기 대회. 미디어창비.

레티시아 드베르네 글 · 그림(2018). 기계일까 동물일까. 보림.

로렌 리디 글 · 그림(2004). 초롱이와 함께 지도 만들기. 미래아이.

로렌 리디 글 · 그림(2004). 털복숭이 신문이 나왔어요: 재미있는 신문 만들기. 미래아이.

마리아 테리코프스카 글, 보단 부텐코 그림(2002). 물방울의 모험. 담푸스.

마키타 신지 글, 하세가와 토모코 그림(2006). 틀려도 괜찮아. 토토북.

메리언 데인 바우어 글, 도로시 도노휴 그림(2008). 개구리가 좋아하는 날씨는?. 웅진주니어.

밀리센트 엘리스 셀샘 글, 마를레너 힐 던리 그림(1998). 누구 발자국일까. 비룡소.

박정선 글, 이수지 그림(2008). 열려라 문. 비룡소.

박정선 글, 이윤우 그림(2017). 동글동글 바퀴. 비룡소.

백희나 글 · 그림(2012). 장수탕 선녀님. 책읽는곰.

버나드 로지 글, 캐더린 로지 그림(2005). 신발 신발 아가씨.한솔수북.

브리타 슈바르츠 글, 이리스 하르트 그림(2010). 진짜 헨젤과 그레텔 이야기. 청어람주니어.

셰리 새프런 글 · 그림(2007). 탈 것은 다 다르고 특별해!. 미세기.

수산나 이세른 글, 마리아 히론 그림(2018). 웅덩이를 건너는 가장 멋진 방법. 트리앤북.

쉘 실버스타인 글, 쉘 실버스타인 그림(2001). 코뿔소 한 마리 싸게 사세요. 시공주니어.

시빌 웨타신하 글 · 그림(2011). 우산 도둑. 보림.

신복남 글 · 그림(2021). 휴지가 돌돌돌. 웅진주니어.

안느 엠스테주 글 · 그림(2012). 상상해서 그려요. 아름다운사람들.

안데르센 원작, 김서정 글, 소윤경 그림(2021). 벌거벗은 임금님. 웅진주니어.
안체 담 글 · 그림(2008). 너는 누구니?. 보림.
앨런 앨버그 글, 자넷 앨버그 그림(2003). 우체부 아저씨와 비밀편지. 미래아이.
앨리슨 파렐 글 · 그림(2019). 자전거 도시. 딸기책방
앰버 하우시 글, 데니스 클레멘센 그림(2015). 기부를 하면 무엇이 좋을까요?. 별숲.
양미주 글 · 그림(2017). 아빠가 그려준 코끼리. 북극곰.
예림당 편집부 글 · 그림(1995). 소리나는 그림책. 예림당.
요시타케 신스케 글 · 그림(2015). 이게 정말 나일까?. 주니어김영사.
우종영 글, 함명곤 그림(2014). 여름 숲 모뽀리 소리. 파란자전거.
유설화 글 · 그림(2014). 슈퍼 거북. 책읽는곰.
유진 트리비자스 글, 헬린 옥슨버리 그림(2006). 아기늑대 세 마리와 못된 돼지. 시공주니어.
윤강미 글 · 그림(2019). 나무가 자라는 빌딩. 창비.
윤보원 글 · 그림(2015). 분홍 보자기. 창비.
이경혜 글, 신가영 그림(1997). 이래서 그렇대요!. 보림.
이노우에 마사지 글 · 그림(2001). 하나라도 백 개인 사과. 문학동네.
이보나 흐미엘레프스카 글 · 그림(2004). 생각. 논장.
이보나 흐미엘레프스카 글 · 그림(2010). 문제가 생겼어요!. 논장.
이보나 흐미엘레프스카 글 · 그림(2011). 생각연필. 논장.
이보나 흐미엘레프스카 글 · 그림(2013). 네 개의 그릇. 논장.
이보나 흐미엘레프스카 글 · 그림(2011). 학교가는 길. 논장.
이보나 흐미엘레프스카 글 · 그림(2015). 주머니 속에 뭐가 있을까. 사계절.
이상교 글, 이지윤 그림(2017). 출렁출렁 물!. 고래가 숨 쉬는 도서관.
이춘희 글, 박지훈 그림(2003). 고무신 기차. 사파리.
장 드 라 퐁텐 글, 브라이언 와일드스미스 그림(2020). 토끼와 거북이. 보림.
장윤경 글 · 그림(2012). 꿈꾸는 우산. 푸른숲주니어.
정재원 글, 이혜리 그림(2019). 꼬리가 있으면 좋겠어!. 보림.
제르다 뮐러 글 · 그림(2007). 발자국을 따라가 볼까요?. 파랑새.
존 버닝햄 글 · 그림(2003). 네가 만약. 비룡소.
존 셰스카 글, 레인 스미스 그림(1996). 늑대가 들려주는 아기돼지 삼형제. 보림.
쥬디 바레트 글, 론 바레트 그림(2007). 하늘에서 음식이 내린다면. 토토북.
쥬제 죠르즈 레트리아 글, 안드레 레트리아 그림(2012). 내가 책이라면. 국민서관.
천미진 글, 김홍모 그림(2015). 호랑이가 들려주는 팥죽 할멈과 호랑이 이야기. 키즈엠.
천미진 글, 조은애 그림(2016). 자라가 들려주는 토끼의 간 이야기. 키즈엠.

최연숙 글, 정현지 그림(2015). 세상을 움직인 동그라미. 창비.
최옥임 글, 김상균 그림(2018). 이건 또 무슨구멍?. 아람.
코비 야마다 글, 매 베솜 그림(2022). '생각'으로 무엇을 할 수 있을까?. 상상의힘.
코비 야마다 글, 매 베솜 그림(2022). '문제'로 무엇을 할 수 있을까?. 상상의힘.
크라우디아 루에다 글 · 그림(2009). 모양들의 여행. 담푸스.
크리스 호튼 글 · 그림(2017). 쉬잇! 다 생각이 있다고. 비룡소.
키스 포크너 글, 조너선 램버트 그림(2020) 코가 긴 돼지. 미세기.
타카도노 호오코 글 · 그림(2003). 내 머리가 길게 자란다면. 한림출판사.
페르닐라 스탈펠트 글 · 그림(2017). 이야기는 어떻게 만들까?. 시금치.
한태희 글 · 그림(2002). 손바닥 동물원. 예림당.
허은미 글, 이명애 그림(2016). 산타 할아버지가 우리 할아버지라면. 풀빛.

저자소개

전경원

e mail jeonkw333@naver.com
블로그 http://blog.naver.com/jeonkw333
URL http://www.happycre.com

〈약력〉

- 현 전경원의 행복한 창의성 연구소 설립자
- 현 광주대학교 인문사회과학대학 유아교육과 교수
- 현 한국창의력교육학회 고문
- 현 (사)창의공학연구원 운영위원

〈경력〉

- 한국창의력교육학회 회장
- 하버드대학교 객원학자
- 퍼듀대학교 객원 조교수
- 아시아-태평양 영재학회 부회장

〈주요 역 · 저서〉

1. 창의적인 아동미술교육 공저(2021, 교문사)
2. 창의성 교육의 이론과 실제 3판(2021, 창지사)
3. 교육심리학(뇌(Brain)의 창의적인 잠재능력을 키워주는)(2020, 창지사)
4. 창의력 두뇌는 만들어진다(2014, 아주 좋은 날) 외 68권

전경원 교수는

미국 퍼듀대학교에서 교육심리학 철학박사,
남다코다 주립대학에서 교육학 석사와 상담학 석사 학위를 취득했고,
근래에는 예술경영학을 전공하기도 했다.

1990년 이후 한국에서
"전경원의 행복한 창의성연구소"를 설립하여
창의성 프로그램 CAPA를 개발했고
전국의 수많은 교사와 아동에게 적용해 왔다.
특히, 유아와 초등 창의성 검사도구 4종을 연구 · 개발하면서
인간의 창의력 측정에 관심을 가져왔다.

한국창의력교육학회 회장, 아시아-태평양 영재학회 부회장을 역임했으며,
하버드대학교 객원학자, 퍼듀대학교 객원조교수였다.
퍼듀대학교에서는 대학원과 학부에서 연구방법, 특수교육 과목 등 8과목을 강의했고,
동대학교 영재교육연구소 GERI에서는 프로그램 개발 및 교사 평가자로 활동했다.
광주대학교에서 1991년부터 연구방법, 창의성교육, 특수교육, 교육심리 등을 담당해 왔다.

박인영

e mail gifted114@naver.com
URL http://www.i-boomedu.com

〈약력〉

- 현 아이붐 원장
- 현 전경원의 행복한 창의성 연구소 소장
- 현 한국창의력교육학회 이사
- 현 서울사이버대학교 아동복지전공 겸임교수

〈경력〉

- EBS 보니하니 창의가 반짝 자문위원

〈주요 저서〉

1. 유아중심 경험중심 놀이지도(2020, 공동체, 공저)
2. 발문을 중심으로 한 유아창의성교육(2020, 정민사, 공저)

박인영 소장은

수원대학교에서 아동학 박사,
한국외국어대학교에서 교육학(유아교육 전공) 석사를 취득했다.

1995년 이후 전경원의 행복한 창의성 연구소에서
창의성에 대하여 지속적으로 연구해 왔으며,
2003년에는 창의력전문교육기관에서
2006년부터는 아이붐에서 창의성 교육을 실시하면서
현장에서 아동들에게 행복한 창의성 교육을 실천해 오고 있다.

특히 창의성 기법과 사회적 의사소통과의 균형적 접근,
창의성과 인성교육의 조화로운
교육적 접근을 시도하기를 즐겨한다.
연령에 적합하면서 유용한 실천을 돕는 교사교육,
부모상담 및 부모교육을 꾸준히 진행해 오고 있다.

누구나 손쉽게 접근할 수 있는

창의성 테크닉

초판 1쇄 인쇄 2022년 5월 23일
초판 1쇄 발행 2022년 5월 31일

지 은 이 | 전경원 · 박인영
펴 낸 이 | 김기섭
편 집 인 | 조진주
펴 낸 곳 | 창지사 www.changJisa.com
08589 서울시 금천구 가산디지털 1로 83 파트너스타워 1차 9층
전화 (02)719-2211~3
팩스 (02)701-9386
등 록 | 1977년 4월 28일 · 제1-421호

ISBN 978-89-426-1499-8 (03370)

값 22,000원